Propriedade Intelectual e Revolução Tecnológica

Propriedade Intelectual e Revolução Tecnológica

2022

Coordenação

David Fernando Rodrigues

Larissa Andréa Carasso Kac

Vinicius Cervantes G. Arruda

ALMEDINA

PROPRIEDADE INTELECTUAL E REVOLUÇÃO TECNOLÓGICA

COORDENAÇÃO: Larissa Andréa Carasso Kac, David Fernando Rodrigues e Vinicius Cervantes G. Arruda

DIRETOR ALMEDINA BRASIL: Rodrigo Mentz
EDITORA JURÍDICA: Manuella Santos de Castro
EDITOR DE DESENVOLVIMENTO: Aurélio Cesar Nogueira
ASSISTENTES EDITORIAIS: Isabela Leite e Larissa Nogueira

DIAGRAMAÇÃO: Almedina
DESIGN DE CAPA: FBA

ISBN: 9786556274799
Março, 2022

Dados Internacionais de Catalogação na Publicação (CIP)
(Câmara Brasileira do Livro, SP, Brasil)

Propriedade intelectual e revolução tecnológica /
coordenação Larissa Andréa Carasso Kac, David
Fernando Rodrigues, Vinicius Cervantes G.
Arruda. – São Paulo : Almedina, 2022.
Vários autores.

Bibliografia
ISBN 978-65-5627-479-9

1. Capitalismo 2. Direitos autorais – Brasil
3. Inteligência artificial 4. Propriedade intelectual
5. Propriedade intelectual – Leis e legislação –
Brasil 6. Tecnologia da informação I. Kac, Larissa
Andréa Carasso. II. Rodrigues, David Fernando.
III. Arruda, Vinicius Cervantes G.

Números Mais números

Índices para catálogo sistemático:

1. Brasil : Propriedade intelectual e tecnologia da informação : Direito 347.78(81)

Maria Alice Ferreira – Bibliotecária – CRB-8/7964

Este livro segue as regras do novo Acordo Ortográfico da Língua Portuguesa (1990).

EDITORA: Almedina Brasil
Rua José Maria Lisboa, 860, Conj.131 e 132, Jardim Paulista | 01423-001 São Paulo | Brasil
editora@almedina.com.br
www.almedina.com.br

SOBRE OS COORDENADORES

David Fernando Rodrigues
Pós-graduado em Propriedade Imaterial – Direitos Autorais – Propriedade Industrial – Direito da Personalidade e Comunicação pela Escola Superior de Advocacia – ESA da OAB/SP. Pós-graduado em Intervenção Sistêmica pela Universidade Federal de Sao Paulo – UNIFESP. Pós-graduado em Direito e Tecnologia da Informação pela Escola Politécnica da Universidade de São Paulo – POLI/USP. Diretor Editorial – 2019/2021 – e Diretor de Comunicação e Marketing da Associação Paulista da Propriedade Intelectual – ASPI. Graduado em Direito pela Universidade Paulista – UNIP. Técnico em Processamento de Dados. Sócio de Montaury Pimenta, Machado & Vieira de Mello Advogados. Advogado.

Larissa Andréa Carasso Kac
Pós-graduada em propriedade imaterial – direitos autorais – propriedade industrial – direito da personalidade e comunicação pela Escola Superior de Advocacia – ESA da OAB/SP. Graduada em Direito pela Universidade Presbiteriana Mackenzie. Coordenadora e Professora do curso Aspectos Jurídicos Pertinentes à Atividade Publicitária no Brasil na Escola Superior de Advocacia – ESA da OAB/SP. Professora convidada do curso de MBA em direito eletrônico da Escola Paulista de Direito – EPD. Professora da pós-graduação (lato sensu) em propriedade intelectual, direito do entretenimento, mídia e moda da Escola Superior de Advocacia – ESA da OAB/SP. Professora do curso de pós-graduação em Fashion Law da Faculdade Santa Marcelina. Autora da Coluna "Entretenimento no cenário jurídico" da Revista da Associação Paulista da Propriedade Intelectual

– ASPI. Integrante do Corpo de Árbitros da Câmara Nacional de Arbitragem e Mediação na Comunicação. Diretora Cultural da Associação Brasileira de Direito Autoral – ABDA. Advogada.

Vinicius Cervantes G. Arruda
Mestre em Direito Político e Econômico pela Universidade Presbiteriana Mackenzie e pesquisador em seu Grupo de Estudos de Direito da Concorrência. Pós-graduado em Direitos Difusos e Coletivos pela Pontifícia Universidade Católica de São Paulo, com MBA em Direito Eletrônico pela Escola Paulista de Direito. Graduado em Direito pela Faculdade de Direito de São Bernardo do Campo. Professor da pós-graduação em Direito Digital e Cibernético do Centro Universitário Adventista de São Paulo (UNASP) e do Curso de Propriedade Intelectual da Escola Superior de Advocacia (Núcleo Guarujá). Diretor Editorial da ASPI (2019-2021). Advogado na Ricci Propriedade Intelectual. Autor do livro Big Data, Dados Pessoais e Propriedade Intelectual: limites e tutela jurídica das bases de dados.

SOBRE OS AUTORES

Alexandre Dantas Rodrigues
Mestre em Engenharia Química pela COPPE/UFRJ. Assistente da Diretoria de Patentes, Programas de Computador e Topografias de Circuito Integrado.

Aline Ferreira de Carvalho da Silva
LL.M em Direito da Propriedade Intelectual pela University of Cambridge (Reino Unido). Advogada.

David Fernando Rodrigues
Pós-graduado em Propriedade Imaterial – Direitos Autorais – Propriedade Industrial – Direito da Personalidade e Comunicação pela Escola Superior de Advocacia – ESA da OAB/SP. Pós-graduado em Intervenção Sistêmica pela Universidade Federal de Sao Paulo – UNIFESP. Pós-graduado em Direito e Tecnologia da Informação pela Escola Politécnica da Universidade de São Paulo – POLI/USP. Diretor Editorial – 2019/2021 – e Diretor de Comunicação e Marketing da Associação Paulista da Propriedade Intelectual – ASPI. Graduado em Direito pela Universidade Paulista – UNIP. Técnico em Processamento de Dados. Sócio de Montaury Pimenta, Machado & Vieira de Mello Advogados. Advogado.

José Carlos Tinoco Soares
Bacharel em Ciências Jurídicas e Sociais, Curso de Especialização e Doutor em Direito Comercial pela Universidade de São *Paulo*.

Liane Elizabeth Caldeira Lage
Doutora em Engenharia Química pela COPPE/UFRJ. Mestre em Engenharia Química pela COPPE/UFRJ. Diretora de Patentes, Programas de Computador e Topografias de Circuito Integrado.

Liliane Agostinho Leite
Advogada especialista em Direitos Autorais. Pós-graduada em Direito Contratual pela PUC-SP e Propriedade Intelectual e Novas Tecnologias pela FVG-SP.

Neide Bueno
Advogada atuante em Propriedade Intelectual. Mestre em Direito Político e Econômico (Mackenzie). Pós-graduada em Direito e Tecnologia da Informação pela Poli-USP. Pesquisadora Sênior do GEDAI – Grupo de Estudos de Direito Autoral e Industrial da UFPR.

Newton Silveira
Mestre em Direito Civil e Doutor em Direito Comercial pela Faculdade de Direito da Universidade de São Paulo – USP, onde leciona Propriedade Intelectual na pós-graduação. Sócio do escritório Newton Silveira, Wilson Silveira e Associados – Advogados, sócio da Agência de Propriedade Industrial Cruzeiro Newmarc Patentes e Marcas Ltda. e diretor geral do Instituto Brasileiro de Propriedade Intelectual – IBPI.

Patricia Pereira Peralta
Doutora em Artes Visuais pela UFRJ-RJ. Mestre em História da Arte pela UFRJ--RJ. Professora tecnologista em propriedade industrial do INPI da Pós-graduação em Propriedade Intelectual e Inovação do INPI.

Priscila Mayumi Kashiwabara
Mestre em Biotecnologia pela USP. Sócia de Kasznar Leonardos Propriedade Intelectual. Bióloga.

Roberto Ribeiro
Advogado e engenheiro civil. Sócio de Daniel Advogados

Rodrigo Fernandes Rebouças
Professor de Direito dos Contratos, Direito Digital, Direito do Consumidor, Direito Empresarial, Proteção de Dados e Privacidade. Doutor e Mestre em Direito Civil pela PUC/SP. Pós-graduado lato-sensu em Direito Processual Civil. Especialista em Direito dos Contratos, Direito das Novas Tecnologias e Direito Tributário, Especialista em Gestão de Serviços Jurídicos pela FGV-Law/

SP e Especialista em Gestão de Departamentos Jurídicos pelo Insper. Advogado e Consultor Jurídico no Estado de São Paulo. Diretor de Relações Institucionais do IASP (2013-2015 e 2016-2018). Professor nos programas de Pós-Graduação em Direito da FGV LAW, Insper Direito, Ibmec, LCA e Faculdade GAIA. Coordenador Acadêmico da Faculdade GAIA. Autor de diversos artigos, capítulos de livros e livros monográficos.

Simone Villaça Aguiar
Mestre em Políticas Públicas, pela Harvard University. Professora do Mestrado em Gestão da Inovação, Instituto Butantan (2013-2021). Advogada, Sócia de Remer Villaça & Nogueira Propriedade Intelectual.

Tarso Mesquita Machado
Doutorando em Propriedade Intelectual e Inovação pela Academia do INPI. Mestre em Engenharia Eletrônica pela UERJ. Sócio de Kasznar Leonardos Propriedade Intelectual. Engenheiro eletricista com ênfase em sistemas eletrônicos.

Vinicius Cervantes G. Arruda
Mestre em Direito Político e Econômico pela Universidade Presbiteriana Mackenzie e pesquisador em seu Grupo de Estudos de Direito da Concorrência. Pós-graduado em Direitos Difusos e Coletivos pela Pontifícia Universidade Católica de São Paulo, com MBA em Direito Eletrônico pela Escola Paulista de Direito. Graduado em Direito pela Faculdade de Direito de São Bernardo do Campo. Professor da pós-graduação em Direito Digital e Cibernético do Centro Universitário Adventista de São Paulo (UNASP) e do Curso de Propriedade Intelectual da Escola Superior de Advocacia (Núcleo Guarujá). Diretor Editorial da ASPI (2019-2021). Advogado na Ricci Propriedade Intelectual. Autor do livro Big Data, Dados Pessoais e Propriedade Intelectual: limites e tutela jurídica das bases de dados.

NOTA DOS COORDENADORES

Os temas debatidos no XX Congresso Internacional da Propriedade Intelectual, como de costume, acompanham a evolução da sociedade e, por consequência, do Direito. Sempre muito frutíferas, as discussões perpetuam entre os membros da associação e participantes dos eventos, criando oportunidades de estudos.

A ASPI – Associação Paulista da Propriedade Intelectual, por meio das Diretorias e Palestrantes, sempre atenta aos avanços tecnológicos, debruçou-se em questões atuais e, com o intuito de registrá-las, idealizou a publicação dessa Obra.

Os capítulos versam sobre assuntos cada vez mais presentes no universo jurídico com o olhar cuidadoso de cada um dos autores que se dedicou à redação dos textos em um ano de tantos desafios para todos:

"A Inteligência Artificial - Novas Habilidades Jurídicas e a Supremacia Quântica" de autoria de Rodrigo Fernandes Rebouças; **"A Interação entre as Ciências da Vida e a Inteligência Artificial e as Dificuldades na Proteção Destes Ativos Intelectuais: Algumas Reflexões"** de autoria de Aline Ferreira de Carvalho da Silva, Priscila Mayumi Kashiwabara e Tarso Mesquita Machado; **"As Criações por Inteligência Artificial e os Desafios do Direito Autoral"** de autoria de Liliane Agostinho Leite e Neide Bueno, **"Combate ao Backlog de Patentes do INPI: O que está por trás desse Plano"** de autoria de Roberto Ribeiro; **"*Compliance* de Intangíveis e a Gestão da Propriedade Intelectual – Sugestão de Ferramenta e Modelo Analítico: 'Funil da Inovação'"** de autoria de Simone Villaça Aguiar; **"Configurações de Produtos em Domínio Público podem ser Registradas como Marcas"** de autoria de Patricia Pereira Peralta; **"O Plano de Combate ao 'Backlog'"** de autoria de

Liane Elizabeth Caldeira Lage e Alexandre Dantas Rodrigues, **"O Uso de Digital Rights Management (DRM) na Gestão de Direitos de Autor de Programas de Computador e Conteúdos Digitais e seus Limites Frente aos Direitos do Usuário"** de autoria de David Fernando Rodrigues; **"Patentes de 2º Uso"** de autoria Newton Silveira; **"Prescrição: Dano Permanente, Nasce a Cada Dia, Violação Continuada, Afastada a Prescrição?"** de autoria de José Carlos Tinoco Soares, e **"Proteção de Dados Pessoais como Instrumento para Tutela da Propriedade Intelectual na Repressão ao Mercado Digital Ilegal"** de autoria de Vinicius Cervantes G. Arruda.

Nesse embalo, aproveitamos a oportunidade para agradecer a participação dos autores, sem os quais essa obra não poderia viver, como também o trabalho editorial da Dra. Manuella de Castro Santos e toda equipe da Almedina exercido com primor para a publicação da obra.

À ASPI – Associação Paulista da Propriedade Intelectual, nossos sinceros agradecimentos, por acreditar nesse projeto e mergulhar nessa parceria para a condução dos trabalhos.

Desejamos que a leitura seja proveitosa a todos.

DAVID FERNANDO RODRIGUES
LARISSA ANDRÉA CARASSO KAC
VINICIUS CERVANTES G. ARRUDA

APRESENTAÇÃO

Foi bem no meio da tão noticiada Pandemia do Covid-19 que realizamos o 1º Congresso cem por cento digital da Associação Paulista da Propriedade Intelectual.

O XX Congresso Internacional da Propriedade Intelectual, que recebeu o bem pensado título "A evolução da Propriedade Intelectual na Revolução Tecnológica" ocorreu nos dias 15, 16 e 17 de março de 2021.

De fato, estamos vivenciando uma verdadeira revolução tecnológica com significativos impactos na área que atuamos, a Propriedade Intelectual. Durante os seus 03 dias de duração, o congresso contou com sua tradicional palestra de abertura, seguida de uma frutífera e inovadora rodada de "mesas redondas" que abordou diferentes temas que ainda suscitam intrincados debates, como a violação de *trade dress* e a qualificação de peritos em ações de propriedade intelectual. Em seus painéis, foram abordados temas inovadores, como a Inteligência Artificial, Internet das coisas e Protocolo de Madri, além de assuntos de extrema relevância como o combate ao backlog de patentes e a prescrição na propriedade intelectual.

Desse fértil terreno nasceu a presente obra coletiva, organizada pelos competentes David Fernandes Rodrigues, Larissa Andréa Carasso Kac e Vinicius Cervantes G. Arruda, a quem deixo aqui meus agradecimentos e parabéns pela iniciativa e, cuja obra traz, com profundidade e didática, os principais tópicos debatidos. A obra é uma excelente fonte de consulta das discussões havidas e das conclusões alcançadas.

Nessa esteira de agradecimentos não posso deixar de salientar a valiosa contribuição dos patrocinadores do Congresso, que viabilizaram a sua realização, das nossas incansáveis colaboradoras da ASPI Yara Martins e Gisleide Lira, bem como os impecáveis trabalhos das Comissões Executiva e Cientifica formados pelos ilustres colegas abaixo nomeados:

Presidente do Congresso
Juliana Laura Bruna Viegas

Coordenadores da Comissão Científica
Daniel Adensohn de Souza
Patrícia Silveira

Comissão Científica
Alberto Camelier
Ana Claudia Mamede Carneiro
Carlos André Barbosa Cavalcanti
Clovis Silveira
Flávia Amaral
José Carlos Tinoco Soares
Juliana Laura Bruna Viegas
Kenneth René Ouchana Wallace
Marcello do Nascimento
Marcelo Antunes Nemer
Mauricio Serino Lia
Ricardo Vieira de Mello

Coordenadora da Comissão Executiva
Soraya Imbassahy de Mello

Comissão Executiva
Daniel Adensohn de Souza
Flávio Reales
Gisleide Lira
Marcello do Nascimento
Mauricio Lia
Neide Bueno
Tânia Aoki Carneiro
Yara Martins

São Paulo, novembro de 2021

MARCELLO DO NASCIMENTO
Presidente da ASPI – 2017/2021

PREFÁCIO

A definição do tema central, assim como dos painéis, de um congresso internacional não é uma tarefa simples e envolve, dentre outros fatores, uma análise da evolução doutrinária e jurisprudencial sobre assuntos específicos, andamento legislativo e normativo, verificação de tendências e avanço de novas tecnologias, o ambiente de mercado, além da sensibilidade de identificar os anseios dos associados quanto ao estudo e aprofundamento em temas de interesse.

Assim, a Associação Paulista da Propriedade Intelectual – ASPI tradicionalmente constitui uma Comissão Científica, formada por associados especialistas e experts em suas áreas de atuação, que tem por missão definir o temário de seu congresso anual. Tendo o privilégio e a hercúlea, mas prazerosa, missão de coordenar a Comissão Científica do XX Congresso Internacional da Propriedade Intelectual da ASPI, pude testemunhar o incansável trabalho da Comissão Científica, especialmente o empenho pessoal de cada um de seus membros, para oferecer aos congressistas um evento com excelência acadêmica.

O tema central do XX Congresso Internacional da Propriedade Intelectual da ASPI foi "A evolução da Propriedade Intelectual na Revolução Tecnológica", escolhido levando-se em consideração os evidentes e cada vez mais presentes reflexos das novas tecnologias e do desenvolvimento da sociedade digital na Propriedade Intelectual.

O avanço tecnológico trouxe novos horizontes e desafios para os profissionais do direito e, em especial àqueles especializados em propriedade intelectual, que devem desenvolver novas habilidades jurídicas para se adequarem às demandas do século XXI.

Para refletirmos sobre as novas habilidades ao profissional do direito, o Congresso contou com a palestra de abertura do Dr. Rodrigo Fernandes Rebouças, cujo conteúdo está presente nesta obra, no artigo intitulado "A inteligência artificial – novas habilidades jurídicas e a supremacia quântica".

Ao longo de três dias, brindamos nossos associados e congressistas com painéis e *table topics* com temas relacionados a esta interseção entre propriedade intelectual e tecnologia, especialmente tratando de inteligência artificial, internet das coisas, aplicação da Lei Geral de Proteção de Danos e o papel da Autoridade Nacional da Proteção de Dados etc. Contudo, o Congresso não poderia deixar de também abordar temas de grande relevância mais diretamente relacionados à Propriedade Intelectual, como o Protocolo de Madri, a cotitularidade de marcas, pedidos multiclasse e divisão de pedidos, registros de configuração de produtos em domínio público com marcas, andamento do plano de combate ao backlog de patentes, dentre outros.

Dada a relevância dos temas que permearam o XX Congresso Internacional da Propriedade Intelectual da ASPI, houve a iniciativa de organização desta obra coletiva, pelos ilustres Colegas David Fernandes Rodrigues, Larissa Andréa Carasso Kac e Vinicius Cervantes G. Arruda, os quais são os grandes responsáveis por sua realização, juntamente com os diletos autores que contribuíram com seus artigos.

Esta obra, extremamente atual e antenada com as tendências tecnológicas e jurídicas, certamente contribuirá com o estudo e aprimoramento dos temas.

Uma boa leitura!

São Paulo, novembro de 2021

DANIEL ADENSOHN DE SOUZA
Presidente da ASPI – 2021/2023
Coordenador da Comissão Científica do XX Congresso Internacional da Propriedade Intelectual da ASPI

SUMÁRIO

1.
A INTELIGÊNCIA ARTIFICIAL – NOVAS HABILIDADES JURÍDICAS E A SUPREMACIA QUÂNTICA

RODRIGO FERNANDES REBOUÇAS

Para refletirmos sobre as novas habilidades ao profissional do direito, penso que devemos iniciar uma reflexão sobre o sistema de ensino jurídico no país. Detemos a maior rede de ensino jurídico, com mais de um milhão de advogadas e advogados, além de um "estoque" de mais de três milhões de bacharéis que, invariavelmente foram treinados para conhecer um conteúdo jurídico, para decorar um texto de lei e/ou uma Súmula Vinculante, raramente para pensar o real motivo e natureza das coisas.

Ao longo do século XX, muito se debateu sobre o modelo de ensino jurídico que vêm sendo aplicado, em nosso caso (Brasil), com especial atenção ao longo dos últimos vinte anos. Temos notícias de poucas universidades e faculdades que fizeram a necessária transformação de um sistema de ensino conteudista, para um sistema de aprendizagem e de ensino participativo, que seja capaz de desenvolver as habilidades de criação, de pensamento crítico, flexibilidade, de solucionar problemas, de aprender a aprender, e, principalmente, que busquem o desenvolvimento humanístico da inteligência emocional e do conhecer a si e ao outro.

Até pouco tempo atrás, um estudante de direito que buscasse refletir e criar novas soluções, corria o risco de ser repreendido por seu professor, ou pior, pelos próprios colegas. Ao aluno, cabia a posição de temor reverencial ao seu professor. Nesse sentido é a valiosíssima reflexão crítica ao formato de grande parte das faculdades de ensino:

> A faculdade era o que se poderia chamar, eufemisticamente, de 'faculdade de ensino'. Numa faculdade de ensino, você ensina, ensina e ensina mais um pouco. Não tem tempo para pesquisar, contemplar e participar de assuntos extra-universitários. Ensina, ensina e ensina até que a mente fique obtusa, a criatividade desapareça e você se torne um autômato que diz sempre as mesmas coisas a ondas sempre novas de estudantes inocentes que não conseguem compreender por que você é tão apático e, assim, perdem o respeito por você e espalham esse desrespeito pela comunidade. O motivo pelo qual você só ensina é que esse é um meio muito inteligente de administrar uma faculdade com baixo orçamento e, ao mesmo tempo, manter a aparência de uma educação verdadeira.[1]

Aliás, é interessante verificar, como chamamos a estrutura dos conteúdos, "disciplina" e "grade curricular". Claramente ultrapassados e não aderente às necessidades e mandas do século XXI. Os seus significantes são muito claros, manter a disciplina com ensino para alunos em estado passivo, ouvindo e anotando para posterior repetição. Além de um conteúdo hermeticamente restrito a uma grade, fechado e sem admitir qualquer adaptação, qualquer improviso, com o claro propósito de manter a ordem e o rigor de um conteúdo que deve ser entregue a qualquer custo, principalmente ao custo de que os alunos não absorvem um conteúdo, apenas decoram e repetem determinados conceitos para uma prova, os quais serão fatalmente esquecidos em pouquíssimo tempo, já que não foram compreendidos e fruto de reflexões críticas.

Há décadas que esse tipo de ensino já não é suficiente para atender as demandas e necessidades da sociedade contemporânea, porém, até pouco tempo vinha sendo aceito por todas e todos.

No avançar do primeiro quarto do século XXI, especialmente considerando todo o avanço tecnológico e habilidades necessárias ao profissio-

[1] Pirsig, Robert M. Zen e arte de manutenção de motocicletas: uma investigação sobre valores. 2 ed, São Paulo: Martins Fontes, 2009, p. 144

nal contemporâneo, esse modelo não é mais possível de ser admitido. A adequação às demandas do século XXI e à nova realidade urgem!

Em 2008, Richard Susskind, lançou a sua celebrada obra "The end of lawyers?". Trata-se de importante reflexão sobre o futuro da profissão jurídica, obra que inclusive foi sucedida por diversos outros estudos sobre o futuro da profissão, sendo a obra mais recente (2019) "Online courts and the future of justice".

O autor (Richard Susskind) não estava predizendo o fim da profissão jurídica, muito pelo contrário, ele buscava demonstrar que era o fim dos advogados (e advogadas) tal como conhecemos. Ou seja, a insuficiência do formato de ensino e formação jurídica. Não basta mais a existência de profissionais que sejam exímios aplicadores da lei por terem decorado o seu texto, ou ainda, de aplicadores da jurisprudência. Essa é uma forma de pensar binária e dissociada da análise fática, circunstancial e valorativa da razão de ser das coisas. Tais atividades podem ser substituídas por sistemas e pela denominada inteligência artificial.

São necessárias novas habilidades profissionais da atualidade. Em recente estudo do Fórum Econômico Mundial, foi indicado quatro grandes competências para o profissional do século XXI[2]: (i) pensamento crítico e solução de problemas; (ii) criatividade; (iii) habilidade de comunicação; e, (iv) habilidade de colaboração.

A escola tradicional e a grande maioria dos cursos de formação profissional não ensinam nenhuma dessas competências. Aprendemos a ser técnicos que trabalham isolados em gabinetes e se gostam de se comunicar por meio de uma linguagem técnica e não compreensível ao cidadão comum. O positivismo jurídico teve seus méritos há mais de um século, mas, altamente superado para a realidade atual, para a realidade de uma modernidade líquida na expressão de Zygmunt Bauman.

Ou ainda, na opinião de Youval Noah Harari, as narrativas que trouxeram a humanidade até o final do século XX, não são mais suficientes para os desafios que enfrentaremos ao longo do século XXI em diante. O desenvolvimento tecnológico e comunicacional, expandiu o conhecimento e tornou a informação acessível a qualquer um. A questão é, ire-

[2] Disponível em: https://www.weforum.org/agenda/2016/03/21st-century-skills-future-jobs-students/. Acessado em 04.01.2021

mos dominar a tecnologia por meio do pensamento crítico e da capacidade humana, por enquanto insubstituível, ou seremos dominados pela tecnologia?

> O gênero humano está enfrentando revoluções em precedentes, todas as nossas antigas narrativas estão ruindo e nenhuma narrativa nova surgiu até agora para substituí-las. Como podemos nos preparar e a nossos filhos para um mundo repleto de transformações sem precedentes e de incertezas tão radicais? Um bebê nascido hoje terá trinta anos por volta de 2050. Se tudo correr bem, esse bebê ainda estará por aí em 2100, e até poderá ser um cidadão ativo no século XXII. O que deveríamos ensinar a esse bebê que o ajude, ou a ajude, a sobreviver e progredir no mundo de 2050 ou no século XXII? De que tipo de habilidades ele ou ela vai precisar para conseguir um emprego, compreender o que está acontecendo a sua volta e percorrer o labirinto da vida? [...] A tecnologia não é uma coisa ruim. Se você souber o que deseja na vida, ela pode ajudá-lo a conseguir. Mas se você não sabe, será muito fácil para a tecnologia moldar por você seus objetivos e assumir o controle da sua vida. E, à medida que a tecnologia adquire uma melhor compreensão dos humanos, você poderia se ver servindo a ela cada vez mais, em vez de ela servir a você. [...] Afinal, é uma simples questão empírica: se os algoritmos realmente compreenderem melhor que você o que está acontecendo dentro de você, a autoridade passará para eles.[3]

Frente a estas colocações, torna-se extremamente relevante refletirmos sobre as necessárias habilidades ao profissional, em especial, ao profissional do direito para o século XXI. O notório conhecimento jurídico já não é mais autossuficiente, é necessário à sua conexão com outros saberes. É necessário um conhecimento inter e transdisciplinar.

Há praticamente 80 anos, o genial Charles Chaplin apresentava ao mundo o seu célebre discurso no filme O Grande Ditador (out.1940):

[3] Harari, Yuval Noah. 21 lições para o século 21. Rio de Janeiro: Companhia das Letras, 2018, p. 319-330

Mais do que máquinas precisamos de humanidade.
Mais do que inteligência precisamos de afeição e doçura.
Sem essas virtudes a vida será de violência e tudo estará perdido.

Ao longo desse mesmo período, vivenciamos um desenvolvimento tecnológico sem precedentes na história da humanidade. Algoritmos matemáticos que viabilizam a chamada inteligência artificial, agora podem ser facilmente implementados frente ao desenvolvimento tecnológico e a capacidade de processamento dos computadores, sem se falar na capacidade de armazenamento de grandes bases de dados (Big Datas). Esse avanço criou a chamada sociedade *data-driven*, ou simplesmente, a sociedade da tomada de decisões baseadas em dados.

Nos últimos anos verificamos o avanço das redes descentralizadas, entre elas a mais famosa Blockchain, as criptomoedas e até mesmo o efeito da tokenização (utilização de tokens baseado em redes descentralizadas capazes de representar algo (uma expressão econômica, um bem, um serviço etc.).

Uma das novas tecnologias que muito se pesquisa, é a chamada supremacia quântica, representada por uma nova forma de processamento de informações capaz de ser milhares de vezes mais rápida e eficaz que a atual computação tradicional (computadores de quarta geração – fase iniciada em 1970 com o lançamento dos microprocessadores).

Em 23 de outubro de 2019, a Google anunciou e publicou oficialmente na revista científica Nature as suas pesquisas e experimentos resultantes na supremacia quântica, tecnologia que possibilitará um novo salto evolutivo da ciência e das pesquisas focadas em Inteligência Artificial.

A supremacia quântica permite uma evolução exponencial e nunca vista na história, ou seja, uma verdadeira democratização do acesso a Inteligência Artificial conforme sustentou o CEO do Google Sundar Pichai em entrevista para a MIT Technology Review[4]. Com o *SYCAMORE*[5]

[4] Disponível em: https://www.technologyreview.com/2019/10/23/102523/google-ceo-quantum-supremacy-interview-with-sundar-pichai/ Acessado em 04.01.2021

[5] Disponível em: https://revistagalileu.globo.com/Tecnologia/noticia/2019/10/google-atinge-supremacia-quantica-que-promete-revolucionar-computacao.html. Acessado em 04.01.2021

(computador quântico da Google), é possível realizar uma operação em 200 segundos que demoraria 10 mil anos de processamento em um super computador tradicional[6].

Aparentemente há uma grande contradição referenciar Charles Chaplin no início de um artigo sobre Inteligência Artificial e novas habilidades exigidas do profissional do direito, especialmente nesse momento histórico de divulgação da supremacia quântica.

Entendemos que se trata de um conflito aparente e não real. Se atentarmos ao discurso de Charles Chaplin, ele nos remete para a necessidade de humanidade, afeição e doçura, ou seja, tudo que podemos encontrar nas competências atualmente exigidas de *soft skills* que resultam no cuidado com o outro, na busca do atendimento de uma verdadeira experiência positiva.

Ao longo das últimas décadas, talvez séculos, o direito e o profissional do direito sofreram poucas alterações quanto a foram de execução do seu trabalho, especialmente quanto ao que era esperado desse profissional. Vale dizer, do que era exigido do profissional do direito.

Será que realmente estamos frente a novas habilidades? Ou seriam apenas, novas habilidades ao profissional do direito? A Revolução Industrial e todas as evoluções tecnológicas que seguiram, atingiram todo o setor da indústria e boa parte do setor de serviços. Mas, o direito, não.

Não identificamos qualquer alteração drástica na forma de prestação do serviço, onde o profissional tinha que ser um técnico da lei, inclusive, cunhando a expressão "operador do direito"[7].

Não somos operadores de nada! Somos estratégicos. Essa é a grande diferença entre realizar um trabalho puramente repetitivos e de pura aplicação da norma, para um trabalho realmente estratégico alinhado aos objetivos da empresa ou da pessoa natural. É a conjugação de uma série

[6] Vale observar que a IBM questionou os dados da Google, reduzindo o prazo previsto do supercomputador tradicional. Porém, mesmo considerando o questionamento realizado pela IBM, o fato é que a computação quântica é expressivamente mais rápida e capaz de trazer novas soluções para a inteligência artificial.

[7] Quem me conhece, sabe que há tempos tenho criticado fortemente essa expressão ("operador do direito"), muito embora, no passado, já tenha me utilizado da expressão sem uma maior reflexão.

de conhecimentos e competências que vão muito além do estudo técnico da norma.

Conforme destaca Angela Vidal Gandra Martins ao citar Lon Fuller, em relevante artigo com uma análise filosófica sobre o futuro da advocacia:

> [...] muitas vezes estudamos técnicas no lugar de estudar a história dos princípios ou perguntamos a regra quando deveríamos perguntar qual a natureza do problema, o procedimento escolhido e as normas sociais envolvidas, buscando a conciliação; a relação e o mútuo respeito; a confiança e o entendimento que permitem enfrentar as contingências, sem recorrer antecipadamente às prescrições formais estabelecidas ou à avaliação neutra de fatos sociais.[8]

Tais questionamentos acima propostos, consistem em habilidades tipicamente humanas, por enquanto, mesmo considerando o que já conhecemos sobre a computação quântica, não são habilidades capazes de ser desenvolvidas por um computador (mesmo quântico).

Vale lembrar que, para a execução de uma tarefa por meio de inteligência artificial, de forma muito simplória, são necessários pelo menos dois aspectos: (i) uma programação prévia em linguagem computacional, e, portanto binária; e, (ii) uma base de dados com o histórico de aplicação e/ou solução de uma determinada atividade. Mesmo que consideremos o aprendizado de máquina (*machine learning*), estamos tratando uma tarefa repetitiva com base em um histórico.

O "simples" fato da necessidade do uso de uma base de dados pré-existente que traga o comportamento pretérito da humanidade, significa dizer que a inteligência artificial trabalha com dados e informações do passado. Não existe a capacidade de desenvolvimento de uma nova solução, do uso de criatividade, flexibilidade e compreensão de determinado fato, em determinado momento da história, para uma determinada

[8] Gandra Martins, Angela Vidal. Direito e tecnologia: o fim dos advogados? Uma reflexão filosófica. In Sica Longhi, Maria Isabel Carvalho. Costa-Corrêa, André. Predolim, Emerson Alvarez. Rebouças, Rodrigo Fernandes (Coord.). Direito e Novas Tecnologias. São Paulo: Almedina, 2020, p. 68

cultura. Não há uma evolução da capacidade decisiva com base na evolução cultural da sociedade, ou na expressão de Miguel Reale, pela aplicação da teoria tridimensional do direito (fato, valor e norma).

Portanto, nos parece que, as soluções de inteligência artificial serão focadas em soluções repetitivas, ou ainda, de situações simples e binárias, onde não há a necessidade do emprego de uma solução real aos fatos, nem tão pouco, para soluções de novas realidades. Nesse sentido foi a recente regulação do uso de inteligência artificial no âmbito do Poder Judiciário por meio da Portaria CNJ 271/2020, a qual, tem por objetivo auxiliar a atuação do Poder Judiciário na apresentação de análises, não se trata de uma substituição da análise humana e do próprio Juiz de Direito.

Um exemplo clássico, a definição sobre distribuição de uma ação de execução. Algumas perguntas iniciais e simples, com solução binária, são: existe previsão legal para o título executivo? O título está prescrito? O título tem lastro?

No entanto, se a intenção for analisar se a possibilidade de distribuição de uma ação executiva com base em um contrato eletrônico, a resposta não será binária. Dependerá da interpretação conjunta de uma série de sistemas legais e a solução de um conflito de normas aparente entre o Código de Processo Civil e a Medida Provisória 2.200-2. Adiantamos que o conflito é puramente aparente e o contrato eletrônico é, em nosso entender, título executivo extrajudicial.[9]

Situação semelhante, seria buscar uma solução de inteligência artificial para a análise dos novos casos envolvendo o debate quanto a propriedade intelectual sobre obras de arte desenvolvidas por computadores por meio de inteligência artificial. Não é possível. Não existe base de dados para tal solução.

Por meio de inteligência artificial, combinado com Jurimetria[10] é possível avaliar uma carteira de processos de um contencioso de volume

[9] Para aqueles que tiverem interesse sobre o tema, remetemos para o nosso artigo "Contratos Eletrônicos e sua força executiva" publicado pela Revista Científica da Escola Superior da Advocacia, OAB/SP, Edição 35, 2020. disponível em: https://issuu.com/esa_oabsp/docs/revista_completa

[10] Análise de dados e estatística aplicada a partir de uma massa de dados jurisprudencial de casos análogos.

(ou massificado). Essa avaliação servirá de base para a futura tomada de decisões estratégicas empresariais, tais como, políticas de acordo e/ou pagamento, definições de estratégias de recursos etc. A análise dos dados poderá ser feita por um computador e um software, porém, a tomada de decisão será de um humano com base na estrutura empresarial, na capacidade de assumir riscos e, até mesmo, considerando o perfil de cada empresa e/ou respectivo segmento de atuação.

A inteligência artificial e o seu respectivo salto quântico, por enquanto, são capazes de trazer soluções binárias e padronizadas. Já as habilidades exigidas para o profissional do século XXI, tal como apontado pelo Fórum Econômico Mundial, exigem a habilidade de soluções criativas da capacidade humana. Exige-se flexibilidade, colaboração e habilidade em comunicação para a compressão social e emocional.

> Today's job candidates must be able to collaborate, communicate and solve problems – skills developed mainly through social and emotional learning (SEL). Combined with traditional skills, this social and emotional proficiency will equip students to succeed in the evolving digital economy.[11]

As "novas" habilidades exigidas para o profissional do direito, significa em transformar a atuação jurídica em uma atuação estratégica de investimento. Não será mais uma questão de custo. Se pensarmos um balanço contábil empresarial, significa deixarmos de figurar na linha de custo para figurarmos na linha de investimento, preferencialmente, investimento estratégico ou P&D (Pesquisa e Desenvolvimento).

Para atingir essa nova demanda exigida ao profissional do direito, é fundamental o desenvolvimento de diversas habilidades e competências que vão muito além do direito, tais como: Inteligência Emocional, negociação, design, UX (experiência do usuário), contabilidade, finanças, análise econômica do direito, conhecimento das teorias de administração e gestão e, principalmente, comunicação empresarial. Como técnicos que somos, em regra, não temos a habilidade da comunicação com clareza e concisão.

[11] World Economic Forum. Disponível em: https://www.weforum.org/agenda/2016/03/21st-century-skills-future-jobs-students/. Acessado em 04.01.2021

No mesmo sentido, é muito comum observarmos a crítica a falta de atenção com a experiência do usuário, especialmente do usuário do serviço jurídico. Basta imaginarmos qualquer termo de Licença de Uso de um aplicativo.

Arrisco a dizer que, a quase totalidade de leitores do presente artigo não têm o hábito e/ou cuidado para a leitura de um termo de Licença de Uso de um aplicativo em um equipamento de telefonia celular. Simplesmente aceitamos e pronto. Qual é o motivo de não lermos tais termos? São longos, muito técnicos e normalmente com condições abusivas e ilegais sob a ótica do Código de Defesa do Consumidor, ou da LGPD ou de alguma outra norma. Mas a pergunta que fica é: quem elaborou esse termo de Licença de Uso? E a resposta é, um profissional do direito.

Temos que mudar o nosso *mindset!* Usualmente, estruturamos tais contratos a partir do nosso foco, a partir do nosso conhecimento da lei e jurisprudência. Em raras situações há uma real preocupação com a experiência do usuário e com a facilitação de compreensão do texto apresentado. Aqui no Brasil, ao longo dos anos 2019 e 2020, identificamos um movimento, ainda em estágio embrionário de adequação dos textos jurídicos.

Esse conhecimento e essa nova habilidade não vem do estudo do direito e dos bancos universitários. Esse conhecimento vem da demanda do próprio mercado, além do estudo de outras áreas do conhecimento, tais como, economia comportamental, legal design entre outros.

Efetivamente, quantas vezes você já se questionou como está a experiência de seus clientes internos e externos? Será que realmente estamos dando a devida atenção à tal habilidade?

E a Inteligência Artificial, como fica nessa história toda? Especialmente se considerarmos a supremacia quântica onde os novos computadores quânticos realizarão em poucos minutos algumas operações que demorariam milhares de anos para serem concluídas nos supercomputadores conhecidos até então?

Como nos lembram os estudiosos do tema, "Apesar de a Inteligência Artificial ser uma das mais novas áreas da pesquisa intelectual, suas bases surgiram há milhares de anos. Ao estudar Inteligência Artificial é útil ter um entendimento dos fundamentos de diversas outras áreas, principalmente filosofia, linguística, psicologia e biologia."[12] Ou seja, é necessário, termos o cuidado com o outro. É necessário focarmos no aprendizado centrado na solução de problemas, problemas da vida real, problemas da vida como ela é!

É necessário termos humanidade, termos afeição e termos doçura. A Inteligência Artificial pode representar uma poderosa ferramenta para alcançarmos essas competências ou habilidades. Ao utilizarmos de ferramentas que nos permitam realizar análises sobre dados e informações e automatização de atividades nitidamente repetitivas e burocráticas, teremos mais tempo para dedicar ao raciocínio crítico, à criatividade e à inovação. Especialmente nesse momento em que a computação quântica se torna uma realidade capaz de viabilizar análises por Inteligência Artificial em velocidade nunca imaginada na história da humanidade.

Uma das maiores críticas à realidade enfrentada no final do século XX e início do século XXI é justamente a falta de tempo para reflexão e para o desenvolvimento de inovações, além da atenção ao outro (experiência do usuário).

Devemos utilizar as ferramentas tecnológicas em benefício da pessoa e do sujeito de direito, em benefício da forma de trabalhar, tornando o trabalho jurídico direcionado ao desenvolvimento da sociedade e da atividade empresarial. Como diz o slogan de um comercial de determinado portal de vendas, "praticando o desapego" das atividades burocráticas, repetitivas e sem qualquer viés de raciocínio crítico e/ou inovação.

Com o avanço exponencial da tecnologia e da supremacia quântica, devemos deixar de encarar essa nova realidade como uma ameaça, um desafio ou um obstáculo. Devemos encarar esse momento da história com uma grande e verdadeira oportunidade de evolução e desbravamento de novas fronteiras. Tal como nos lembra Platão em seu Mito da Caverna, deixemos as sombras de lado e vamos desbravar o mundo que está a nossa frente tão claro quanto a luz solar.

Para tanto, como alertou Harari, é necessário nos conhecermos e sabermos para onde vamos. Conhecer nossas habilidades, potencialidades e o foco nas humanidades e soft-skills.

[12] Coppin, Bem. Inteligência artificial. Tradução e revisão técnica Jorge Duarte Pires Valério. Rio de Janeiro: LTC, 2013 (versão eletrônica)

Entre as novas habilidades e competências que devem ser desenvolvidas pelo profissional do direito, podemos destacar algumas: (i) um necessário conhecimento sobre os direitos fundamentais da privacidade e da proteção de dados; (ii) os conceitos e análise de dados por meio da ciência dos dados (Big data e integração de diversas fontes de dados); (iii) análise econômica do direito, Jurimetria e economia comportamental; (iv) Uso da tecnologia na gestão jurídica e eficiência jurídica; (v) gestão e liderança de equipes e pessoas; (vi) foco na experiência do usuário, legal design, visual law e sucesso do cliente; (vii) capacitação em ferramentas tecnológicas, programação e novas áreas jurídicas tais como: arquiteto e engenheiro jurídico; (viii) comunicação, escuta ativa, trabalho em equipe e colaborativo; (ix) criatividade; e, (x) pensamento crítico, flexibilidade e adaptabilidade.

Frente a essa realidade, entendemos pela necessidade de uma NOVA forma de ensinar o Direito, a qual, deve primar pela excelência na qualidade de ensino, aliando uma sólida base teórica com uma constante prática profissional, pelo desenvolvimento dos conhecimentos técnicos, e uma consistente formação humanística, atentando para o equilíbrio entre desenvolvimento pessoal e profissional conforme os quatro pilares da educação para o século XXI proposto por DELORS, a saber: "aprender a conhecer, aprender a fazer, aprender a viver juntos, aprender a viver com os outros e aprender a ser".

É sempre interessante observarmos que as provocações que realizamos ao longo do presente texto de abertura aos trabalhos do XX Congresso Internacional de Propriedade Intelectual, são fortemente alinhados ao tridimensionalismo de Miguel Reale[13], fruto do movimento cultural, para

[13] "Uma análise em profundidade dos diversos sentidos da palavra Direito veio demonstrar que eles correspondem a três aspectos básicos, discerníveis em todo e qualquer momento da vida jurídica: um aspecto normativo (o Direito como ordenamento e sua respectiva ciência); um aspecto fático (o Direito como fato, ou em sua efetividade social e histórica) e um aspecto axiológico (o Direito como valor de Justiça). [...] a) onde quer que haja um fenômeno jurídico, há, sempre e necessariamente, um fato subjacente (fato econômico, geográfico, demográfico, de ordem técnica etc.); um valor, que confere determinada significação a esse fato, inclinando ou determinando a ação dos homens no sentido de atingir ou preservar certa finalidade ou objetivo; e, finalmente, uma regra ou norma, que representa a relação ou medida que integra um daqueles elementos ao outro, o fato ao

entender o direito como uma verdadeira ciência que demanda a análise dos fatos e as circunstâncias em que tais fatos ocorreram para a correta atribuição de um valor, conforme determinada sociedade/localidade, momento histórico e cultura, para, somente então, realizar a análise e intepretação da norma ao fato com relevância jurídica (jurígeno).

Essa forma de aplicação da norma – pela teoria tridimensional do direito – não é capaz de ser aplicada e interpretada por uma inteligência artificial, ela demanda e depende da interpretação humana. Pela tecnologia atualmente existente, um computador e um software não são capazes de identificar a presença dos requisitos vinculados as cláusulas gerais da boa-fé objetiva e da função social do contrato.

A manutenção dessa forma de interpretação pela leitura da teoria tridimensional do direito, representar tomar o devido cuidado com a aplicação automatizada de soluções por meio de inteligência artificial.

Uma das competências que devem ser desenvolvidas para a manutenção dessa forma de pensar, é a aplicação dos conceitos atrelados a teoria do Capitalismo Consciente. Em nossa tese de doutoramento na Pontifícia Universidade Católica de São Paulo[14], tivemos a oportunidade de realizar a defesa e aplicação de tal teoria ao direito, justamente como uma forma de integrar o viés social do direito com o viés mais finalista da análise econômica do direito e da Jurimetria, estes dois últimos, mais potencializados pela aplicação da inteligência artificial ao direito.

valor; b) tais elementos ou fatores (fato, valor e norma) não existem separados um dos outros, mas coexistem numa unidade concreta; c) mais ainda, esses elementos ou fatores não só se exigem reciprocamente, mas atuam como elos de um processo (já vimos que o Direito é uma realidade histórico-cultural) de tal modo que a vida do Direito resulta da interação dinâmica e dialética dos três elementos que a integram. [...] Como se vê, um fato econômico liga-se a um valor de garantia para se expressar através de uma norma legal que atende às relações que devem existir entre aqueles dois elementos. [...] Segundo a dialética de implicação-polaridade, aplicada à experiência jurídica, o fato e o valor nesta se correlacionam de tal modo que cada um deles se mantém irredutível ao outro (polaridade) mas se exigindo mutuamente (implicação) o que dá origem à estrutura normativa como momento de realização do Direito." REALE, Miguel. Lições preliminares de direito. 20 ed., São Paulo: Saraiva, 1993, pp. 64-67

[14] Tese posterior publicada. REBOUÇAS, Rodrigo Fernandes. Autonomia privada e a análise econômica do contrato. São Paulo: Almedina, 2017

O capitalismo consciente vem recuperar a imagem defasada do capitalismo[15]. "O capitalismo de livre-iniciativa tem de estar enraizado em um sistema ético baseado na criação de valor para todos os *stakeholders*. O dinheiro constitui uma medida de valor, mas certamente não é a única."[16] No entanto, o desvirtuamento do capitalismo resultou, muitas vezes em ações antiéticas onde o único objetivo das empresas e das pessoas deveria ser o lucro, ou o resultado mais eficiente sob a ótica da inteligência artificial.

É justamente contrária a essa visão individualista, egocêntrica e da ânsia de lucro com um fim em si mesmo, que poderia gerar eventual interpretação equivocada da análise econômica do direito. O capitalismo consciente, na busca do desenvolvimento de respeito e consideração aos *stakeholder* e com um propósito elevado em benefício da sustentabilidade dos vínculos jurídicos; em última análise, em busca do desenvolvimento do dever de proteção, confiança e lealdade, sem deixar de observar a necessidade do lucro e as respectivas consequências socioeconômicas na interpretação do direito pelo responsável da atuação jurisdicional.

O capitalismo consciente como paradigma para o desenvolvimento dos negócios jurídicos, é fundamentado em quatro pilares, sendo: (i) propósito elevado; (ii) liderança consciente; (iii) cultura consciente; e, (iv) orientação para os *stakeholders*.

Propósito elevado representa a razão de ser de uma organização, considerando os seus objetivos organizacionais, a geração de valor compartilhado, o modelo de negócio focado no bem comum e a identificação de oportunidades de negócios focados no propósito elevado da organização.

[15] "Perseguir o lucro como objetivo primeiro e singular significaria buscar toda vantagem possível no corpo a corpo com clientes, fornecedores, trabalhadores, contra o meio ambiente e contra a sociedade. Uma infatigável guerra por migalhas. A consequência dessa atitude é que o capitalismo passou a ser identificado com a ganância, o egoísmo e a exploração." Rocha, Flávio. In Mackey, John; Sisodia, Raj. Capitalismos consciente: como libertar o espírito heroico dos negócios. Tradução Rosemarie Ziegelmaier, 1 ed., 4 impressão, São Paulo: HSM Editora, 2013, p. xi

[16] Mackey, John; Sisodia, Raj. Capitalismos consciente: como libertar o espírito heroico dos negócios. Tradução Rosemarie Ziegelmaier, 1 ed., 4 impressão, São Paulo: HSM Editora, 2013, p. 22

No entanto, de nada adiantará possuir um propósito elevado se a sua liderança (Acionistas, Conselho de Administração, Diretoria, Coordenadores e todas as demais pessoas que possam exercer qualquer liderança na companhia independente de possuir um cargo de liderança), não representar o segundo pilar, liderança consciente. A liderança consciente deve ser capaz de influenciar o comportamento dos demais colaboradores para alcançar os objetivos da companhia com o propósito elevado e com a integridade, justiça e ética.

A cultura consciente representa os valores essenciais da organização em coordenação com os propósitos elevados e os *stakeholders*. É a direção, ou o Norte, quanto à condução da organização, seus vínculos, seus negócios jurídicos e sociais alinhados a razão de ser da organização ao seu propósito elevado. Representa uma coordenação em semelhantes valores e interesses da organização e seus *stakeholders*, além da constante busca da satisfação e felicidade de seus colaboradores, com constantes avaliações de desempenho atrelados ao propósito elevado da organização. A cultura consciente gera um círculo virtuoso na atração e seleção de novos colaboradores alinhados ao propósito elevado da organização, que igualmente serão submetidos a avaliação de desempenho conforme os objetivos organizacionais e recompensas financeiras e sociais. Há um compartilhamento dos valores organizacionais entre os colaboradores, os *stakeholders* e toda a sociedade, sem que se deixe de observar os interesses de evolução econômico-financeira.

Já o quarto pilar do capitalismo consciente é a atuação orientada para os *stakeholders* (integração de *stakeholders*), de forma que a organização mantenha o seu foco em todos os interessados, positiva e negativamente, nos resultados organizacionais, tais como o governo, concorrentes, mídia, parceiros, colaboradores, consumidores etc. O respeito e a orientação para os *stakeholders* favorece a perenidade da organização.

> Toda empresa tem *stakeholders*, ainda que não dispensem a eles esse tratamento específico. Empresas conscientes entendem plenamente o que isso significa e tratam a satisfação das necessidades de suas principais partes interessadas como fins em si mesmos, ao passo que muitas companhias ainda encaram seus *stakeholders* (com exceção dos investidores) como meio para atingir o objetivo da maximização dos lucros [...] As organizações florescem a

> partir do compromisso e da criatividade do ser humano. Empresas conscientes motivadas pelo propósito e regidas pelo modelo de partes interessadas obtêm quantidades extraordinárias de energia humana construtiva, uma vez que contam com o engajamento apaixonado de seus colaboradores, a fidelidade ardente de seus clientes, a atenção íntima de seus fornecedores e assim por diante. Quando todos estão alinhados na mesma direção e movimentam-se com harmonia, o atrito no sistema é mínimo. Toda aquela energia em forma de compromisso e criatividade é canalizada para fins comuns, gerando grande valor para os *stakeholders*.[17]

Com a orientação para os *stakeholders* é possível criar um círculo virtuoso de confiança e lealdade entre a organização e seus clientes, colaboradores, fornecedores, partes relacionais e todos os demais *stakeholders* de forma que, as partes contratantes intuitivamente conduzam os seus vínculos jurídicos de maneira íntegra, ética e equilibrada, além de cumprirem com o dever de lealdade, confiança e cumprimento do dever de proteção[18].

[17] Mackey, John; Sisodia, Raj. Capitalismos consciente: como libertar o espírito heroico dos negócios. Tradução Rosemarie Ziegelmaier, 1 ed., 4 impressão, São Paulo: HSM Editora, 2013, pp. 75-77

[18] "Trata-se, nesta, de saber até onde chegam de facto as consequências jurídicas do acordo negocial ou, invertendo a perspectiva, de indagar que consequências jurídicas se podem ou devem dizer produzidas (ainda) por aquele acordo. [...] não há dúvida que as partes dispõem do poder de fixar o âmbito do contratualmente devido, alargando-o ou restringindo-o em função dos seus interesses. [...] Como negócio que é, o contrato realiza a liberdade de autodeterminação da pessoa mediante a estatuição de consequências jurídicas. Estas, manifestando o ita ius esto contratual, radicam portanto nessa autodeterminação ou atuovinculação, com independência aliás, do fundamento último que se queira atribuir à autonomia privada. Calor que este poder conformador que é da essência do contrato reclama como correlato o ordenamento jurídico, o qual lhe confere, tutelando-o, realidade jurídica. Aquele existe ao abrigo de uma norma de competência de que este dispõe. Mas porque, pela aceitação da autonomia privada, o legislador não transfere para os sujeitos de direito privado uma incumbência própria, é a categoria do reconhecimento, e não a da autorização ou da delegação, a que melhor exprime a posição da ordem jurídica em face do poder conformador da vontade nos contratos." Carneiro Da Frada, Manuel António de Castro Portugal. Contrato e deveres de proteção. Coimbra: Suplemento ao Boletim da Faculdade de Direito da Universidade Coimbra e Editora Almedina. 1994, pp. 60-65

É possível também afirmarmos que há uma direta conexão e relacionamento da orientação para os *stakeholders* com a teoria do Equilíbrio de Nash, uma vez que as partes relacionadas estão em busca da eficiência econômica ou socioeconômica e tenderão a empregar os seus melhores esforços para que todos os interessados ganhem na respectiva relação, não havendo qualquer interesse em uma relação de maximização dos lucros com prejuízos de terceiros (*trade-offs*), será necessariamente uma relação positiva de ganho socioeconômico.

Sendo a prática organizacional focada no capitalismo consciente, com o propósito elevado, liderança consciente, cultura consciente e orientação para os *stakeholders*, haverá o desenvolvimento de um sistema de vínculos sociais e jurídicos atrelados aos deveres de lealdade e confiança com uma exponencial elevação da importância das cláusulas gerais da boa-fé objetiva e da função social do contrato e respectivos reflexos na análise econômica do direito.

A aplicação da teoria do capitalismo consciente, praticamente impede a substituição de uma decisão humana por uma decisão tomada com inteligência artificial. A inteligência artificial será utilizada como ferramenta para a análise da situação e potenciais consequências. Mas, não será utilizada como ferramenta de substituição de um humano na tomada de decisão.

Somente a capacidade e a habilidade humana são capazes de analisar os vínculos formados pelas relações jurídicas entre organizações e *stakeholders*, orientados para os pilares do capitalismo consciente, que comungam de ideais e valores semelhantes. Deve ser preservado a real intenção das partes (Artigo 113 do Código Civil), o que foi negociado e contratado nos termos da dinâmica contratual e o comportamento das partes ao longo da execução do vínculo jurídico (a obrigação como processo).

A aplicação irrestrita da inteligência artificial, dissociada das novas e necessárias habilidades ao profissional do direito, pode, como nos alertou Harari, fazer com que a tecnologia nos domine, ao invés de nós dominarmos ela. Devemos buscar uma solução mediana, ou, do justo meio aristotélico.

> Temos desde Aristóteles, uma explanação profunda sobre esta virtude cardeal – dikaiosyne – e sua prática social, que leva a desejar o justo (dikaion) para cada um, de forma a que possua o próprio (auton), em parte, a partir da lei, que, por sua vez, tem como fim o interesse comum e o bem da comunidade política.
> Nesse sentido, requer de seu operador, em termos profissionais, um conhecimento não somente científico da lei, mas filosófico, moral, social e político, para que possa avaliar cada caso em sua totalidade visando tanto o florescimento individual como o bem comum.[19]

A tarefa de interpretar é um árduo trabalho para o profissional do direito que deverá enfrentar o "problema da hermenêutica: saber como é possível este processo e como tornar objectivas as descrições de sentido subjectivamente intencional, tendo em conta o facto de passarem pela subjetividade do próprio intérprete."[20], ou como já alertava Miguel Reale "[...]o primeiro cuidado do hermeneuta contemporâneo consiste em saber qual a finalidade social da lei, no seu todo, pois é o fim que possibilita penetrar na estrutura de suas significações particulares. O que se quer atingir é uma correlação coerente entre 'o todo da lei' e as 'partes' representadas por seus artigos e preceitos, à luz dos objetivos visados."[21] Tendencialmente, essa capacidade não será atingida pela inteligência artificial, ainda é representada por uma habilidade puramente humana, somente o tempo poderá nos dizer.

Referências

Bleicher, Josef. Hermenêutica Contemporânea. Lisboa: Edições 70, 2002

Carneiro Da Frada, Manuel António de Castro Portugal. Contrato e deveres de proteção. Coimbra: Suplemento ao Boletim da Faculdade de Direito da Universidade Coimbra e Editora Almedina. 1994

[19] Gandra Martins, Angela Vidal. Direito e tecnologia: o fim dos advogados? Uma reflexão filosófica. In Sica Longhi, Maria Isabel Carvalho. Costa-Corrêa, André. Predolim, Emerson Alvarez. Rebouças, Rodrigo Fernandes (Coord.). Direito e Novas Tecnologias. São Paulo: Almedina, 2020, p. 67

[20] Bleicher, Josef. Hermenêutica Contemporânea. Lisboa: Edições 70, 2002, p. 13

[21] Reale, Miguel. Lições Preliminares de Direito. 20 ed., São Paulo, Saraiva, 1993, p. 285

GANDRA MARTINS, Angela Vidal. Direito e tecnologia: o fim dos advogados? Uma reflexão filosófica. *In* SICA LONGHI, Maria Isabel Carvalho. COSTA-CORRÊA, André. PREDOLIM, Emerson Alvarez. REBOUÇAS, Rodrigo Fernandes (Coord.). Direito e Novas Tecnologias. São Paulo: Almedina, 2020

HARARI, Yuval Noah. 21 lições para o século 21. Rio de Janeiro: Companhia das Letras, 2018

MACKEY, John; SISODIA, Raj. Capitalismos consciente: como libertar o espírito heroico dos negócios. Tradução Rosemarie Ziegelmaier, 1 ed., 4 impressão, São Paulo: HSM Editora, 2013

MIT Technology Review. Disponível em: https://www.technologyreview.com/2019/10/23/102523/google-ceo-quantum-supremacy-interview-with-sundar-pichai/

PIRSIG, Robert M. Zen e arte de manutenção de motocicletas: uma investigação sobre valores. 2 ed, São Paulo: Martins Fontes, 2009

REALE, Miguel. Lições preliminares de direito. 20 ed., São Paulo: Saraiva, 1993

REBOUÇAS, Rodrigo Fernandes. Contratos Eletrônicos e sua força executiva. Revista Científica da Escola Superior da Advocacia, OAB/SP, Edição 35, 2020. disponível em: https://issuu.com/esa_oabsp/docs/revista_completa

REBOUÇAS, Rodrigo Fernandes. Autonomia privada e a análise econômica do contrato. São Paulo: Almedina, 2017

ROCHA, Flávio. *In* MACKEY, John; SISODIA, Raj. Capitalismos consciente: como libertar o espírito heroico dos negócios. Tradução Rosemarie Ziegelmaier, 1 ed., 4 impressão, São Paulo: HSM Editora, 2013

WORLD ECONOMIC FORUM. Disponível em: https://www.weforum.org/agenda/2016/03/21st-century-skills-future-jobs-students/. Acessado em 04.01.2021

2.
A INTERAÇÃO ENTRE AS CIÊNCIAS DA VIDA E A INTELIGÊNCIA ARTIFICIAL E AS DIFICULDADES NA PROTEÇÃO DESTES ATIVOS INTELECTUAIS: ALGUMAS REFLEXÕES

ALINE FERREIRA DE CARVALHO DA SILVA
PRISCILA MAYUMI KASHIWABARA
TARSO MESQUITA MACHADO

Introdução

Com o avanço da tecnologia e a necessidade de soluções cada vez mais rápidas e completas, as tecnologias convencionais começaram a encontrar limitações para atender às necessidades da sociedade moderna. Mesmo com a crescente automatização até das tarefas mais simples da vida, como a realização de pagamentos, é certo que as máquinas ainda não conseguem entregar respostas criativas e que abordem problemas complexos.

Por outro lado, embora muitas vezes a estrutura do cérebro humano demonstre ser mais adequada para solução de problemas complexos, uma vez que possui capacidade de aprender através de exemplos, é certo que nossa capacidade de processamento de dados é limitada.

Visando a solucionar este dilema, cientistas e matemáticos vêm ao longo dos anos desenvolvendo sistemas que tentam emular a inteligência dos seres humanos, na tentativa de resolver problemas de forma não convencional. Destas tentativas, surge o conceito de inteligência artificial

(IA)[22], o qual vem ganhando cada vez mais espaço no ambiente acadêmico e de inovação.

Embora a IA não seja uma novidade, sendo certo que o conceito já era conhecido e desenvolvido por pioneiros da computação, como Alan Turing, o aumento da conectividade dos indivíduos associado a baixos custos computacionais, aumento da quantidade disponíveis para processamento e o aumento da capacidade de processamento computacional cimentaram o caminho para que a IA deixasse de ser ficção científica e passasse a ser realidade[23].

Dentre as inúmeras aplicações possíveis dos sistemas de IA, estão o campo da biologia e ciências da vida, cuja aplicação de IA vem se tornando cada vez mais relevante no diagnóstico de doenças, simulações de tratamentos terapêuticos, simulação para identificar moléculas candidatas a uso em certo medicamento, na medicina personalizada, análises de imagens para aplicação em métodos diagnósticos, melhoramento de animais e culturas de plantas, etc. As possibilidades são infinitas, até onde a criatividade humana permitir.

Para a pesquisa em tecnologia de IA e criação de bancos de dados, são necessários altos investimentos em termos de tempo e dinheiro. Assim, inventores e proprietários de tais tecnologias devem buscar a melhor forma de se apropriar destas inovações, sobretudo por meio de ativos de propriedade industrial.

No entanto, se as invenções implementadas por IA por si só criam paradigmas interessantes no sistema de propriedade intelectual, suas aplicações no campo de ciências da vida trazem ainda mais questões, como por exemplo o sigilo de dados de pacientes e o uso ético dos dados coletados.

As ciências da vida possuem um triste passado em que, em nome do avanço científico, direitos dos pacientes foram ignorados e não só seus

[22] IBM. Artificial Intelligence (AI). Disponível em https://www.ibm.com/cloud/learn/what-is-artificial-intelligence Acesso em 15 de maio de 2021

[23] Prado, Charles. A era da inteligência artificial. Disponível em Ciência Hoje | A era da inteligência artificial (cienciahoje.org.br), acesso em 20.05.2021.

dados foram utilizados sem consentimento como muitas vezes esses participaram de estudos científicos sem nem mesmo ter ciência disso[24].

Assim, será interessante acompanhar como a IA irá se desenvolver em um cenário no qual legislação protetivas de dados pessoais estão proliferando.

Dessa forma, é importante conhecer as particularidades das inovações relacionadas à Inteligência Artificial e suas aplicações e desafios na área de ciência da vida, de modo a entender como estas inovações podem ser protegidas pelos mecanismos legais disponíveis no Brasil. O presente artigo visa a abordar os desafios trazidos pela IA do ponto de vista da propriedade intelectual em geral e das criações na área de ciências da vida em particular.

1. O que é inteligência artificial e tipos de inteligência artificial

Resumidamente, inteligência artificial é um conceito criado para classificar tecnologias desenvolvidas para realizar tarefas similares aos seres vivos. São modelos e algoritmos capazes de realizar operações matemáticas complexas, tais como classificação, otimização, grupamento de dados, análises preditivas, etc.

O conceito de inteligência artificial está geralmente relacionado com a capacidade de generalização e aprendizado, de forma similar ao funcionamento do cérebro humano[25]. Por exemplo, desde criança aprendemos o que é uma cadeira, um objeto geralmente com pernas de apoio, um assento e um encosto o qual é utilizado para uma pessoa sentar. Caso seja apresentado um novo modelo de cadeira, o qual nunca tenha sido visto por uma pessoa, esta pessoa provavelmente será capaz de identificar que aquele objeto é de fato uma cadeira, a partir de uma correspondência das características do objeto observado com aquelas de seu conhecimento

[24] Provavelmente o caso mais famoso é o da americana Henrietta Lacks, uma mulher negra e pobre que, antes de morrer de câncer de colo de útero, teve suas células retiradas e mantidas vivas sem o seu consentimento. Tais células deram origem à linhagem de células imortais HeLA, largamente utilizadas em laboratórios de todo o mundo. A história de Henrietta e de suas células é tratada em SKLOOT, Rebeca. A vida imortal de Henrietta Lacks. São Paulo: Companhia das Letras, 2011.

[25] Rosenblatt, Frank. Principles of Neurodynamics: Perceptrons and the Theory of Brain Mechanisms. Spartan Books, Washington DC. 1962

a respeito do objeto cadeira. Esta forma de inteligência trata-se de uma generalização do conceito de cadeira para objetos não conhecidos pela pessoa naquele momento. A partir da capacidade de generalização, é possível solucionar problemas complexos através do conhecimento de soluções similares conhecidas para aquele problema, mas sem, de fato, modelar e solucionar o problema em si.

Nos sistemas de IA, o conceito de aprendizado por máquina (conhecido como *machine learning*) é o mecanismo que permite uma máquina a aprender um problema a partir de exemplos apresentados à máquina[26], conceitualmente similar ao exemplo da cadeira discutido anteriormente. O momento em que a máquina está sendo treinada a aprender um problema é usualmente denominada fase de treinamento. Após treinada, a máquina estaria habilitada a resolver problemas do mundo real, na chamada fase de teste ou execução. A metodologia que permite um sistema a aprender a solucionar um problema consiste, essencialmente, em um algoritmo matemático implementado por meio de *software*.

No entanto, outras formas de inteligência podem ser encontradas nos seres humanos e animais. Por exemplo, a inteligência coletiva está relacionada a projeto de sistemas distribuídos baseados em técnicas de inteligência de enxame, tal como voo dos pássaros, colônia de formigas, etc.[27]. Neste tipo de tecnologia, pequenos dispositivos com baixo poder de processamento, tais como drones, podem, em conjunto, realizar tarefas complexas, tal como localização de indivíduos em uma cidade. Isso se dá pela colaboração de informações, experiências e resultados de forma intuitiva entre os dispositivos, da mesma forma que pode ser observado nos animais.

Outra técnica bastante como é o processamento de linguagem natural (PNL). O processamento de linguagem natural é amplamente definido como a manipulação automática da linguagem natural, como fala e texto, por software. Um dos exemplos mais conhecidos disso é a tradução de máquina, aplicação esta que evoluiu muito nos últimos anos.

[26] Silva, Ivan Nunes da; Spati, Danilo Hernane.; Flauzino, Rogério Andrade. Redes Neurais Artificiais para engenharia e ciência aplicadas. São Paulo, SP: Artliber, 2010.
[27] Dorigo, Marco; Stützle, Thomas. Ant Colony Optimization. Bradford Book, 2004.

Aplicações no campo de reconhecimento visual também vem crescendo muito nos últimos anos. Tais sistemas, conhecidos por sistemas de visão de máquina, capturam e analisam informações visuais usando uma câmera, convertem essa imagem para um formato legível por computador com técnicas de processamento de imagem, e por fim apresentam uma resposta àquela imagem[28]. Estas técnicas muitas vezes utilizam do aprendizado de máquina para obter os melhores resultados possíveis, o que torna essas tecnologias relacionadas. Podemos observar esse tipo de tecnologia desde os dispositivos de identificação de pessoas utilizados em câmeras de segurança, até mesmo nos aplicativos de redes sociais que nos apontam que possivelmente estamos em uma foto na qual um amigo postou.

Sistemas de inteligência artificial já haviam sido vislumbrados nos anos 60[29], mas apenas recentemente têm apresentado resultados capazes de impactar na vida das pessoas. Isto se deve principalmente devido ao avanço da tecnologia relacionada à capacidade de processamento dos computadores, e também devido à ampla disponibilidade de conjuntos de dados estruturados, tornada possível devido aos avanços na conectividade de dispositivos e redes de comunicação.

Sistemas avançados que utilizam aprendizado por máquina, recentemente chamada de aprendizagem profunda (*deep learning*)[30], vêm possibilitando diversas aplicações em reconhecimento de imagem, interpretação de linguagem humana e textos, predição de eventos, entre outros. A evolução de tecnologias relacionadas à inteligência artificial e internet das coisas (IoT), denominadas de quarta revolução Industrial, tem o potencial de impactar diversos segmentos do mercado, inclusive no sistema de propriedade industrial[31].

[28] KUMAR, Chethan. "Artificial Intelligence: Definition, Types, Examples, Technologies". 31 de agosto de 2018. Disponível em https://chethankumargn.medium.com/artificial-intelligence-definition-types-examples-technologies-962ea75c7b9b Acesso em 18 de maio de 2021.

[29] HAYKIN, Simon. Redes Neurais Princípios e Práticas – São Paulo SP: Bookman, 2001.

[30] BROWNIEE,Janon. What is Deep Learning? Disponível em https://machinelearningmastery.com/what-is-deep-learning/ Acesso em 20 de maio de 2021.

[31] ORGANIZAÇÃO MUNDIAL DA PROPRIEDADE INDUSTRIAL (OMPI). "WIPO technology Trends 2019: Artificial Intelligence". Geneva. 2019. Disponível em https://www.wipo.int/

2. Aplicações de IA no campo de ciências da vida

A IA é uma tecnologia altamente dependente da existência de dados a serem processados. No setor de ciências da vida, a IA é geralmente empregada pelos times de P&D para prover *insights* geralmente a partir de dados massivos (como os dados das adquiridos das pesquisas de "ômicas" (genômica, proteômica, metabolômica, etc) ou de aprendizagem a partir de conjuntos dados ainda fracamente acoplados (por exemplo, dados genômicos vs. dados clínicos).

O uso da IA na indústria das ciências da vida ainda é nascente, mas, ainda assim, o setor já mostra sinais de transformação drástica e rápida provocada pelo seu uso. Entende-se que as empresas que conseguirem mais precocemente adotar e inserir a tecnologia nos seus processos de P&D certamente ganharão em competitividade.

Em linha com esta premissa, a inteligência artificial no mercado de ciências da vida foi recentemente avaliada em cerca de USD 1,255.3 milhões em 2020 e é estimado que este valor pule para USD 5,402.1 milhões até 2026, significando uma taxa de crescimento anual composto (CAGR) de 29,13% durante o período de 2021-2026[32].

Há numerosas áreas em que a indústria de ciências da vida pode utilizar a IA. Exploraremos abaixo alguns exemplos:

2.1. Pesquisa farmacêutica, farmacologia e descoberta de drogas, com a identificação de moléculas candidatas, ou a geração de moléculas candidatas a drogas e predição de suas propriedades moleculares

A descoberta de drogas é uma das aplicações mais significativas da IA no setor de ciências da vida. Conhecidamente, o caminho entre o desenvolvimento de uma droga e até a sua disponibilização no mercado exige quantidade exorbitantes de investimentos monetários e de tempo. O desenvolvimento de soluções de IA tem se tornado um componente essencial para as companhias farmacêuticas, possibilitando a criação de um sistema de suporte que analisa vários parâmetros que ajudam a diminuir o tempo

publications/en/details.jsp?id=4386 Acesso em 18 de maio de 2021.

[32] Mordor Intelligence. Artificial intelligence (AI) in life sciences market – growth, trends, COVID-19 impact, and forecasts (2021-2026). Fevereiro 2021, 174 páginas.

para a tomada de decisões, fator crucial para aumentar a competitividade em um segmento tão competitivo quanto a farmacológica.

Um exemplo de empresa que está na vanguarda do uso da IA é a GlaxoSmithKline (GSK). De fato, a GSK é considerada uma das companhias farmacêuticas mais ativas na utilização da IA para a descoberta de drogas, tendo criado um *hub* de pesquisa no valor de 10 milhões de libras esterlinas em Londres para alavancar a descoberta de novas drogas para o tratamento de câncer e outras doenças[33].

Outro exemplo é o consórcio ATOM[34] (acronímia para "Accelerating Therapeutics for Opportunities in Medicine"), formado de uma parceria público-privado com a missão de acelerar o desenvolvimento de terapias mais eficazes aos pacientes. Fazem parte deste consório como membros fundadores a própria GSK, Lawrence Livermore National Laboratory, Frederick National Laboratory for Cancer Research e a Universidade da Califórnia. O objetivo é criar uma plataforma de descoberta de drogas usando IA para modelagem molecular que leve em consideração a farmacologia, segurança e eficácia de forma centrada no paciente.

2.2. Ensaios clínicos

Levam-se em média 10-15 anos e USD 1,5-2,0 bilhões para introduzir uma nova droga no mercado[35]. No entanto, tradicionalmente, uma grande porção do capital investido em descoberta de droga é gasta em ensaios fracassados e aprovação regulatória. Mais de um terço de todos os compostos que chegam à fase III de ensaio clínico falham em avançar para a aprovação. As altas taxas de fracasso em ensaios clínicos contribuem substancialmente para a ineficiência do ciclo da descoberta de drogas.

Os fatores que mais contribuem para o insucesso de um ensaio clínico são a seleção do grupo de pacientes testados e os mecanismos de recrutamento, que falham em trazer os melhores pacientes para o teste,

[33] Pharmaceutical Technology. GSK establishes AI hub in London to discover new drugs. https://www.pharmaceutical-technology.com/news/gsk-ai-hub-london/. Acesso em 19/05/2021.

[34] https://atomscience.org/welcome/#about-section. Acesso em 19/05/2021.

[35] Harrer, Stephan. et al. Artificial Intelligence for clinical trial design. Trends in Pharmacological Sciences. Agosto 2019, v. 40, n. 8, pp. 577-591.

e a falta de infraestrutura para lidar com a complexidade do ensaio – por exemplo, um controle falho da aderência, monitoramento do paciente e sistemas de detecção dos desfechos clínicos.

A IA e a disponibilização de dados de ensaios clínicos em domínio público têm ajudado as empresas a minorarem estes problemas. Por exemplo, ao ajudar no recrutamento dos melhores candidatos antes do início do ensaio, ao estabelecer uma capacidade de correlacionar conjuntos de dados diversos como prontuários médicos, literatura médica, bancos de dados de ensaios clínicos, além de auxiliar no monitoramento automático e contínuo dos pacientes durante o ensaio por meio da utilização de IoT (por exemplo, por meio de equipamentos e sensores vestíveis que capturam e provêm a captação contínua de dados em tempo real), permitindo um melhor controle da aderência do paciente ao ensaio e gerando uma avaliação mais confiável sobre os desfechos clínicos.

2.3. Diagnósticos clínicos

O aprendizado por máquina também oferece oportunidades interessantes no campo de diagnósticos por imagem. O uso da IA para o desenvolvimento de ferramentas de diagnóstico tem sido alvo de extensivas avaliações.

Por exemplo, a empresa Eyenuck, Inc.[36] desenvolve tecnologias baseadas em IA para aplicações médicas. O primeiro produto comercial EyeArt® faz uso de IA, e foi desenvolvido usando aprendizado por máquina para treinar seu algoritmo sobre quase 2 milhões de imagens para detectar doenças a partir de imagens de retina. Em um ensaio clínico que incluiu 942 pacientes e 15 centros médicos nos Estados Unidos, a sensibilidade de detecção de retinopatia diabética foi acima de 95%.

2.4. Medicina personalizada

Sabe-se que diferentes indivíduos respondem diferentemente aos medicamentos. Mas por que uma droga mostra uma boa eficácia em uns, e é ineficaz para outros? Outro questionamento é por que alguns indivíduos

[36] https://www.eyenuck.com/en/company. Acesso em 19/05/2021.

desenvolvem algumas doenças, por exemplo, cânceres, enquanto outros, não.

O *background* genético e outros fatores como idade e estilo de vida podem estar relacionados a estas diferenças.

A medicina personalizada diz respeito à prática médica, em que a biologia e a história pessoal do paciente são levadas em consideração no delineamento de um tratamento personalizado da doença, através da escolha do(s) medicamento(s) que provavelmente será(ão) mais eficazes e do esquema de dosagem.

Concerto HealthAI[37] é uma companhia de medicina personalizada com foco em oncologia. Com o uso de IA e aprendizado por máquina, a empresa revela como os pacientes responderão aos tratamentos. Isto pode ser aplicado tanto para o tratamento, quanto para a escolha de pacientes para um ensaio clínico.

2.5. Agricultura

As aplicações da IA na agricultura também são inúmeras.

O valor de mercado de IA na agricultura deve chegar a USD 2,9 bilhões em 2025, de acordo com estimativas, com uma taxa de crescimento anual composto (CAGR) de 25,4% de 2019 a 2025[38].

Soluções baseadas em IA na indústria agrícola estão surgindo de várias formas, como por exemplo, monitoramento do solo e da cultura, robôs, drones e análises preditivas. Uma das maiores preocupações é a automação ao longo do processo de cultivo. Máquinas e equipamentos baseados em IA já têm sido usados para aumentar a produção e melhorar o monitoramento em tempo real, a colheita, o processamento e a venda. Sistemas baseados em IA usando robôs e drones são capazes de promover esquemas de irrigação automatizadas mais eficientes e com menor desperdício de água, a eliminação seletiva de ervas daninhas, seja por meio químico

[37] https://www.concertai.com. Acesso em 19/05/2021.

[38] Grand View Research. Artificial Intelligence in Agriculture Market Size, Share & Trends Analysis Report by Component (Software, hardware) , by Technology, by Application (Precision Farming, Drone Analytics), by Region, and Segment Forecasts, 2019-2025. Dezembro 20219, 100 páginas.

ou mecânico por robôs, a aplicação de diferentes substâncias por drones, entre outros[39].

3. Escolha do modelo de proteção por propriedade intelectual. É interessante notar que a IA, embora seja implementada via software (que é protegível por direito autoral, conforme Lei nº 9.609/1998), também envolve sistemas e arquitetura de redes (potencialmente protegíveis por patentes, na forma da Lei de Propriedade Industrial – LPI) e os bancos de dados utilizados para treinar as máquinas (protegíveis por direito autoral, na forma do artigo 7º, inciso XIII da Lei de Direitos Autorais – LDA). A escolha do método de proteção terá relação com o tipo de informação a ser protegida.

A proteção por patentes, que é uma das formas mais conhecidas e tradicionais de proteção ao inovador, muitas vezes não é capaz de prover a capacidade de apropriação necessária. Muitas vezes é possível copiar a ideia central da patente sem infringir a mesma, o chamado "*invent around*". Dessa forma, o inventor deve ter cuidado ao considerar revelar sua invenção em um pedido de patente. A pergunta a ser feita deve ser: será possível garantir a exclusividade temporal da invenção que será descrita no pedido de patente? Caso a resposta seja sim, então a proteção por patente será recomendada. No Brasil, cerca de trinta mil pedidos de patente foram depositados por ano nos últimos cinco anos[40], o que mostra que o depósito de pedido de patente é um caminho bastante utilizado no Brasil.

Outra forma de proteção para o inovador é o segredo industrial. As informações confidenciais empresariais protegidas pela lei são da mais ampla variedade. Podendo ter natureza tecnológica ou comercial, importa, para a tutela jurídica, que preencham certos requisitos:

[39] Talaviya, Tanha et al. Implementation of artificial intelligence in agriculture for optimization of irrigations and application of pesticides and herbicides. Artificial Intelligence in Agriculture, v. 4, 22 de abril de 2020, pp. 58-73.

[40] Instituto Nacional Da Propriedade Industrial. Indicadores de Propriedade Industrial 2020. Disponível em https://www.gov.br/inpi/pt-br/acesso-a-informacao/pasta-x/boletim-mensal/arquivos/documentos/indicadores-2020_aecon_vf-27-01-2021.pdf Acesso em 19 de maio de 2021.

> Qualquer tipo de informação industrial, comercial ou relacionada a qualquer outro aspecto do negócio, resultante de investimentos de tempo, dinheiro e trabalho, pode ser protegida pela legislação atinente a segredo de negócio, quando preenchidos certos requisitos.[41]

Como explica o prof. Denis Borges Barbosa, esta proteção se dá por meio de mecanismos de proteção da lealdade concorrencial:

> Segredo de empresa é a informação, técnica ou não, caracterizada por escassez suficiente para lhe dotar de valor competitivo num determinado mercado. Tal noção cobre uma pluralidade de objetos da Propriedade Intelectual: (...) Como elemento unitário, todas as modalidades (...) recebem proteção como valores concorrenciais – pelo potencial de haverem receita no mercado com apoio na informação escassa – através dos mecanismos da concorrência desleal.[42]

Para fins de esclarecimento terminológico, convém destacar que as expressões "informação confidencial" (termo legislativo, introduzido

[41] Fekete, Elisabeth Kasznar. 'Brazil Chapter' in Trade Secret Protection: A Global Guide (London, Globe Law and Business Ltd. 2016), p. 65:

> "Any kind of industrial, commercial or business information arising out of time, money and work investments can be protected under trade secret legislation once the legal conditions are met."

No mesmo sentido:

> "while industrial secrets cover information of technological nature, e.g. manufacturing processes, formulas and technical data, commercial secrets protect information related to the company's business aspects: client lists, supplier lists, survey results, internal rules of procedure, working methods and financial data, such as profits and losses forecasts, etc." Kasznar Fekete, Elisabeth. 'Brazil Chapter' in Trade Secret Protection: A Global Guide (London, Globe Law and Business Ltd. 2016), p. 63.

[42] Barbosa, Denis Borges. Nota sobre a noção de segredo de empresa (2008). Disponível em http://www.denisbarbosa.addr.com/arquivos/200/propriedade/nota_segredo.pdf. Acesso em 04/04/2020, às 06h12m.

mundialmente pelo Acordo sobre TRIPs[43] em seu art. 39[44] e seguido pela lei brasileira, onde se encontra nos incisos XI e XII do art. 195 da LPI[45]) e "segredo de negócio" (termo doutrinário) se referem a um mesmo bem jurídico, isto é, são sinônimos, assim como o termo inglês "*trade secret*" (por isso tais expressões são às vezes traduzidas no Brasil como "segredo comercial"). A expressão *know how* apresenta algumas distinções, mas é usada comumente na prática corporativa, na rotina e nos contratos, como mais um sinônimo.

Para que uma "informação confidencial" (seja da espécie industrial ou comercial) seja considerada como bem jurídico enquadrado na proteção legal, é necessária a presença de certas condições cumulativas.

[43] O Acordo sobre Aspectos dos Direitos de Propriedade Intelectual Relacionados ao Comércio (ADPICS), mais conhecido como Acordo sobre TRIPS ou simplesmente TRIPS, foi aprovado pelo Decreto-Legislativo nº 30, de 15 de dezembro de 1994 e promulgado pelo Decreto Presidencial nº 1.355, de 30 de dezembro de 1994 publicado no Diário Oficial de 31 de dezembro de 1994, tendo entrado em vigor em 1º de janeiro de 1995.

[44] "Art. 39
1 – Ao assegurar proteção efetiva contra competição desleal, como disposto no Artigo 10 "bis" da Convenção de Paris (1967), os Membros protegerão informação confidencial de acordo com o parágrafo 2 abaixo, e informação submetida a Governos ou Agências Governamentais, de acordo com o parágrafo 3 abaixo.
2 – Pessoas físicas e jurídicas terão a possibilidade de evitar que informações legalmente sob o seu controle sejam divulgadas, adquiridas *ou usadas por terceiros, sem seu consentimento, de maneira contrária a práticas comerciais honestas*, desde que tal informação:
a) Seja secreta, no sentido de que não seja conhecida em geral nem facilmente acessível a pessoas de círculos que normalmente lidam com o tipo de informação em questão, seja como um todo, seja na configuração e montagem específicas de seus componentes;
b) Tenha valor comercial por ser secreta; e
c) Tenha sido objeto de precauções razoáveis, nas circunstâncias, pela pessoa legalmente em controle da informação, para mantê-la secreta." (grifou-se)

[45] "Art. 195: Comete crime de concorrência desleal quem:
XI – divulga, explora *ou utiliza-se, sem autorização, de conhecimentos, informações ou dados confidenciais,* utilizáveis na indústria, comércio ou prestação de serviços, excluídos aqueles que sejam de conhecimento público ou que sejam evidentes para um técnico no assunto, *a que teve acesso mediante relação contratual* ou empregatícia, mesmo após o término do contrato;
XII – divulga, explora ou *utiliza-se, sem autorização, de conhecimento ou informações a que se refere o inciso anterior, obtidos por meios ilícitos ou a que teve acesso mediante fraude.*" (grifou-se)

Em síntese, os requisitos a que se submete a tutela jurídica da caracterização de informações confidenciais, deduzidos das normas da Lei da Propriedade Industrial (artigo 195, XI e XII) e do TRIPS (artigo 39) são, sinteticamente, os dez que se seguem:

- **(i)** o caráter secreto;
- **(ii)** que sejam dotadas de certa atividade inventiva, isto é, que não sejam óbvias para o técnico no assunto;
- **(iii)** a aplicabilidade empresarial;
- **(iv)** que sejam exclusivas ou no mínimo, de acesso restrito;
- **(v)** que cubram informações lícitas;
- **(vi)** que não haja pedido de patente fora do período de sigilo ou título (patente) para as informações em questão;
- **(vii)** que sejam alienáveis;
- **(viii)** que possuam valor ou importância econômica;
- **(ix)** que haja manifestos elementos volitivos do detentor no sentido de preservar o segredo;
- **(x)** que as informações sejam específicas e distinguíveis.

Tendo em vista o exposto, resta claro que o segredo de negócio pode ser opção interessante se a tecnologia for "opaca", isto é, não suscetível de engenharia reversa – mas desde que sejam tomados cuidados efetivos para manter o caráter confidencial da informação, tal como a assinatura de acordos de confidencialidade.

No que se refere ao código-fonte em si, este é passível de proteção por direito autoral na forma da Lei do Software (Lei nº 9.609/1998). Tal proteção independe de registro.

Da mesma forma, os bancos de dados são protegíveis por direito autoral na forma do artigo 7º, inciso XIII da LDA – e tal proteção também independe de registro. Assim, uma das preocupações do desenvolvedor de uma IA é garantir que a base de dados utilizado ou está em domínio público ou é licenciada caso ele não seja seu autor.

Ademais, na forma do artigo 7º, § 2º, da LDA, a proteção autoral não recai sobre os dados em si. Isso significa que o desenvolvedor, sempre que se deparador com dados pessoais, deverá buscar consentimento ou algum outro permissivo legal para utilizar dados pessoais na forma da Lei Geral de Proteção de Dados (LGPD).

Feita essa breve introdução sobre os modelos de proteção existentes, nos debruçaremos especificamente sobre a proteção por patentes, que instiga questionamento muito particulares.

4. O que dizem as atuais diretrizes de patentes do INPI sobre invenções de IA

As mudanças de paradigma trazidas pelos sistemas de IA trazem novos desafios para os escritórios de patentes responsáveis pela análise e concessão de patentes, tal como o Instituto Nacional da Propriedade Industrial (INPI).

Apesar de haver um consenso sobre a patenteabilidade de invenções implementadas por computador nos escritórios de patente, a IA eleva os critérios a um novo patamar: algoritmos matemáticos configurados para serem treinados a partir de exemplos e que, após seu treinamento, não há um indício de como ele é capaz de alcançar um determinado resultado.

Atualmente, o INPI não possui diretrizes específicas para o exame de pedidos de patente relacionados a IA. Em 1 de janeiro 2021, foi instituída as novas Diretrizes de Exame para Invenções Implementadas por Computador (IIC)[46], a qual aborda o tema de IA uma única vez em seu parágrafo [013], transcrito abaixo:

> Técnicas de inteligência artificial (IA), abrangendo ferramentas de machine learning e deep learning, entre outras, quando aplicadas na solução de problemas técnicos podem ser consideradas invenção

Dessa forma, apesar de não haver diretriz específicas para tal, o INPI reconhece que soluções técnicas utilizando IA podem ser consideradas

[46] Instituto Nacional Da Propriedade Industrial. Portaria 411/2021 – Diretrizes de exame de pedidos de patente envolvendo invenções implementadas por computador. Dezembro de 2020. Disponível em https://www.gov.br/inpi/pt-br/servicos/patentes/legislacao/legislacao/PortariaINPIPR4112020_DIRPAInvenesImplementadasemComputador_05012021.pdf Acesso em 18 de maio de 2021.

invenção e, portanto, a proteção por patentes seria um caminho viável no Brasil.

Sabe-se que métodos puramente matemáticos não são considerados invenção pelas principais jurisdições, conforme o Art. 10 (I) da LPI[47]. A partir deste conceito, pode-se entender que qualquer algoritmo de treinamento ou modelo matemático de sistema de IA, sem aplicação direta em um problema do mundo real, seria considerado um método matemático ou ideia puramente abstrata, o que não é considerado invenção no Brasil.

Dessa forma, o entendimento das principais jurisdições, tal como do Escritório de Patentes Europeu (EPO), corroborado pelo parágrafo acima das diretrizes de exame de IIC no Brasil, é que o modelo de sistema de IA deve ser descrito como uma solução a um problema técnico real, onde o sistema de IA é uma ferramenta para se chegar a tal resultado[48]. No caso de sistemas de IA baseados em aprendizado de máquina, o modelo de IA poderia ser considerado como uma solução técnica a partir do momento em que o mesmo utiliza dados de um problema real para treinar a máquina, em que, após treinada, a máquina seria capaz de solucionar o referido problema técnico. A forma de criar e trabalhar os dados conhecidos do problema de modo a treinar a máquina, bem como as características da máquina, seriam o caráter técnico requerido para que o sistema de IA seja considerado como mais que uma abstração matemática.

No campo de ciências da vida, além das considerações acima, deve-se ter em mente que o método ou sistema pleiteado deverá ser patenteável independentemente de ser implementado por IA. Por exemplo, métodos de tratamento não são patenteáveis no Brasil, na forma do artigo 10, inciso VIII da LPI. Neste caso, um método de tratamento não seria

[47] Presidência Da República. Lei 9279 – Lei da Propriedade Industrial. Promulgada em 14 de maio de 1996. Disponível em http://www.planalto.gov.br/ccivil_03/leis/l9279.htm Acesso em 18 de maio de 2021.

[48] European Patent Office. "Guidelines for examination G-VII, 5.4 Problem and Solution Approach for claims comprising technical and non-technical features". Disponível em https://www.epo.org/law-practice/legal-texts/html/guidelines/e/g_vii_5_4.htm Acesso em 18 de maio de 2021.

patenteável no Brasil simplesmente pelo fato de que parte das etapas são realizadas por um sistema de IA.

Especificamente quanto à interpretação do que seriam métodos de tratamento, o entendimento atual do INPI é de que qualquer fora do corpo humano ou animal não é patenteável (embora métodos diagnósticos conduzidos fora do corpo o sejam). Neste passo, dispositivos que usem IA para calcular a dosagem de um medicamento, por exemplo, podem vir a não ser patenteáveis a depender de como for redigida a reivindicação.

Já no caso em que um potencial novo produto farmacêutico é desenvolvido por meio de um sistema de IA, caso este atenda aos requisitos de patenteabilidade necessários a uma composição farmacêutica, este poderia ser patenteável independentemente de ter ido concebido por um sistema de IA[49].

Assim, a regra geral é que a adaptação do algoritmo ou modelo de IA em conjunto com uma situação real de caráter técnico e que não esbarre em uma proibição absoluta da LPI geralmente indica que o modelo de IA seria considerado uma invenção, desde que a mesma seja nova e não seja óbvia para um técnico no assunto.

5. Requisitos de patenteabilidade de uma invenção implementada por IA

Além de se enquadrar nas definições de invenção estabelecidas pelo Art. 10, uma solução de IA precisa atender aos requisitos de patenteabilidade estabelecidos pelo Art. 8 da LPI, a saber: aplicação industrial, novidade e atividade inventiva.

Nesse sentido, a definição de um técnico no assunto deve ser criteriosa para analisar invenções implementadas por IA. De acordo com o Art. 13 da LPI "*A invenção é dotada de atividade inventiva sempre que, para um técnico no assunto, não decorra de maneira evidente ou óbvia do estado da técnica*". Assim como a mera automatização de um processo não justifica a atividade inventiva, uma mera implementação por meio de um modelo de IA não

[49] Pallard, Caroline; Heijden, Harm van der. "Patenting artificial intelligence in the life sciences: a practical guide". 4 de maio de 2020. Disponível em https://www.iam-media.com/patents/patenting-artificial-intelligence-in-the-life-sciences-practical-guide Acesso em 18 de maio de 2021.

deveria ser suficiente para atender ao requisito de atividade inventiva, ainda que um técnico de conhecimento médio em determinado campo técnico não tenha qualquer conhecimento de técnico sobre IA.

As principais jurisdições, tal como os escritórios de patentes americano[50] e europeu[51], vem entendendo que o técnico no assunto para uma invenção relacionada a IA em um campo técnico deve ser um uma pessoa com conhecimentos de modelos de IA para aplicação no determinado campo técnico. Este técnico no assunto seria, em princípio, motivado a buscar na literatura documentos de patente ou artigos a respeito de modelos de IA na tentativa de solucionar um problema do campo técnico em questão.

Na análise de patenteabilidade de uma IIC ou uma solução de IA, espera-se que a contribuição da invenção possua caráter técnico. No caso de um sistema de IA, uma aplicação genérica de IA em um dado campo técnico, em princípio, não seria considerada como dotado de atividade inventiva, pois o técnico no assunto em questão seria motivado a realizar esta experimentação.

Dessa forma, para que esta solução não seja óbvia para um técnico no assunto, espera-se que um modelo de IA conhecido seja adaptado às particularidades de uma aplicação técnica, seja por causa das variáveis envolvidas, seja devido ao modo como os dados serão utilizados para treinar o modelo de IA. Exemplos de aplicação seriam: processamento de dados a respeito de um problema de modo a criar um conjunto de dados para treinamento do modelo de IA, por exemplo, extração de olhos e nariz de uma pessoa a partir de uma imagem da face, de modo a obter um sistema de reconhecimento facial aperfeiçoado. Neste caso, a aferição a ser feita com base no estado da técnica é se o técnico no assunto, o qual possui conhecimentos de modelos de IA e reconhecimento facial,

[50] United States Patent And Trademark Office. "U.S. Code Title 35 – PATENTS". Disponível em https://www.govinfo.gov/content/pkg/USCODE-2011-title35/html/USCODE-2011-title35.htm Acesso em 18 de maio de 2021.

[51] European Patent Office. "Guidelines for examination G-VII, 5.4 Problem and Solution Approach for claims comprising technical and non-technical features". Disponível em https://www.epo.org/law-practice/legal-texts/html/guidelines/e/g_vii_5_4.htm Acesso em 18 de maio de 2021.

seria motivado a extrair estas características da face (nariz e boca) para o treinamento do modelo. Caso não, o sistema de reconhecimento facial utilizando IA apresentaria atividade inventiva.

Para aplicações de IA no campo de ciências de vida, o inventor deve se fazer três perguntas principais de modo a avaliar a patenteabilidade e como proteger sua invenção[52].

1) A invenção soluciona um problema técnico?
2) A invenção reside na tecnologia de IA em si?
3) A tecnologia de IA resulta em um método ou dispositivo novo e inventivo?

Se a resposta à pergunta 1) é 'não', então dificilmente será possível patentear a solução implementada por IA, em vistas das proibições legais do Art. 10 da LPI. Caso a resposta às perguntas 1) e 2) sejam 'sim', o método de IA pode ser protegido, desde que descrito e reivindicado como uma solução técnica utilizando IA para solucionar um problema técnico. Ainda, caso a resposta das perguntas 1) e 3) sejam 'sim', será um indicativo que o método ou dispositivo concebido por IA pode ser patenteável, sendo que o produto ou método resultante da IA poderia ser protegido sem fazer referência à IA.

Como ainda não temos diretrizes de exame para invenção de IA no Brasil, pode ser interessante desvincular o novo produto ou método de sua forma de concepção, a saber, técnicas de IA, uma vez que novas regras podem ser estabelecidas ou o entendimento sobre certos aspectos pode ser alterado no futuro. Por exemplo, ao desvincular o novo produto ou método de sua forma de concepção por IA, o titular pode evitar problemáticas relacionadas ao nível de inventividade requerida para invenções desenvolvidas por IA e ainda uma possível obrigatoriedade de revelar conjuntos de dados de treinamento, que podem conter informações sensíveis e demasiadamente valiosas para o inventor.

[52] Pallard, Caroline; Heijden, Harm van der. "Patenting artificial intelligence in the life sciences: a practical guide". 4 de maio de 2020. Disponível em https://www.iam-media.com/patents/patenting-artificial-intelligence-in-the-life-sciences-practical-guide. Acesso em 18 de maio de 2021.

6. Conjuntos de dados e suficiência descritiva em pedidos de patente para IA

Grande parte do crescente sucesso das soluções implementadas por IA vem do aumento de bancos de dados estruturados e públicos, os quais são utilizados durante o treinamento e validação dos sistemas de IA. No entanto, no campo de ciências da vida, em especial na área de saúde, muitas vezes os dados necessários para o treinamento da IA são dados de pacientes, os quais muitas vezes são dados sigilosos e que não podem ser livremente divulgados em um pedido de patente.

Se os dados de um paciente são utilizados em uma invenção implementada por IA, os dados deverão permanecer em sigilo por motivos de privacidade, tendo em vista da Lei Geral da Proteção de Dados (LGPD)[53]. Não obstante, diversas vezes a coleta e estruturação de um banco de dados é um processo que requer grande investimento de tempo e dinheiro, logo seus detentores preferem manter em segredo tal informação valiosa mesmo quando não há uma obrigação legal para tal.

No entanto, muitas vezes não revelar esta base de dados junto com o pedido de patente pode tornar a invenção irreprodutível, não atendendo ao requisito legal de suficiência descritiva e, portanto, ferindo o Art. 24 da LPI.

Tal concretização tem sido denominada de invenções "*black box*"[54], ou seja, a solução reivindicada é uma caixa preta que produz o resultado desejado, mas que os meios para se chegar àquele resultado não são bem definidos.

Nestes casos, recomenda-se criar um pequeno conjunto de dados de caráter meramente ilustrativo, de forma a mostrar como esse banco estrutura suas informações e variáveis. A partir desse conjunto de dados ilustrativo, seria possível descrever no pedido de patente como as informações do banco, ou parte dela, são extraídas e processadas para a criação de um novo banco de dados, o qual seria utilizado como entrada para

[53] Presidência Da República. Lei 13.709 – Lei Geral de Proteção de Dados Pessoais (LGPD). 14 de agosto de 2018. Disponível em http://www.planalto.gov.br/ccivil_03/_ato2015-2018/2018/lei/l13709.htm Acesso em 18 de maio de 2021.

[54] European Patent Office. "Patenting Artificial Intelligence – One-day conference at the EPO". 30 de maio de 2018.

o treinamento do sistema de IA. Alternativamente, o inventor deveria informar ao menos que tipo de dados de entrada são adequados para treinar a ferramenta de IA, de modo a se alcançar o efeito técnico vantajoso.

Assim, nos casos onde seja prejudicial ao inventor revelar o banco de dados utilizado para alcançar a invenção, e que este não possa ser descrito ou ilustrado de outra forma, é possível que se valer do segredo industrial seja mais vantajoso que seguir com um pedido de patente.

Adicionalmente, é importante que a(s) técnica(s) de IA utilizada(s) seja(m) descrita(s) de forma suficiente no relatório descritivo. Caso a invenção utilize uma técnica de IA conhecida do estado da técnica, seria necessário apenas indicar o modelo utilizado. No entanto, caso haja alguma derivação ou o modelo de IA seja novo, é importante incluir informações do modelo, tal como arquitetura, número de camadas, função de ativação, etc. O conceito chave a ser questionado é: seria o técnico no assunto (aquele que possui conhecimento mediano no campo técnico e em implementações de IA no referido campo) capaz de implementar a invenção a partir do relatório descritivo da patente? Caso a resposta for não, é possível que o pedido seja indeferido por infringência do Art. 24 da LPI.

7. Como definir a autoria de invenção criada por inteligência artificial

Um ponto final e não menos importante é a questão da autoria do invento. O artigo 6º da LPI estabelece a obrigação de se apontar a autoria da invenção. Embora não tenha redação tão peremptória quanto outras legislações[55], a norma do artigo 6º da LPI é geralmente interpretada como permitindo apenas inventores que sejam pessoas físicas. Assim, como ficam as invenções criadas por inteligência artificial, que sequer possui personalidade jurídica (vide Livro I do Código Civil)?

Embora ainda não tenha ocorrido nenhum caso concreto no Brasil, o recente caso DABUS trouxe a discussão à ordem do dia. DABUS (ou *Device for the Autonomous Bootstrapping of Unified Sentience*) é uma inteligência artificial criada pelo americano Stephen Thaler que utiliza redes

[55] Como, por exemplo, o Patent Act 1977, da Inglaterra.

neurais para realizar criações sem participação humana. Tendo DABUS realizado duas criações que Thaler entendeu como patenteáveis, esse depositou um pedido PCT (WO2020/079499A1), com designação para Reino Unido, Escritório Europeu de Patentes, Estados Unidos, África do Sul, Austrália, Brasil, Canadá, China, Índia, Israel, Japão, Nova Zelândia, Coreia do Sul, Arábia Saudita e Taiwan, conforme publicizado por Thaler e seu time jurídico no site artificialinventor.com, o qual dá conta que apenas a patente sul-africana foi concedida.

No formulário britânico, Thaler alegou que entendia que o Patent Act 1977 não exigia que pessoas físicas fossem inventoras, mas que, caso o UKIPO (escritório britânico de patentes) assim entendesse, que o fato de ser o proprietário de DABUS lhe dava o direito de ser o titular das invenções criadas pela inteligência artificial tal como o proprietário de um bem tem direito aos frutos dele resultantes. Com base no artigo 7 do Patent Act 1977, o UKIPO entendeu que uma inteligência artificial não pode ser nomeada inventora e que, por sua vez, o fato do Sr. Thaler ser o dono de DABUS não era suficiente para que ele se tornasse automaticamente titular dos frutos de sua máquina (UKIPO Decision: BL O/741/19) – decisão essa mantida pela *High Court of England and Wales*[56].

Já nos pedidos apresentados perante o EPO (escritório europeu de patentes), Thaler inicialmente indicou DABUS como inventor e depois alegou ser sucessor de direitos de DABUS na qualidade de seu proprietário. Da mesma forma que o UKIPO, o EPO entendeu que a paternidade das invenções é um direito moral reservado à pessoa humana e que, sendo DABUS uma inteligência artificial, não poderia nem ser o inventor nem adquirir e transferir direitos a Thaler[57].

[56] *Thaler v The Comptroller-General of Patents, Designs and Trade Marks* [2020] EWHC 2412 (Pat), disponível em Thaler v The Comptroller-General of Patents, Designs And Trade Marks [2020] EWHC 2412 (Pat) (21 September 2020) (bailii.org), acesso em 20.05.2021.
[57] Grounds for the EPO decision of 27 January 2020 on EP 18 275 163, disponível em https://register.epo.org/application?documentId=E4B63SD62191498&number=EP18275163&lng=en&npl=false, acesso em 20.05.2021.

Por fim, o USPTO (escritório americano de patentes) decidiu que, de acordo com a lei americana, apenas pessoas humanas podem ser nomeadas inventores[58].

Em suma, o caso DABUS reforça que o atual sistema de patentes não possui todas as respostas sobre a proteção de criações por IA.

Conclusões

As invenções e inovações relacionadas à quarta revolução industrial já são uma realidade em nossa sociedade. Impactos já podem ser vistos nos campos tecnológicos, e não poderia ser diferente no sistema de patentes. O sistema de patente foi desenvolvido há mais de 500 anos e não era possível vislumbrar todas os desdobramentos tecnológicos e nuances que desafiam as regras do sistema. Assim como ocorreu no advento da tecnologia da informação, novos paradigmas precisam ser estabelecidos para lidar com as invenções relacionadas à Inteligência Artificial. Tais tecnologias trazem desafios e oportunidades tanto aos usuários quantos aos escritórios de patentes.

Observa-se que os sistemas de IA já estão impactando de forma positiva diversas áreas da sociedade, aumentando a produtividade e criando novas oportunidades. Não foi diferente com as chamadas ciências da vida, em uma verdadeira fusão das duas grandes revoluções tecnológicas deste século (a da tecnologia da informação e a da biotecnologia).

Nos principais escritórios de patentes, tais como o UPSTO e o EPO, já são depositados milhares de pedidos de patente para tecnologias relacionadas a IA por ano, e esse número só vem aumentado ao longo dos anos – mesmo com a possibilidade de proteção por segredo de negócio.

No entanto, para que o investimento na área continue a crescer, deve haver segurança jurídica quanto a proteção destes ativos, de forma que os inventores revelem suas invenções baseadas em IA ao invés de mantê-las como segredo de negócio, e assim cada vez mais setores da sociedade possam se beneficiar das inovações advindas de IA.

[58] USPTO. Application 16/524,350, disponível em 16524350_22apr2020.pdf https://www.uspto.gov/sites/default/files/documents/16524350_22apr2020.pdf, acesso em 21.05.2021.

3.
AS CRIAÇÕES POR INTELIGÊNCIA ARTIFICIAL E OS DESAFIOS DO DIREITO AUTORAL

LILIANE AGOSTINHO LEITE
NEIDE BUENO

Introdução

A história do Direito de Autor e o desenvolvimento de novas tecnologias se interlaçam[59], na medida que a origem do direito autoral[60] surge com o advento do sistema de imprensa por Gutemberg e a legislação autoral tem sido aperfeiçoada ao longo do tempo em decorrência de interesses afetados pelo surgimento das tecnologias disruptivas, que rompem paradigmas sobre normas -padrão a serem seguidas sobre essas novas criações.

Novas tecnologias implementadas em computadores e o ciberespaço nos anos 90 impactaram na proteção das obras intelectuais, uma vez que foi facilitada a distribuição e reprodução desautorizada de obras protegidas pelo direito de autor. Naquela ocasião, o sistema de proteção ao direito de autor começou a ser confrontado diante das novas tecnologias

[59] https://www.gedai.com.br/wp-content/uploads/2018/08/LIVRO_Estudos-de-Direito--de-Autor-e-Interesse-P%C3%BAblico_-Anais-II-CODAIP.pdf

[60] O Statute of Anne, foi a primeira lei de Direito de Autor, promulgada em 1710 como "An Act for the Encouragement of learning"..

e aplicado a fim de preservar as relações entre obra intelectual / autor-criador / usuário.

Na atual era da economia baseada em dados, surgida com a 4ª revolução industrial, inovação e tecnologias disruptivas avançam a passos largos com a intensificação do uso da inteligência artificial, sem a interferência humana direta, tanto nas invenções industriais, sob a égide das normas de propriedade industrial, como nas criações e produções artísticas protegidas pelo direito autoral, que é o foco desse estudo.

Nesse panorama, conceitos e normas do direito autoral não conseguem acompanhar, em passos acelerados e em tempo real, essas novas criações em meios digitais, e têm sido constantemente desafiadas com situações complexas que não são tratadas de forma objetiva e tipificada pela legislação autoral vigente, como a autoria da obra intelectual, sempre pré-estabelecida como uma criação humana e não gerada por máquinas inteligentes.

De acordo com o dicionário a palavra inteligência[61] é a faculdade de entender, pensar, raciocinar e interpretar; entendimento, intelecto ou percepção. A palavra artificial significa *produzido por arte ou indústria do homem e não por causas naturais.* O termo de inteligência artificial foi empregado pela primeira vez por John McCarthy durante a chamada para realização de um projeto de pesquisa no Dartmouth College no ano de 1956[62]. Naquela ocasião, John MacCarthy propôs que a inteligência artificial seria a capacidade de uma máquina realizar funções que, se realizadas pelo ser humano, seriam consideradas inteligentes.

Os estudos acadêmicos sobre inteligência artificial, também foram marcados em seu nascimento pela publicação do artigo intitulado "*Computing Machinery and Intelligence*", de autoria do matemático britânico Alan Turing[63]. Neste artigo, Turing apresentou um teste, conhecido como

[61] Disponível em https://michaelis.uol.com.br/busca?r=0&f=0&t=0&palavra=intelig%C3%AAncia. Acesso: 26 mai. 2021.

[62] Apud: SCHIRRU. Lucca. Direito Autoral e Inteligência Artificial. Autoria e Titularidade Nos Produtos da IA. p. 179.

[63] BERKELEY, Istvan S. N. What is Artificial Intelligence? The Scoop E-Magazine, 1997. Disponível em: https://userweb.ucs.louisiana.edu/~isb9112/dept/phil341/wisai/WhatisAI.html. Acesso em: 26 mai. 2021.

Teste de Turing, pelo qual deveria ser atestada a capacidade de um computador possuir o comportamento inteligente do ser humano, de modo que não se poderia distinguir as respostas fornecidas pelo computador ou por um ser humano.

Podemos estabelecer que a inteligência artificial é o poder que a máquina possui em imitar a inteligência humana para executar tarefas, podendo ser aprimorado ao longo do tempo com base em informações coletadas e armazenadas, em um processo de autoaprendizado, produzindo resultados ilimitados e de forma totalmente autônoma, sem a necessidade da intervenção humana.

As aplicações da inteligência artificial em programas de computador podem ser protegidas pelo sistema legal de direito de autor[64], a base de dados do conhecimento que integra a inteligência artificial também é protegida pelo direito de autor como obra intelectual[65]. Porém, qual o regime de proteção conferido para o resultado obtido pela criação gerada autonomamente através da inteligência artificial, como obra intelectual? Quem seria o autor?

1. Obras criadas pela inteligência artificial

Questionamentos sobre o direito de autor e obras produzidas por robôs inteligentes se tornam mais latentes quando se observa iniciativas criativas como o projeto THE NEXT REMBRANDT[66] que, por meio da inteligência artificial, foram analisados 346 pinturas de Rembrandt para identificar os padrões artísticos peculiares das criações do artista, como a face, rosto e a íris dos olhos de cada pessoa por ele retratada. A partir desse padrão de identificação, com o uso de algoritmos e impressão 3D, a inteligência artificial produziu novas obras com traços característicos das obras originais de Rembrandt, três séculos após sua morte.

Antes disso, temos como precursor o uso do programa de computador denominado AARON, desenvolvido pelo pintor abstracionista britânico, Harold Cohen, no início da década dos anos 1970. O programa AARON

[64] Lei 9.609/98.

[65] Lei 9.610/98.

[66] Criado e desenvolvido por JWT Amsterdam. Disponível em https://www.nextrembrandt.com. Acesso em 21 mai. 21.

é um sistema de inteligência artificial que, por meio de um protótipo de mão, é capaz de executar pinturas e desenhos próprios com total autonomia, sem precisar recorrer a uma base de dados criada por seu idealizador e sem qualquer interferência humana, "*como se fosse um aluno que aprendeu bem sua lição*".[67]

As imagens produzidas autonomamente por AARON impressionam[68] pois, apesar do sistema necessitar tomar decisões a partir dos dados nele contidos, inseridos por seu idealizador, tendo como padrão as imagens da figura humana (como cabeças, pernas, braços), o programa pode fazer suas próprias escolhas a partir de um conhecimento básico de dados. Sendo assim, suas pinturas são consideradas originais, como afirma CARBONI[69]:

> As pinturas realizadas por AARON são dotadas de originalidade, pois têm a aura preservada pelo fato de serem únicas e de não se repetirem, exteriorizando, assim, a personalidade de Harold Cohen. Além disso, o programa tem seu próprio estilo de pintura, que não deixa de nos remeter ao estilo de seu criador.

O projeto *LOST TAPES OF THE 27 CLUB*[70], utilizando sistema autônomo de inteligência artificial alimentado com canções do grupo musical Nirvana, foi capaz de compor uma obra lítero-musical inédita chamada *Drowned in the Sun*. A música foi totalmente criada sem intervenção humana, com exceção da voz gravada por um *cover* do vocalista da banda, morto em 1994. Através daquele projeto, outras músicas derivadas de cantores famosos, já falecidos, como Amy Winehouse, Jimi Hendrix e Jim Morrison, também foram criadas pela inteligência artificial.

[67] Carboni, Guilherme. Direito Autoral e Autoria Colaborativa na Economia da Informação em Rede. São Paulo: Quartier Latin do Brasil, 2010, p. 87.

[68] Disponível em: http://www.haroldcohen.com/aaron/index.html. Acesso em 03 jun. 2021.

[69] Carboni, Guilherme. Op. cit.p.91/92.

[70] Disponível em https://www.cnnbrasil.com.br/entretenimento/2021/04/05/inteligencia-artificial-cria-musica-inedita-do-nirvana. Acesso em 26 mai. 21.

Temos, também, a pintura criada por inteligência artificial chamada *EDMOND DE BELAMY* que foi leiloado por R$ 432 mil dólares[71]. A pintura foi criada pelo grupo de arte francês *Obvious*, que alimentaram o sistema de inteligência artificial com mais de 15 mil retratos feitos entre os séculos 14 e 20, após o algoritmo buscava encontrar diferenças entre os retratos produzidos pelo sistema e as artes originais, até que fosse possível não conseguir fazer mais a distinção entre eles. Desta forma, o algoritmo era induzido para que acreditasse que aquela obra foi produzida por um ser humano, e não por ele mesmo.

O sistema que criou a pintura *EDMOND DE BELAMY* fez uso de redes adversárias generativas – GAN (*Generative Adversarial Network*)[72], que são arquiteturas de redes neurais profundas compostas por duas redes colocadas um contra a outra, criado pelo pesquisador Ian Goodfellow, que listou os resultados em plataformas de código aberto[73].

Curiosamente a pintura de Edmond Belamy possui a assinatura do artista em caligrafia cursiva da seguinte forma[74]:

$$\min_{G} \max_{D} \mathbb{E}_x[\log(D(x))] + \mathbb{E}_z[\log(1 - D(G(z)))]$$

No caminho do raciocínio desenvolvido pela inteligência artificial, temos diferentes tipos de trabalhos que podem decorrer do uso de tecnologias digitais. Portanto, se faz necessário distinguir a obra criada com o auxílio de um computador e a obra que é gerada de forma autônoma por computador.

Casos que envolvem o *computer assisted works*[75], por exemplo, pode ser de um arquiteto que utiliza programas como AutoCAD ou Sketchup ou

[71] Disponível em https://www.christies.com/features/A-collaboration-between-two-artists-one-human-one-a-machine-9332-1.aspx. Acesso em 26 mai. 21.

[72] Disponível em https://www.deeplearningbook.com.br/introducao-as-redes-adversarias-generativas-gans-generative-adversarial-networks/. Acesso em 26 mai. 21.

[73] Disponível em https://github.com/goodfeli. Acesso em 26 mai. 21.

[74] Disponível em https://www.christies.com/features/A-collaboration-between-two-artists-one-human-one-a-machine-9332-1.aspx. Acesso em 30 mai.21.

[75] Perry, Mark and Margoni, Thomas, From Music Tracks to Google Maps: Who Owns Computer-generated Works? (2010). Law Publications. Paper 27.

de um artista gráfico que desenvolve seu trabalho para meio de software como Adobe Illustrator, Adobe Photoshop.

No campo artístico, podemos citar o projeto *FLOW MACHINES* da Sony[76] que tem por objetivo criar obra musical a partir de algoritmos, base de dados e *software*, considerado como um sistema de composição musical assistido por inteligência artificial. Porém, as máquinas não criam a obra musical autonomamente, pois necessitam da intervenção humana para criação.

Nos exemplos acima citados, o sistema é utilizado apenas como meio, para facilitar ou melhorar o trabalho do autor, todavia o poder de criação e direção pertencem ao ser humano. Entretanto, sob a perspectiva do direito autoral, o cerne da questão são aquelas obras criadas autonomamente por *softwares* inteligentes[77], denominado *computer generated works*[78], *no qual* não há intervenção humana no controle da criação – como vimos nos projetos "THE NEXT REMBRANDT" e "*LOST TAPES OF THE 27 CLUB*", as pinturas de AARON e *EDMOND DE BELAMY.*

2. Pilares que sustentam a inteligência artificial: algoritmo, *hardware* e dados

Wachowicz e Gonçalves[79], apontam três principais elementos como componentes fundamentais que viabilizam o funcionamento de uma aplicação de inteligência artificial: "*seu algoritmo, o hardware em que ele é executado e os dados e as informações utilizadas nele*".

Um algoritmo pode ser definido como uma sequência de instruções matemáticas capaz de ter um raciocínio artificial a fim de obter um resultado pré-determinado para resolver um problema ou executar uma tarefa a partir da manipulação de um banco de dados submetidos em uma máquina.

[76] Disponível em https://www.flow-machines.com/. Acesso em 30 mai. 21.

[77] Perry, Mark and Margoni, Thomas. Op. cit., p. 4.

[78] O CPDA do Reino Unido – Copyright, Designs and Patents Act 1988, no art. 178 define computer generated works como "is generated by computer in circumstances such that there is no human author of the work".

[79] Wachowicz, Marcos. Gonçalves, Lukas Ruthes. Inteligência Artificial e Criatividade. Novos Conceitos na Propriedade Intelectual. Curitiba: Gedai, 2019., p.52

Nesse contexto, como parte da evolução tecnológica que possibilita que máquinas pensem como seres humanos, as modalidades de programação *Machine learning* e *Deep learning* são pilares que sustentam a inteligência artificial, mas possuem diferentes conceitos técnicos.

Machine Learning, ou aprendizado de máquina, começou a ser desenvolvido nos anos 80 como sendo os primeiros passos práticos sobre o uso da inteligência artificial, podendo ser definido como "*o uso de algoritmos para organizar dados, reconhecer padrões e fazer com que computadores possam aprender com esses modelos e gerar insights inteligentes sem necessidade de pré-programação*".[80]

Dessa forma, os algoritmos são abastecidos com dados e aprendem por conta própria a fazer predições e orientar decisões a partir de modelos, realizando ações autônomas cujos resultados são imprevisíveis para o programador. Entretanto, no início a modalidade de programação *Machine Learning* possuía atividades limitadas devido à falta de dados e de tecnologias capazes de processá-los de forma veloz e eficiente. [81]

Atualmente, com a grande quantidade de dados disponíveis e o avanço da ciência da computação, foi possível o desenvolvimento de algoritmos muito mais complexos e rápidos. Trata-se do *Deep Learning*, ou aprendizagem profunda, com capacidade de suportar e manipular uma infinidade de dados "*big data*" e funcionar como uma mente própria através de sobreposição de camadas não lineares de processamento de dados. Ou seja, "*é a parte do aprendizado de máquina que, por meio de algoritmos de alto nível, imita a rede neural do cérebro humano*".[82]

Wachowicz e Gonçalves[83] , ao discorrerem sobre a *Deep Learning*, como modalidade de programação mais complexa que o método *Machine Learning*, observam ser essa "*tecnologia baseada em redes neurais que busca emular o pensamento humano que se trata de um dos maiores avanços na maneira como aplicações de Inteligência Artificial são programadas*".

[80] Salesforce. Machine Learning e Deep Learning: aprenda as diferenças. Disponível em: https://www.salesforce.com/br/blog/2018/4/Machine-Learning-e-Deep-Learning--aprenda-as-diferencas.html. Acesso em: 30/05/2021.

[81] Idem

[82] Ibidem

[83] Op. cit, p. 55.

Quando se analisa o uso da inteligência artificial para criação de obras obtidas autonomamente por processos de inteligência é inevitável confrontar a legislação autoral vigente que estabelece e restringe à pessoa humana como autor da obra intelectual, cujos direitos patrimoniais podem ser cedidos, de forma temporária ou definitiva, pelo autor à pessoa jurídica, exceto seus direitos morais sobre a obra criada.

As normas legais de direito do autor, baseada em convenções internacionais, não foram idealizadas para um cenário real de uma economia digital, baseada em dados. Com a exploração da inteligência artificial através de *big data* nas mais diversas áreas de criação do intelecto, como música, pintura ou fotografia, é possível gerar novas obras de forma artificial e autônoma, sem a intervenção humana direta, cujo suporte tangível da criação, inclusive, pode ser materializado através da impressão 3D.

3. Da proteção do direito de autor no Brasil

Para que se possa discutir a possibilidade da proteção de obras criadas por sistema de inteligência artificial no Brasil, se faz necessário percorrer os elementos e requisitos necessários para sua proteção de acordo com nossa legislação vigente.

A Convenção de Berna[84], do qual o Brasil é signatário, determina os direitos mínimos a serem adotados pelos países, no que tange a proteção de obras literárias e artísticas, reservando para cada país signatário, a faculdade para criar mecanismos próprios que aumentem esses direitos determinados no pacto internacional.

No plano constitucional, o direito de autor é protegido como um direito fundamental, com destaque ao art. 5º[85], incisos XXVII, XXVIII,

[84] Internalizado no Brasil por meio do Decreto n. 7.699, de 6 de maio de 1975.

[85] XXVII – aos autores pertence o direito exclusivo de utilização, publicação ou reprodução de suas obras, transmissível aos herdeiros pelo tempo que a lei fixar;

XXVIII – são assegurados, nos termos da lei:

a) a proteção às participações individuais em obras coletivas e à reprodução da imagem e voz humanas, inclusive nas atividades desportivas;

b) o direito de fiscalização do aproveitamento econômico das obras que criarem ou de que participarem aos criadores, aos intérpretes e às respectivas representações sindicais e associativas;

"a" e "b", conferindo ao autor o direito exclusivo de utilização, publicação e reprodução de suas obras.

Em harmonia com a Convenção de Berna e a Constituição Federal, foi promulgada a Lei 9.609/98, que trata da proteção da propriedade e a comercialização do programa de computador e a Lei 9.610/98, conhecida como a Lei de Direitos Autorais (LDA), que dispõe sobre os direitos autorais e conexos no Brasil.

3.1. O objeto de proteção

Qual o objeto de proteção da criação intelectual sob o enfoque do direito de autor? De acordo com o art. 7º. da LDA são obras protegidas pelo sistema de direito de autor, as *criações do espírito*, expressas por qualquer meio ou fixadas em qualquer suporte, tangível ou intangível, conhecido ou que se invente no futuro.

O legislador, ainda, no art. 7º da LDA, apresenta um rol exemplificativo dos objetos de proteção pelo direito autoral, tais como os textos de obras literárias, artísticas ou científicas; as composições musicais, tenham ou não letra; as obras audiovisuais, sonorizadas ou não, inclusive as cinematográficas; as obras fotográficas e as produzidas por qualquer processo análogo ao da fotografia; as obras de desenho, pintura, gravura, escultura, litografia e arte cinética; os programas de computador em si; bases de dados e outras obras, que, por sua seleção, organização ou disposição de seu conteúdo, constituam uma criação intelectual, entre outros.

Do rol, não exaustivo, de obras protegidas, vale destacar a relevância da proteção da base de dados, que se trata de um ingrediente fundamental para alimentar e fazer funcionar as aplicações dos processos de inteligência artificial, inclusive com grande volume de dados e informações através de *Big Data*. Nos termos de nossa lei autoral, o objeto de proteção não abarca os dados em si mesmo, mas a forma de expressão da estrutura da referida base, cujo titular do direito patrimonial terá a faculdade exclusiva de autorizar ou proibir sua reprodução por terceiros.[86]

Quanto ao âmbito do objeto de proteção de programas de computador – que, como a base de dados, está diretamente relacionado com

[86] Art. 7º, XIII, § 2º e Art. 87 da Lei nº 9.610/98.

o uso da inteligência artificial – a Lei 9.609/98 define no artigo 1º ser o programa de computador a expressão de um conjunto organizado de instruções em linguagem natural ou codificada, contida em suporte físico de qualquer natureza, de emprego necessário em máquinas automáticas de tratamento da informação, dispositivos, instrumentos ou equipamentos periféricos, baseados em técnica digital ou análoga, para fazê-los funcionar de modo e para fins determinados.

A obra intelectual deve ser fixada em qualquer suporte tangível ou intangível, conhecido ou que se invente no futuro. Assim, a obra intelectual necessita de um corpo, seja físico ou virtual, pois enquanto permanecer na mente do autor como ideia abstrata, não se pode considerar sua proteção legal.

Crivelli[87] adverte que não é possível localizar no texto legal da Lei 9.610/98 os pressupostos para a proteção da obra intelectual, mas que a doutrina e jurisprudência consideram ser necessária a verificação de traços de personalidade na criação da obra. Chinellato[88] estabelece que o direito de autor é fundado na criação do espírito, na qual o autor projeta características da sua personalidade.

A doutrina é unânime em afirmar que a criatividade e originalidade são requisitos básicos para proteção de uma obra pelo sistema autoral. Bittar[89] aponta que para a proteção da forma incidente no sistema autoral "*não se cogita de análise de seu valor intrínseco, em face da subjetividade que se instalaria na sua determinação em concreto*". Seguindo esse raciocínio, o autor aponta que:

> Assim, a obra protegida em seu contexto é aquela que constitui exteriorização de uma determinada expressão intelectual, inserida no mundo fático em forma ideada e materializada pelo autor.

[87] Crivelli. Ivana Có Galdino. Direito de Autor: Exceções, com Ênfase em Normas Técnicas. Dissertação de Mestrado – Faculdade de Direito, Universidade de São Paulo. São Paulo, 2012. p. 27/29.

[88] Chinellato, Silmara Juny de Abreu. Direito de autor e direitos da personalidade: reflexões à luz do código civil. Universidade de São Paulo, São Paulo, 2009. p. 23-24.

[89] Bittar, Carlos Alberto. Direito de Autor. 4ª ed. Rio de Janeiro: Forense Universitaria,2008. p. 22/23.

> A **criatividade** é, pois, elemento ínsito nessa qualificação: a obra deve resultar de esforço intelectual, ou seja, de atividade criadora do autor, com a qual introduz a realidade fática manifestação intelectual estética não-existente (o plus que acresce o acervo comum).
> Cumpre, a par disso, haver *originalidade na obra*, ou seja, deve ser integrada de componentes individualizadores, de tal sorte a não se confundir com outra preexistente. *(destacamos)*

Costa Netto[90] destaca que a obra intelectual pode pertencer a qualquer gênero, forma de expressão, mérito ou destinação e prossegue com os ensinamentos de Henry Jessen de que a obra intelectual deverá possuir três requisitos: *a) pertencer ao domínio das letras, das artes ou das ciências; b) ter originalidade; c) achar-se no período de proteção fixada pela lei.*

Os casos de obras geradas por processos de inteligência artificial, na medida em que o mercado de arte recebe cada vez mais criações anunciadas como geradas por *softwares* inteligentes, sem intervenção humana, têm-se suscitado inúmeras questões sobre a qualificação dessas novas criações no âmbito dos direitos de autor. Essas criações preenchem os requisitos para estarem protegidas por direitos autorais, quem é o autor e o detentor de tais direitos?

3.2. O autor e a titularidade da obra intelectual

A obra intelectual deve ser uma criação do espírito criativo do ser humano, emanada da imaginação do homem, de acordo com percepção cultural e pessoal e a proteção será reconhecida com independência do gênero da obra, forma de expressão, mérito e destino[91].

Como pressuposto para proteção do direito de autor deve haver a criação humana gerada pela pessoa física, como expressamente estabelece o art. 11 da Lei da LDA "*Autor é pessoa física criadora de obra literária, artística ou científica*", que pode se identificar como tal usando seu nome civil, completo ou abreviado até por suas iniciais, pseudônimo ou qualquer outro sinal convencional. (art. 12 da LDA).

[90] Costa Netto. José Carlos. Direito Autoral no Brasil. 3ª Edição. São Paulo: Saraiva, p. 159.
[91] Afonso, Otávio. Direito Autoral Elementos Essenciais. São Paulo: Manole, 2009. p. 13.

A lei autoral brasileira também prevê a possibilidade de uma obra ter mais de autor, como nas composições musicais criadas em coautoria.[92] A proteção da obra concedida ao autor pode aplicar-se às pessoas jurídicas, sendo facultado ao autor (ou coautores) ceder os direitos patrimoniais de sua criação intelectual para uma pessoa jurídica por meio de licenciamento, concessão ou cessão, total ou parcial.[93]

> Isso significa que a despeito da previsão de a autoria pertencer somente às pessoas físicas, ainda há possibilidades legais dessa ser atribuída a pessoas jurídicas, especialmente quando cumprir a função de organização, edição ou produção de obras.[94]

As disposições contidas na Lei 9.609/98, sobre a proteção de programa de computador, também estabelece ser aquela obra intelectual criada pelo homem que, na maioria dos casos, é o empenho de um programador, ou vários, que alimenta o sistema com dados e informações, mas que "*seria mais comum o seu desenvolvimento pela participação de várias pessoas, no formato de obras coletivas ou colaborativas*".[95]

A Lei 9.609/98, define a aplicação de certos direitos morais do autor do programa de computador, como o de reivindicar a qualquer tempo a paternidade da obra ou de se opor a alterações não autorizadas. (art. 2º, § 1º). No caso da tutela sobre os direitos patrimoniais da criação do programa de computador, a lei também estabelece as condições sobre a titularidade que pode pertencer ao empregador ou contratante dos serviços, pessoa física ou jurídica. (art.4º da Lei 9.609/98).

[92] Lei 9.610/98, art. 15.: A co-autoria da obra é atribuída àqueles em cujo nome, pseudônimo ou sinal convencional for utilizada.

[93] Art. 11, parágrafo único e art. 49 da Lei 9.610/98.

[94] Wachowicz, Marcos. Gonçalves, Lukas Ruthes. Op. cit., p.46. O autores também destacam que dentre os casos previstos na LDA, a pessoa jurídica pode ser a organizadora de obra coletiva (art. 5º, VII, h); a editora de uma obra literária (art. 5º, X); o produtor de obra audiovisual (art. 81); o radiodifusor (arts. 91 e 95) ou o produtor fonográfico (art.93), ambos titulares de direitos conexos.

[95] Idem, p. 50.

A condição de ser uma pessoa humana o autor de uma criação intelectual não está presente somente no sistema de Direito de Autor Brasileiro, mas também no sistema americano de *Copyright*:

> Uma obra pode estar sujeita a direitos autorais (i) se for elegível para proteção de direitos autorais nos Estados Unidos, (ii) se a obra foi fixada em um meio de expressão tangível, (iii) se **a obra foi criada por um autor humano**, (iv) se o trabalho constitui um assunto sujeito a direitos autorais, e (v) se o **trabalho contém pelo menos uma quantidade mínima de autoria criativa que é original do autor**. [96] *(destacamos)* (tradução livre da língua inglesa)

Nesse mesmo sentido, a AIPPI – *Association Internationale pour la Protection de la Propriété Intellectuelle*[97] publicou resolução recomendando que os trabalhos gerados por inteligência artificial só devem ser protegidos pelo direito de autor se houver intervenção humana na criação da obra.

O posicionamento tomado no Reino Unido, em sua legislação autoral, também estabelece que no caso de uma obra literária, dramática, musical ou artística que é gerado por um programa de computador, o autor será considerado a pessoa por quem são tomadas as providências necessárias para a criação da obra.[98]

Fato é que a legislação autoral vigente – tanto no Brasil como outros países que seguem convenções internacionais como a de Berna – tem a pessoa humana como autora primígena de qualquer obra protegida pelo direito autoral.

Dessa forma, os conceitos e normas vigentes não se coadunam com a atual realidade da tecnologia digital, pela qual sistemas inteligentes

[96] Compendium of U.S. Copyright Office Practices. 3ª edição. 28 de Janeiro 2021. p. 57. Disponível em: https://www.copyright.gov/comp3/docs/compendium.pdf. Acesso em 02/06/2021.

[97] Resolution 2019 – Study Question . Copyright in artificially generated works. Disponível em
https://aippi.org/wp-content/uploads/2020/05/Resolution_Copyright_in_artificially_generated_works_English.pdf. Acesso em 26 mai. 21.

[98] Código de Direitos Autorais Inglês – Copyright, Designs and Patents Act, 1988 – CDPA, s 178

como *machine learning* e *deep learning*, produzem autonomamente imitações das criações intelectuais humanas, com pouca ou total ausência de intervenções de pessoas. Como definir a autoria nesses casos?

> Neste sentido, uma aplicação de inteligência artificial não se caracteriza apenas por sua capacidade de emular o pensamento e comportamento humano, mas por ser capaz, após receber certos estímulos em determinado meio, de criar e entregar resultados direcionados a um objetivo, tal qual um ser humano. Posto isso, introduz-se uma nova perspectiva na qual o ser humano não se apresenta como único agente apto a agir racionalmente e a produzir criativamente, visto que sendo criadas condições, uma aplicação de inteligência artificial é capaz de realizar o mesmo.[99]

Como vimos em alguns simples exemplos dos projetos THE NEXT REMBRANDT, *LOST TAPES OF THE 27 CLUB* , *FLOW MACHINES* da Sony e na pintura *EDMOND DE BELAMY*, através de processos de inteligência artificial, que utilizam alto grau de sofisticação e aprendizado, é possível a criação de obras consideradas intelectuais que deveriam ser passíveis de proteção pelo sistema autoral, se não fosse terem sido criadas por máquinas de forma autonomamente, sem interferência humana e independente das criações dos autores originais.

De acordo com os tratados internacionais e as leis nacionais de cada país, que regem o direito de autor, as ideias abstratas e estilos artísticos somente podem ser protegidos por direitos autorais se a expressão dessas ideais e estilos forem materializados por qualquer meio ou fixados em qualquer suporte, tangível ou intangível.

No caso do sistema AARON, o titular dos direitos do programa de computador é seu idealizador, Harold Cohen. Entretanto, Cohen não pode ser considerado nem autor nem titular dos direitos autorais sobre as imagens geradas pelo AARON mesmo que, durante o processo de criação, o sistema obedeça aos padrões pré-definidos por ele, pois Cohen

[99] CORDEIRO, Dalila Raquel Garcia. Direitos Autorais e Inteligência Artificial: Reflexões Acerca da Autoria de Obras Intelectuais por Agentes Não Humanos. In Estudos do Direito de Autor e Interesse Público. Anais do XIV Codaip: Congresso de Direito de Autor e Interesse Público. 2021, Curitiba/PR. p.46.

não contribui no processo criativo e autônomo da obra gerada pela máquina.[100]

3.3. Sobre a originalidade da obra criada por inteligência artificial

Costa Netto[101] aponta que a originalidade é o requisito que tem ocupado os juristas sobre o estudo do direito de autor, conforme legislação vigente. A originalidade é o resultado individualizado da obra intelectual de modo que ela não possa ser confundida com outra preexistente.

Nesse sentido, Bittar[102] estabelece que a obra intelectual deve ser "*intrínseca e extrinsecamente, diferente de outras já materializadas. Deve revestir-se de traços ou de caracteres próprios, distintivos de outros já componentes da realidade*".

Portanto, a originalidade é requisito essencial para proteção das obras pelo Direito de Autor, operando a separação das obras sujeitas a proteção daquelas excluídas do objeto de proteção do Direito de Autor.

A palavra "original" na Convenção de Berna, aparece em 16 vezes, porém não no sentido de requisito para a proteção da obra. A única condição para proteção do Direito de Autor está prevista no art. 2º, alínea 5, que se aplica para as coleções, enciclopédias e antologias.

O Guia da Convenção de Berna[103] esclarece que é o autor deve contribuir com um elemento criador; reunir, por simples justaposição, obras ou partes sem qualquer contribuição pessoal é insuficiente para justificar a admissão ao benefício da proteção.

A originalidade presente no Direito de Autor não deve ser confundida com novidade, que envolve o estado da técnica como requisito de invenções protegidas por patentes, ou na criação de desenhos industriais, nos termos da Lei de Propriedade Industrial n. 9.279/96[104].

100 Carboni, Guilherme. Op. cit., p. 92.

101 Costa Netto. José Carlos. Op. Cit. 159.

102 Bittar, Carlos Alberto. Op. cit., p. 47.

103 Masouyé, Claude. Guia da Convenção de Berna relativa à Protecção das Obras Literárias e Artísticas. P. 22. Disponível em https://www.wipo.int/edocs/pubdocs/pt/copyright/615/wipo_pub_615.pdf. Acesso 31 mai. 21.

104 Lei 9.279/96. Art. 8º e 9º requisito de novidade para patente de invenção e modelo de utilidade e art. 95 requisito de novidade para o desenho industrial.

SANTOS[105] ensina que na França o critério clássico de originalidade era entendido como a marca da personalidade do autor, entretanto, após o julgamento do caso *Pachot*, o Tribunal Francês entendeu que a originalidade deve ser comprovada por meio do esforço intelectual pessoal do autor, substituindo o elemento subjetivo da personalidade pelo elemento objetivo da contribuição intelectual individualizada. ROCHA[106] descreve que o caso *Pachot* tratava-se da proteção de computador e ao analisar o caso o Supremo Tribunal Francês afirmou que ao procurarem apurar a originalidade do programa de computador de autoria de M. Pachot, restará provada a existência de um esforço personalizado que era além do simples colocar em ação de uma lógica automática e forçosa e que a materialização deste esforço personalizado residia numa estrutura individualizada.

O acórdão do caso Pachot sofreu diferentes interpretações por parte da doutrina francesa e STROWEL[107] sugere que a expressão "apport intellectuel" contida no acórdão pode ser interpretada como o esforço, trabalho intelectual, sem que haja qualquer desvio do critério subjetivo de originalidade.

No âmbito do direito autoral, a originalidade está diretamente relacionada com as características peculiares das obras emanadas do espírito do autor e a forma com que ele exterioriza sua visão do universo ao seu redor. Conforme ensina BITTAR[108] para se determinar a originalidade da obra deve-se identificar "*elementos criativos próprios*", sendo a tendência "*da proteção de toda e qualquer obra estética, desde que individualizada por essência própria*".

Ademais, a obra intelectual deve possuir criatividade, ou seja, possuir traços característicos da personalidade do autor e esforço intelectual. ASCENSÃO[109] afirma que se a obra é a forma de uma criação do espírito,

[105] SANTOS, Manoel Joaquim Pereira dos; JABUR, Wilson Pinheiro (Orgs.). Propriedade Intelectual: Direito Autoral. São Paulo: 2014. p. 137-138.

[106] Rocha, Victoria. Contributos para a delimitação da "originalidade" como requisito de protecção da obra pelo Direito de Autor. In Estudos em Homenagem ao Prof. Doutor António Castanheira Neves, 733 – 792. Coimbra: Coimbra Editora.

[107] STROWEL, Alain apud Rocha, Victoria. Op. Cit. p. 5.

[108] BITTAR, Carlos Alberto. Op. cit., p. 23.

[109] ASCENSÃO, José de Oliveira. Direito Autoral. 2ª ed. Rio de Janeiro: Renovar, 1997. p. 50.

necessariamente será exigido o caráter criativo que não deve ser confundido com obra de qualidade.

No caso de obras obtidas autonomamente por *softwares* de inteligência artificial – como a modalidade de programação *Deep Learning* onde a criação pode não ter a interferência humana – inexiste esses traços típicos da personalidade do autor como pessoa humana, mas teriam originalidade?

Considerado que o uso da inteligência artificial emprega um *software* em um hardware utilizando o Big Data como valor de entrada, seria de se esperar que os resultados fossem previsíveis, sem originalidade e criatividade, por produzir uma obra ou derivação através do processamento de informações de natureza algorítmicas. Entretanto, muitas vezes o que se gera são resultados inesperados, como aponta Wachowicz e Gonçalves[110]:

> Isso se deve a maneira como aplicações modernas de Inteligência Artificial operam. Dada a presença de algoritmos de *machine e deep learning*, os quais podem analisar e processar os dados de *input* repetidas vezes antes de dar um resultado definitivo, essas aplicações, pelo próprio modo como foram programadas, irão produzir resultados inesperados.

Dessa forma, os autores defendem que a originalidade da obra *"deve ser tomada como inovadora quando tem sucesso em continuar o fluxo criativo que a inspirou"*, sendo produzida por uma pessoa ou por uma aplicação. Portanto, seria possível concluir que aplicações de inteligência artificial teriam a capacidade e demonstrar criatividade e originalidade na criação de novos trabalhos, podendo, inclusive, *"ser apreciados pelo público como arte"*. [111]

Esse entendimento também é compartilhado por Carboni[112] que, como vimos, considera que as pinturas realizadas pelo sistema Aaron de inteligência artificial são dotadas de originalidade pois, apesar do programa gerar um estilo próprio e autônomo de pinturas únicas que não se

[110] Wachowicz, Marcos. Gonçalves, Lukas Ruthes. Op. cit., p. 74/76.
[111] Idem, p. 74/76.
[112] Carboni, Guilherme., Op. cit. p.91/91.

repetem, exteriorizam o estilo e a personalidade de seu criador, Harold Cohen.

Entretanto, mesmo que essas criações geradas por robôs inteligentes possam ser consideradas criativas e originais em comparação com outras preexistentes, elas não possuem os requisitos de proteção contida na atual legislação autoral como "obras intelectuais" emanadas de "criações de espíritos" do autor, tendo uma pessoa física como criadora.[113]

4. A proteção de obras criadas por inteligência artificial é possível?

Vimos que a atual legislação autoral do Brasil e demais países que seguem tratados internacionais sobre a matéria, como a Convenção de Berna, bem como o sistema *Copyright* americano não prevê a tutela legal de obras criadas por inteligência artificial que não tenham a intervenção humana, não havendo personalidade jurídica mesmo que tais criações possam adquirir caráter de originalidade.

A AIPPI – *Association Internationale pour la Protection de la Propriété Intellectuelle*[114], recomenda que no caso de proteção de direitos autorais para a obra gerada pela inteligência artificial, existem dois requisitos preestabelecidos: além da proteção só poder ser concedida se houver a intervenção humana na criação da obra, a originalidade da obra é outra condição que deverá ser atendida.

Ademais, a resolução da AIPPI estabelece que a originalidade do trabalho gerado deve ser resultante da intervenção humana como condição para a proteção por Direitos Autorais. A Associação também defende que trabalhos gerados por inteligência artificial – mesmo sem a intervenção humana – podem ser qualificados para uma proteção diferente da proteção de Direitos Autorais. Ou seja, a proteção pode ocorrer através de uma legislação específica se não houver uma previsão na legislação autoral de cada jurisdição.[115]

[113] Arts. 7º e 11 da LDA.

[114] Resolution 2019 – Study Question. Copyright in artificially generated works. Disponível em https://aippi.org/wp-content/uploads/2020/05/Resolution_Copyright_in_artificially_generated_works_English.pdf. Acesso em 26 mai. 21.

[115] Idem.

O Ministério da Cultura da França, através da *Mission Intelligence Artificielle et Culture*[116], emitiu relatório final defendendo a posição de que os direitos autorais devem permanecer vinculados a um ser humano. Que enquanto a inteligência artificial for uma ferramenta nas mãos de um criador pessoa física – que escolhe as entradas da base de treinamento e aprendizado da máquina, o direito de autor clássico deve ser aplicado.

Também, o relatório final francês aponta que não podemos ignorar que a técnica da inteligência artificial está em desenvolvimento e que a ferramenta vai ganhando autonomia, reduzindo o papel do ser humano. Que um caminho interessante poderia ser, então, o da criação de uma lei especial de direitos autorais – para demonstrar o parentesco evidente dessas criações com obras clássicas – que poderia fornecer proteção personalizada para esses casos.[117]

Parte da doutrina considera que obras criadas por processos de inteligência artificial das quais – pelo sistema tradicional de direito de autor – não se pode atribuir autoria por não haver interferência humana, estariam inseridas no âmbito do domínio público, automaticamente, desde sua criação.

Isso porque, pelo sistema de proteção autoral existem regras para que as obras entrem em domínio público: a) após decorrer o prazo de proteção aos direitos patrimoniais; de autores falecidos que não tenham deixado sucessores; e c) de autor desconhecido, ressalvada a proteção legal aos conhecimentos étnicos e tradicionais.[118]

Nesse sentido, LANA[119] aponta que "*a posição mais segura e condizente com o sistema da União Europeia, e especialmente o português, é que as obras criadas por inteligência artificial pertençam ao domínio público, aliada à elaboração de*

[116] Ministério da Cultura. Conseil Superieur De La Propriete Litteraire Et Artistique. Mission Inteligence Artificielle e Culture. BENSAMOUN Alexandra. FARCHY, Joëlle . Relatório Final Janeiro/2020.

[117] Idem.

[118] Lei 9.610/98, art. 4, I, II.

[119] LANA, Pedro de Perdigão. A Questão da Autoria em obras produzidas por Inteligência Artificial. Faculdade de Direito da Universidade de Coimbra. Revista Estudos Doutoramento&Mestrado. Coimbra: Instituto Jurídico, 2019. Disponível em: https://www.gedai.com.br/a-questao-da-autoria-em-obras-produzidas-por-inteligencia-artificial/. Acesso em: 03/06/2021.

um direito conexo" e, dessa forma, aumentaria a competitividade criativa e estimularia a produção de conhecimentos colimado com a necessidade de se estimular o desenvolvimento de "IAs criativas", sendo possível:

> defender a elaboração de um direito conexo ou *sui generis* relacionado à divulgação das obras, encaixando-se na perspectiva de proteção de investimentos mas sempre com o cuidado de não priorizar demais os interesses empresariais. Recompensa-se com isso, em certa medida, as pessoas envolvidas sem que seja prejudicado o potencial de uso pelo público.[120]

Outros autores defendem que no caso da propriedade intelectual criada pelo sistema de inteligência artificial não fosse atribuída a alguém, tornando-se de domínio público, diminuiria os incentivos para os processos de desenvolvimento.[121]

Devido as constantes inovações tecnológicas e disruptivas da era digital, as criações concebidas no campo da inteligência artificial permanecerão apresentando inúmeros desafios sob a perspectiva da proteção autoral, como vimos. Porém, opções como a criação de um direito *sui generis* ou de um direito conexo específico podem abrir novos caminhos para a proteção dessas criações e sua exploração econômica, em consonância com os tratados internacionais e a legislação tradicional que regem a matéria.

[120] Idem.

[121] RAPKAUSKAS (2017, p.35). Apud: WACHOWICZ, Marcos. GONÇALVES, Lukas Ruthes. Inteligência Artificial e Criatividade. Novos Conceitos na Propriedade Intelectual. Curitiba: Gedai, 2019., p.77.

4.
COMBATE AO *BACKLOG* DE PATENTES DO INPI: O QUE ESTÁ POR TRÁS DESSE PLANO

ROBERTO RIBEIRO

Introdução

Depois de ter superado o desafio de um Mandado de Segurança impetrado pelo Sindicato Intermunicipal dos Servidores Públicos Federais dos Municípios do Rio de Janeiro (Sindisep-RJ) junto à 13ª Vara Federal do Rio de Janeiro, o Plano de Combate ao Backlog de Patentes do Instituto Nacional da Propriedade Industrial (INPI) segue de vento em popa.

O Plano nasceu da inciativa da atual gestão sob o comando do economista Cláudio Vilar Furtado desde 11 de fevereiro de 2019 e de sua Diretora de Patentes, Programas de Computador e Topografias de Circuitos Integrados, Liane Lage, uma das "100 Mulheres Mais Influentes em PI no Mundo", segundo a publicação World IP Review.

O Plano de Combate ao Backlog, lançado em 2019, faz parte de um cenário mais amplo, em que o INPI busca reposicionar o País em termos de competitividade e melhoria da segurança jurídica.

Fazem parte desse cenário mais amplo diversos outros programas para melhoria da qualidade dos exames de patente sob a perspectiva de incentivo à inovação e fortalecimento de setores estratégicos.

Um deles é o convênio conhecido pela sigla PPH (ou "Patent Prosecution Highways") que, de modo geral, aproveita os resultados de buscas e exames em países ou entidades examinadoras membros do convênio.

O Brasil tem hoje mais de vinte PPH's com países (ou entidades) como os Estados Unidos da América (EUA), Japão, Europa (EPO), Reino Unido e China, dentre outros.

Segundo o INPI: "Com o Patent Prosecution Highway (PPH), após um instituto de patentes parceiro considerar a matéria de um pedido de patente patenteável, torna-se possível priorizar o pedido de patente do mesmo invento e titular no INPI.

O PPH, através do uso de todas as informações relacionadas com a pesquisa ou exame dos Escritórios de Primeiro Exame (OEE), auxilia os depositantes em seus esforços para obter direitos patentários com maior segurança jurídica e de modo mais eficiente em diversos países. Além disso, o projeto procura otimizar o exame dos principais escritórios de patente no mundo."[122]

Além dos PPH's, o INPI também disponibilizou diversos programas voltados para muitos segmentos específicos, como o exame prioritário de "Patentes Verdes".

Implementado em 2016 pela Resolução nº 175/2016, o exame prioritário "Patentes Verdes" tem como objetivo "contribuir para as mudanças climáticas globais a partir do aceleramento dos exames de pedidos relacionados a tecnologias voltadas para o meio ambiente. Ele também possibilita a identificação de novas tecnologias que possam ser rapidamente usadas pela sociedade, estimulando o seu licenciamento e incentivando a inovação no País."[123]

O Plano de Combate ao Backlog é ambicioso. E, a boa notícia, é que vem dando certo.

1. O plano

Segundo suas diretrizes firmadas em 2019 pelas resoluções administrativas Res. 240/19 e Res. 241/19, todos os pedidos de patente depositados até 31 de dezembro de 2016 podem se beneficiar do exame "acelerado",

[122] https://www.gov.br/inpi/pt-br/servicos/patentes/pph em 10 de dezembro de 2020 às 17:34 h

[123] http://antigo.inpi.gov.br/noticias/Patentes%20Verdes em 11 de dezembro de 2020 às 08:21 h

tenham eles ou não uma busca de patentes efetuada por autoridade do exterior.

De maneira simplificada, para o caso de pedidos com busca de anterioridade efetuada no exterior, o INPI emite seu relatório de busca limitado aos documentos de anterioridade já realizados em outros países ou entidades, abrindo ao titular do pedido a oportunidade de adequar seu pedido às exigências desse relatório ou apresentar argumentos sobre sua patenteabilidade, nos termos do artigo 8º. da lei 9.279/96.

Em média, a concessão de um pedido nessas condições leva até 7 meses, após a emissão do relatório de busca nacional pelo INPI.

Há que se destacar aqui a particular situação das patentes farmacêuticas, cujo exame no INPI só pode ter início após a anuência prévia da Agência Nacional de Vigilância Sanitária (ANVISA) cujos números não são tão promissores (art. 229, letra c da lei 9.279/96).

Comparando a produtividade da ANVISA de 2020 com a de 2019, vê-se que a Agência emitiu cerca de 50% menos pareceres ao mês, em média. Ou seja, são hoje perto de 300 pareceres ao mês versus quase 600 ao mês, no ano passado, em média.

O Plano prevê a redução de 80% do backlog de patentes até julho de 2021 e, neste mesmo ano, antevê um prazo médio de concessão de patentes em dois anos, a partir do requerimento de exame.

Nada mal para quem ainda tem a amarga lembrança de um período de concessão muitas vezes maior que dez anos.

2. Evolução

E, no ritmo que segue, o Plano tem tudo para dar certo, mas pode exigir criatividade do INPI, como veremos mais adiante.

Segundo números do próprio INPI[124], o Plano objetiva examinar 149.912 pedidos de patente que, em 1º de agosto de 2019, atendiam às condições do art. 2º das Resoluções 240/19 e 241/19.

Hoje, passados pouco mais de doze meses de sua implantação, o Plano já deu conta de reduzir perto de 50% desse estoque total.

[124] https://www.gov.br/inpi/pt-br/servicos/patentes/plano-de-combate-ao-backlog-1/plano-de-combate-ao-backlog em 10 de dezembro de 2020 às 17:42 h

Como a meta é reduzir o backlog em 80% (ou seja, de cerca de 150 mil para em torno de 30 mil pedidos) até julho de 2021, restam apenas cerca de 45 mil pedidos serem examinados para que a meta seja atingida[125].

Considerando que o INPI emitia mais de 6 mil decisões ao mês em meados do ano passado e tendo ainda 8 meses pela frente, mantendo-se esse média, o órgão teria capacidade de emitir 48 mil exigências nos termos das Res. 240/19 e 241/19, o que supera o saldo restante em 3 mil pedidos.

Ainda que o balanço acima do Plano seja amplamente favorável com folga de 3 mil pedidos, há que se levar em conta que, nos dias de hoje, uma parte do backlog que rapidamente caia por terra advinha dos arquivamentos definitivos por inação ou inadequação de resposta do depositante ao despacho 6.21 daquela autarquia.

Atualmente, porém, quase toda a fila de pedidos de patente elegíveis ao estoque "backlog" aguardando exame nas áreas de mecânica e telecomunicações está tendendo a zero.

Isso tende a reduzir a taxa de queda do backlog por simples arquivamento definitivo, um ato administrativo rápido, simples e que não consome tantos recursos como um exame de mérito, por exemplo.

Por outro lado, restam, ainda, cerca de 20% de pedidos de patente na área de "Life Science" (farmacêuticas) engrossando a fila de backlog, muitos deles por conta da Anvisa não os ter examinado.

Apesar desse ponto de atenção que já está sob a mira do INPI, o fato é que, com a implantação do Plano, ficou claro que a redução do estoque de pedidos atrasados e do tempo de concessão de patentes é um caminho sem volta.

E, considerando o porte e a complexidade do desafio a ser enfrentado antes do Plano com a atual possibilidade de redução da quantidade de conclusão dos processos administrativos, é plausível inferir que, mesmo ocorrendo essa hipótese de redução de média mensal de 6 mil pedidos ao mês (de meados de 2019), certamente o INPI trará uma solução que mantenha sua política de alta produtividade nos eixos.

[125] https://www.gov.br/inpi/pt-br/servicos/patentes/plano-de-combate-ao-backlog-1/historico-do-plano-de-combate-ao-backlog-de-patentes em 11 de dezembro de 2020 às 10:17 h.

3. Competitividade e segurança jurídica

Mas, afinal, como esse Plano pretende melhorar a competitividade e segurança jurídica?

Obviamente, a competitividade melhora na medida em que mais patentes são concedidas mais rapidamente e passam a produzir efeitos *erga omnes*.

Para entender seus efeitos em relação à segurança jurídica, é preciso conhecer como se regula o prazo de vigência das patentes no Brasil.

Segundo a lei 9.279/96 em seu artigo 40, a patente de invenção "vigorará pelo prazo de 20 anos (...) contados da data do depósito"[126].

Seu parágrafo único, no entanto, assegura um prazo mínimo de 10 anos de vida, contados da concessão.

Pelos números oficiais do INPI, em torno de 50% das patentes concedidas passar a viger por 10 anos após a concessão[127].

Dentre as consequências negativas disso, por exemplo, investidores interessados em uma tecnologia protegida por pedido de patente não se sentem seguros em imobilizar capital em algo que ainda não se concretizou em patente oficialmente concedida.

Ademais, os titulares de pedidos pendentes, por muitas vezes, assistem cópias ilegais de sua invenção sendo comercializadas sem ter um direito efetivo para coibi-las, restando apenas a esperança de, um dia, lograr êxito em buscar indenização, muitos anos depois da deterioração de seu mercado.

4. O que pensam os usuários

Historicamente, cerca de apenas 20% dos pedidos de patente depositados no INPI são de nacionais.

Em sua maioria, os estrangeiros representam um importante fatia desse segmento não apenas pelos números, mas, também, pela relevância da tecnologia que revelam em seus pedidos, por força da lei.

[126] http://www.planalto.gov.br/ccivil_03/leis/l9279.htm em 11 de dezembro de 2020 às 09:02 h

[127] Valores aproximados com base na Revista da Propriedade Industrial (RPI) publicada pelo INPI.

Para saber os efeitos do Plano para uma parcela representativa de pedidos de patente brasileiros originados na França e na Alemanha, ouvimos colegas de escritórios de advocacia dedicados à prática de PI nesses países.

Não se tratou aqui de conduzir uma ampla pesquisa com fundamentos estatísticos, mas de buscar uma percepção de parcela de mercado relevante junto a importantes gestores de carteiras de patentes dos segmentos farmacêutico, cosméticos e de mecânica e metalurgia.

Indistintamente, todos conhecem o Plano do INPI e o consideram muito bom ou excelente.

Na maioria dos casos, a concessão de patentes nessa modalidade facilitou e até viabilizou posicionar a tecnologia reivindicada em condições comerciais mais favoráveis e, além disso, permitiu que esses pedidos se colocassem em melhor condição jurídica para combater infrações.

Ao completar seus 50 anos em dezembro de 2020, o INPI mostra claras evidências de sua transformação para se tornar um órgão mais moderno, mais digital e "conectado" às necessidades do mercado, fortalecendo seu papel de essencial facilitador do crescimento da economia nacional.

5.
COMPLIANCE DE INTANGÍVEIS E A GESTÃO DA PROPRIEDADE INTELECTUAL – SUGESTÃO DE FERRAMENTA E MODELO ANALÍTICO: "FUNIL DA INOVAÇÃO"

SIMONE VILLAÇA AGUIAR

Introdução

Compliance, ou "conformidade", tem origem no verbo de língua inglesa *"to comply with"*, ou seja, agir de acordo com alguma regra, lei interna, ou comando. Traduz-se originalmente no cumprimento de normas jurídicas e regulatórias (e no entender de alguns – dentre os quais me incluo – éticas). Dentre os níveis mais macro de *Compliance*, encontram-se a governança corporativa, a gestão de processos e negócios e a gestão de riscos.

Aqui vamos nos ater mais à gestão de riscos. Isso porque acreditamos que *Compliance* tem a ver, antes de mais nada, com **percepção**. E percepção constrói valor, mas também pode destruí-lo.

Pensamos que, dentre os indicadores intangíveis, a propriedade intelectual possui um papel essencial na construção e percepção de valores de qualquer organização, seja no modo como seus colaboradores a enxergam, seja na construção de sua imagem e biografia perante terceiros (investidores, mercado, etc).

Por acreditarmos nisso, recomendamos aos gestores de empresas e instituições que, ao analisarem as etapas do processo de inovação dentro de suas companhias, (i) verifiquem a correta apreensão do valor do intangível e (ii) monitorem os gateways de risco para que sejam eliminados ou minimizados erros de processo e protegida a reputação da entidade jurídica, bem como de suas marcas.

Neste breve artigo, apresentamos uma singela ferramenta por nós desenvolvida – "Funil da Inovação" – que busca dar suporte tanto para os gestores do processo de inovação (jurídicos ou técnicos), como para os *Compliance Officers* na construção do diagnóstico da situação de Propriedade Intelectual em suas instituições ou empresas. E que, a partir de tal diagnóstico, possam desenhar planos de ação estruturados.

1. Propriedade intelectual – porque *compliance*?

Em um conceito de bastante consenso do que venha a ser **Propriedade Intelectual**, a Organização Mundial da Propriedade Intelectual – OMPI (órgão autônomo no sistema das Nações Unidas conhecido pela sigla em inglês WIPO) assim a define: "*Propriedade intelectual, em sentido amplo, significa os direitos legais resultantes de atividade intelectual nos campos industrial, científico, literário e artístico*". (Tradução livre)[128]

Na visão acadêmica e normativa global tradicional, a propriedade intelectual é tida como um sistema jurídico de proteção das obras do espírito humano. Ou ainda, o conjunto de direitos sobre a criação ou inventividade humana, de natureza técnico/científica ou artístico-literária. Dentre tais direitos incluem-se, sem exaurimos a lista, os seguintes:

a) Patentes;
b) Marcas;
c) Direitos autorais;
d) Nome Fantasia;
e) Nome empresarial;
f) Lista de Clientes;
g) *Trade Secret;*
h) Indicações Geográficas;
i) Denominações de Origem;
j) Know-how;

[128] World Intellectual Property Organization. WIPO Intellectual Property Handbook. 2008. Disponível em < http://www.wipo.int/edocs/pubdocs/en/intproperty/489/wipo_pub_489.pdf >. Acesso em 23/04/2018. p. 3.

k) Programas de Computador;
l) Bases de Dados;
m) Fórmulas;
etc

Este não é um conceito incorreto. Mas é limitante. E o conceito de Propriedade Intelectual que aqui empregaremos será mais amplo do que o usualmente empregado pela doutrina. Em especial, por sua clareza e precisão, tomamos emprestadas as palavras de Nuno Pires de Carvalho, abaixo:

> ..."A verdade é que a propriedade intelectual cuida de criações humanas [artísticas ou técnicas], mas ela não se reduz a isso. Não se pode sequer afirmar que essas criações são a parte mais importante da propriedade intelectual, pois as **práticas honestas** no comércio e a **proteção da reputação** são pelo menos **tão importantes - se não mais importantes - do que esses dois objetos."**
> (grifos nossos)[129]

O mesmo autor, aliás, corretamente aponta que o termo "propriedade imaterial" seria inclusive mais preciso para indicar o conjunto de ativos intangíveis das organizações, visto que nem sempre tais ativos derivam de uma construção intelectual.

Para confirmar a expressão acima, basta analisar grandezas financeiras de um abalo **reputacional**. Quando a montadora de carros alemã Volkswagen confessou, em 2015, que mentiu em testes de nível de emissão de poluição, o montante do prejuízo chegou a 9.5 bilhões de dólares. E o inverso também é verdade: "*A cada US$ 1 investido, o retorno é de US$ 5 em economia com multas e processos e em reputação*", afirma Jacqueline Leoni, professora e gerente de auditoria da consultoria KPMG ".

Abalos reputacionais também podem ocorrer em relação direta com a PI. Há diversas indicações de queda do valor de ações em companhias

[129] Op. Cit., pag xx

farmacêuticas que tiveram, por exemplo, suas patentes anuladas ou que tenham perdido ações em que tentaram exercer seus direitos patentários.

Em um caso específico, a Eli Lilly perdeu quase 30% de valor em suas ações (stock market) – por volta de 35 US$ bilhões – ao ter a validade da patente do produto "Prozac"® "encurtada" no tempo por evidências de duplo patenteamento, o que não é permitido pela lei.[130] E o interessante foi verificar que o valor perdido em ações foi bem maior do que o valor que teria sido perdido em vendas pelo prazo de vigência da patente desafiado (as vendas totais da empresa, no período, não chegavam a 10 bilhões e a estimativa era de que o produto respondia por cerca de 26% deste valor, no máximo) . Ou seja, se a empresa tivesse desenhado uma estratégia de licenciamento pelo prazo discutível, poderia ter mantido as vendas (eventualmente com um lucro um pouco menor), mas certamente não teria perdido o valor de mercado que perdeu.

Esperamos que as lições tenham sido aprendidas. Queremos crer que os dirigentes, hoje, saibam que buscar um resultado imediato – o ganho econômico de curto prazo – não é o mais eficaz. A melhor decisão de gestão sempre será aquela que leve em conta a estratégia de proteção da **reputação** da instituição ou empresa. Caso não o façam por razão ética, o que seria muito desejável, que o façam por inteligência de gestão!

2. Métricas e *compliance* de propriedade intelectuali

Métricas são relevantes para uma boa liderança e gestão. Há diversas métricas empregadas que podem gerar dados de inteligência para um bom diagnóstico de correto tratamento da inovação e propriedade intelectual dela derivada. Para fins didáticos, faremos uma simplificação dividindo-as entre seguintes grupos:

a) **Métricas de Originação**: Número e qualificação de profissionais contratados para criar/inventar/desenvolver; Investimento em educação; Volume de "disclosures" de invenção para áreas de P,D&I; Pipeline de criação de produtos no caso de arte, moda ou design; etc.;

[130] Op. Cit. Glynn S. Lunney Jr., (Internet – a confirmar como citar)

b) **Métricas de Proteção**: Construção de Ativos Intangíveis: Portfolios de PI e sua gestão (Marcas, patentes, design, etc); Gestão de Contratos, incluindo elaboração de contratos de trabalho com boas cláusulas de PI, contratos com parceiros e terceiros (e.g. desenvolvedores de protótipos, fornecedores e clientes); Elaboração e comunicação de políticas claras de PI; Gestão interna de identificação de informações confidenciais e seu correto tratamento (incluindo políticas de GDPR/LGPD e políticas de uso de equipamentos pessoais – e.g., BYOD – "*bringyour own device*"); Desenho de procedimento para recebimento de propostas externas (gestão do segredo alheio);

c) **Métricas de Impacto:** Gestão da Inovação: Ofertas de Licença; Transferência de Tecnologia; Desenvolvimento regional; Valor gerado de negócios (direto e indireto); Contribuição para Geração de empregos e aumento de renda per capita; Investimentos obtidos, licenças e parcerias; Número de ações judiciais versando sobre propriedade intelectual ou que causem impacto reputacional;.etc..

Das métricas acima, deriva a relevância de elaboração de um plano diretivo de Propriedade Intelectual eficaz. Amiga da eficácia é a clareza. Portanto, ideal é que tal plano seja de fácil compreensão, com regras e procedimentos adequados para permitir a identificação e circulação segura dos ativos intangíveis da empresa.

Justamente para dar suporte ao gestor que esteja na fase inicial de entendimento do processo de inovação de sua empresa, é que entra a ferramenta abaixo, um road map no qual se possa localizar, no percorrer das rotas tecnológicas ou de criação da empresa, a necessidade de ajustes e melhorias.

2.1. Gráfico – ferramenta funil da inovação

Com base em métricas mínimas, propomos que cada gestor, ao avaliar as rotas de inovação em suas empresas ou instituições, possa construir um diagnóstico inicial, posicionando, conforme um exemplo demonstrado abaixo, todos os ativos intangíveis da empresa em suas diferentes fases de originação, construção e entrega à sociedade.

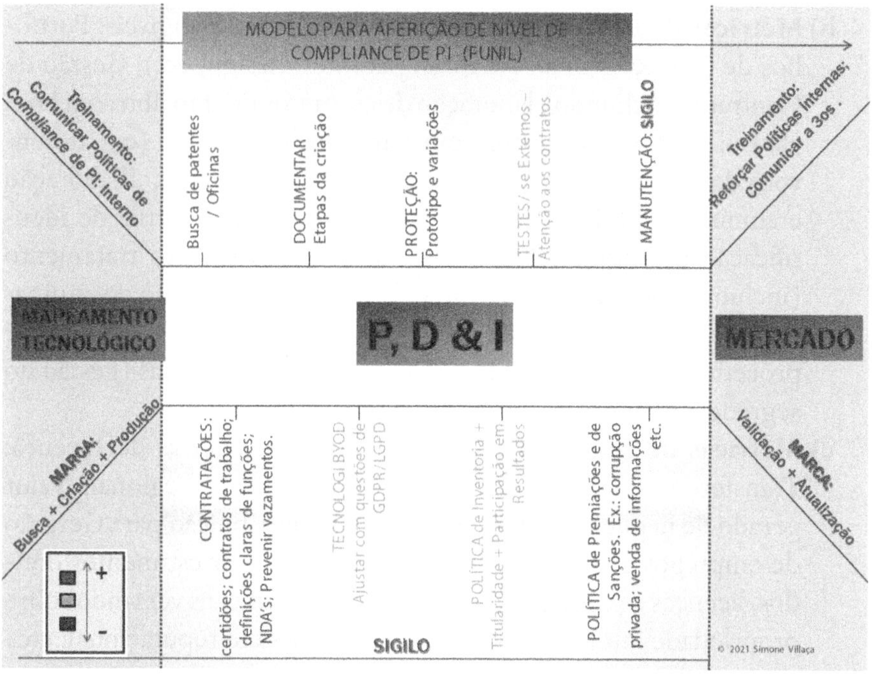

Legenda de cores: Verde: Boa situação; manter o processo; Amarelo: Pontos de atenção e necessidade de aperfeiçoamentos; Vermelho: Pontos ou gargalos de alto risco, seja com perda de valor reputacional ou de escape de ativos intangíveis altamente relevantes para a empresa ou instituição. Para visualizar a versão completa com cores, acessar https://remer.com.br/pt/artigos-e-newsletters/)

Conclusões

Cremos que o cerne e verdadeira definição da Propriedade Intelectual seja, para além do conjunto das ferramentas e direitos que a componham, o "algo a mais" que proporcione, de modo intangível porém inequívoco, uma vantagem competitiva. E isso encontra a nosso ver sua máxima expressão na reputação.

A reputação tem relação direta e muito relevante com a forma pela qual a gestão de propriedade intelectual é feita pelas organizações. Portanto, entendemos ser estrategicamente inteligente e no melhor interesse das empresas e instituições tratarem, de modo estruturado e constante, de um *Compliance* de PI.

Nesse sentido, esperamos que a ferramenta ora apresentada possa ser de utilidade estratégica para gestores do processo de inovação (jurídicos ou técnicos), bem como para *Compliance Officers.*

Referências

AUTM.NET, acessado pela Autora em 10 de maio de 2021. Link para acesso in: <https://www.autm.net>

Carvalho, Nuno Pires de. *A Estrutura dos Sistemas de Patentes e de Marcas: Passado, Presente e Futuro.* Rio de Janeiro: Lumen Juris, 2009.

Glynn S. Lunney JR., *FTC v. ATAVIS: The Patent Antitrust Intersection Revisited,* 93 N.C. L. Review 375 (2015), acessado pela Autora em 17 de maio de 2021. Link para acesso in: <https://www.scholarship.lae.tamu.edu>

Palfrey, John. *Intellectual Property Strategy.* Cambridge: MIT Press Essential Knowledge, 2011.

Toebe, Michael. Critical Lessons from the Wolkswagen Scandal, publicado em 11 de setembro de 2020 e acessado pela Autora em 20 de maio de 2021. Link para acesso in: <https://www.corporatecomplianceinsights.com/lessons-volkswagen-scandal-ethical-failings/>

6. CONFIGURAÇÕES DE PRODUTOS EM DOMÍNIO PÚBLICO PODEM SER REGISTRADAS COMO MARCAS

PATRICIA PEREIRA PERALTA

Introdução

As marcas são sinais distintivos do comércio que servem para identificar e distinguir produtos e / ou serviços de outros que com eles concorrem no mercado, disputando as preferências do consumidor. Por sinais distintivos, tem-se em mente a definição trazida por Carlos Olavo[131], quando esse autor dispõe que: "[s]inais distintivos do comércio são, pois, os sinais individualizadores do empresário, do estabelecimento e dos respectivos produtos ou mercadorias, que conferem notoriedade à empresa e lhe permitem conquistar e potenciar a sua clientela." No caso das marcas, tendo em vista a definição de Olavo[132], as mesmas enquadram-se como aqueles sinais utilizados para identificar os "respectivos produtos ou mercadorias".

Baylos Corroza[133], em suas reflexões sobre marcas, parte do pressuposto que elas nascem vazias de sentido, tendo em vista serem, na

[131] Olavo, Carlos. Propriedade Industrial. Sinais distintivos do comércio e concorrência desleal. Coimbra: Almedina, 2005. p. 24.

[132] Olavo, Carlos. Propriedade Industrial. Sinais distintivos do comércio e concorrência desleal. Coimbra: Almedina, 2005. p. 24.

[133] Baylos Corroza, Hermenegildo. Tratado de derecho industrial. Propiedad Industrial, Propiedad Intelectual, Derecho de la competencia econômica, Disciplina de la competencia desleal. Madrid: Editorial Civitas, 1978.

maior parte das vezes, constituídas por sinais do vernáculo que devem ser ressignificados de forma a transformarem-se em marcas. Fernandez-Nóvoa[134] já explicitava que o sentido da marca só é construído quando ela é inserida no mercado por seu titular, de forma a identificar seus produtos e serviços, fazendo a ponte entre esses e o consumidor. Antes de ser inserida no mercado, a marca não passa de potência.

> La unión entre el signo y la mercancía descubre, sin embargo, únicamente una de las dimensiones de la compleja estructura que posee la marca. Si nos limitamos a decir que la marca es la unión entre un signo y una clase o clases de mercancías, no estamos realmente describiendo una marca viva y operante, sino tan sólo una marca en potencia. La marca en sentido proprio surge cuando la unión entre el signo y la mercancía es captada por los consumidores. Pues bien, la unión entre signo y mercancía es obra del empresario. Pero esta unión no desemboca en una auténtica marca hasta el momento en que los consumidores captan y retienen en su memoria tal unión[135].

Diante dessas ponderações iniciais, trazidas a partir de reflexões de alguns autores do direito europeu, propõe-se, aqui, analisar as marcas constituídas por configurações de produtos adentradas no domínio público, ou seja, formas tridimensionais. Estas, em função da finitude do tempo de vigência de outros direitos de propriedade intelectual, como o direito de autor e o direito ao desenho industrial, saem da esfera privada de seus proprietários para serem inseridas no universo do domínio público.

Este capítulo é fruto da apresentação realizada no Congresso da Associação Paulista da Propriedade Intelectual (ASPI) para o qual esta autora foi convidada a falar no painel intitulado "Configurações de produtos em domínio público podem ser registradas como marcas?". A questão proposta, em opinião aqui defendida, pode ser respondida a partir de mais de uma perspectiva. Dessarte, para fins deste capítulo, o diálogo com alguns

134 Fernandez-Nóvoa, Carlo. El uso obligatorio de la marca registrada. In. Actas de Derecho Industrial. Madrid: Montecorvo, 1977.

135 Fernandez-Nóvoa, Carlo. El uso obligatorio de la marca registrada. In. Actas de Derecho Industrial. Madrid: Montecorvo, 1977. p. 16.

autores será fundamental para propor as respostas de forma embasada. Contudo, importante notar a inexistência de reflexão mais densa sobre a matéria, bem como o silêncio facilmente percebido nas legislações que versam sobre a mesma.

Para além da configuração de produtos, que acaba por remeter aos institutos de desenho industrial e modelos de utilidade, há que refletir sobre caso similar: a proteção como marca de sinais compostos com obras de arte cujo prazo de proteção pelo direito autoral encontra-se expirado. Por estarem em domínio público, tais obras de arte podem compor marcas, sendo reapropriadas e, de certa forma, excluídas do domínio público? Por conseguinte, inicia-se o questionamento pela situação da obra artística, visando avançar para a questão da configuração dos produtos.

Com o intuito de propor uma estrutura que parta do título aqui proposto, como questão a ser debatida e, talvez, respondida, considera-se importante dar início à argumentação a partir de um referencial teórico que servirá de base ao debate a ser construído, bem como apresentar as definições que interessam à discussão aqui travada, quais sejam: marcas, desenhos industriais e domínio público. A noção de remonopolização, extraída da obra de Fernandez-Nóvoa[136], desenha-se como essencial para avançar na questão. Assim, a mesma será apresentada ao longo desta narrativa, bem como as soluções propostas pelo doutrinador espanhol para evitar a citada remonopolização.

Em oportuno momento, citar-se-ão alguns exemplos de obras artísticas que já compõem, no caso do sistema brasileiro de proteção de marcas, sinais registrados como marcas, apontando-se para a pesquisa empreendida por Gomes[137], de livre acesso no sítio do Instituto Nacional da Propriedade Industrial (INPI) do Brasil, onde podem ser conferidos tais registros de marcas ou os indeferimentos de sinais contendo obras de arte

[136] Fernandez-Nóvoa, Carlo. Tratado sobre derecho de marcas, Madrid: Marcial Pons, 2004.

[137] Gomes, J.P.R. Ceci n'est pas une pipe: a reapropriação das obras em domínio público pelo direito à marca: um estudo de caso sobre o banco de dados do INPI. Dissertação (Mestrado Profissional em Propriedade Intelectual e Inovação) – Academia de Propriedade Intelectual, Inovação e Desenvolvimento. Instituto Nacional da Propriedade Industrial INPI, Rio de Janeiro, 2017.

que foram proferidos pelos examinadores técnicos do INPI. Com relação às obras de arte, construindo raciocínio paralelo, encara-se o desafio de refletir sobre a concessão de marcas compostas pela configuração de produtos em domínio público. Alguns autores serão essenciais para ponderar a questão se seria ou não possível recepcionar marcas compostas por configurações de produtos adentradas em domínio público, como Otero Lastres[138] e Montiano Monteagudo[139], tendo em vista a existência da figura da marca tridimensional ou marca de forma.

Por fim, sem propor uma resposta definitiva, almeja-se destacar o que deve ser levado em consideração em cada exemplo de marcas formadas por configurações de produtos, a partir daquilo que se entende como pertinente a cada sistema de proteção, especialmente, marcas e desenhos industriais. Crê-se na necessidade de analisar caso a caso, a partir de parâmetros que podem ser facilmente identificados em cada um dos sistemas de proteção, de forma a encontrar soluções para as requisições como marcas. Não se crê que exista uma única solução. Pelo contrário, vislumbra-se que cada instância de requisição de marcas formadas por configurações de produtos em domínio público deve ser analisada individualmente, tendo em vista alguns critérios ou elementos pertinentes ao sistema de proteção a serem apresentados ao final deste capítulo.

1. Algumas definições oportunas

Uma boa forma de tentar iniciar a compreensão de uma questão baseia-se na apresentação de definições ou de conceitos dos principais institutos envolvidos. Para o caso aqui a ser discutido, interessam as definições de marcas, desenhos industriais e domínio público pela ótica da propriedade intelectual, conforme apontado na introdução. Cada uma das definições trazidas tem como suporte certos autores que advêm do direito continental europeu, bem como do direito brasileiro. As marcas interessam aqui por estarem a ser utilizadas para estender proteções de outros institutos demarcados temporalmente, como ocorre com o dese-

[138] Otero Lastres, José Manuel. El modelo industrial. Madrid: Editoral Montecorvo, 1977.

[139] Monteano Monteagudo. Los requisitos de validez de una marca tridimensional. In.: Actas de derecho industrial y derecho de autor. Madrid: Marcial Pons, Tomo 23, 2002. p. 391-408,

nho industrial e o direito autoral, impedindo ou retardando a inserção de formas de produtos artísticos ou industriais no domínio público.

No caso da proteção por desenho industrial, esta serve para tutelar aquilo que se entende por configuração externa dos produtos, a forma tridimensional de objetos ou a forma bidimensional a ser aplicada em produtos, conforme pode ser inferido da leitura da Lei da Propriedade Industrial (LPI) brasileira (LPI 9.279/1996). Por fim, o domínio público, afastada sua definição advinda do direito administrativo que pode ser consultada em Sérgio Branco[140], revela-se um ponto de confluência no qual o seu conceito no campo da propriedade intelectual serve à argumentação que será aqui estabelecida entre as proteções de marcas e de desenhos industriais.

A perspectiva utilizada parte da definição legal, trazida pela LPI 9279/1996, aplicável no Brasil, sendo acrescida por outras definições advindas da doutrina. Inicia-se pelos desenhos industriais, seguindo para as marcas e terminando com o domínio público.

De acordo com a LPI brasileira, para que os desenhos industriais sejam protegidos, eles devem ser compostos pela forma plástica de um objeto (forma tridimensional), ou pelo conjunto ornamental de linhas e cores que possa ser aplicado a um produto (forma bidimensional). Além disso, essa forma bi ou tridimensional deverá proporcionar um resultado visual novo e original, cumulativamente, na sua configuração externa. Ademais, tal forma deve servir de tipo de fabricação industrial.

Há várias definições na doutrina estrangeira e na nacional sobre o desenho industrial, conforme pode ser consultado em Moro[141]. Das trazidas por esta autora, cabe menção especial a de Cerqueira[142] um dos maiores tratadistas do direito brasileiro. Para o citado autor, o desenho industrial pode ser considerado como constituído por "(...) invenções de

[140] Branco, Sérgio. O domínio público no direito autoral brasileiro – uma obra em domínio público. Rio de Janeiro: Lumen Juris, 2011.

[141] Moro, Maitê Cecília Fabbri. Marca tridimensional. São Paulo: Saraiva, 2009.

[142] Cerqueira, João da Gama. Tratado da propriedade industrial. São Paulo: Editora Revista dos Tribunais, 1982.

forma destinadas a produzir efeito meramente visual (...)"[143]. Percebe-se significativa unidade entre tais definições advindas da doutrina e das legislações de outros países diante daquelas presentes no Brasil.

A proteção ao desenho industrial permite, com grande uniformidade entre as legislações, a apropriabilidade da forma externa dos produtos. Não se trata, portanto, de garantir a exclusividade de funcionalidades ou soluções que permitam melhor utilidade aos objetos. Para funcionalidades e soluções, cabe a proteção do modelo de utilidade e, quiçá, a de patentes de invenção[144].

Para o desenho industrial a relevância se dá nas características exteriores dos objetos, levando alguns autores, como Gusmão[145], a falar em características estéticas, e outros, como Cunha[146], a falar do aspecto ornamental.

A inovação trazida pelo desenho industrial, portanto, incide sobre a forma. O sistema de proteção baseia-se, de acordo com Otero Lastres[147], na proteção ao criador do desenho, mas também repousa em justificativa ulterior, qual seja, o enriquecimento das formas estéticas aplicadas à indústria[148]. Estas irão satisfazer, para o citado autor, as exigências esté-

[143] Cerqueira, João da Gama. Tratado da propriedade industrial. São Paulo: Editora Revista dos Tribunais, 1982. p. 658.

[144] De acordo com Barbosa, "Assim, se a criação é técnica, teremos uma hipótese de patente de invenção (...). Se a criação á puramente estética, sem aplicação a produto industrial, poder-se-á ter a proteção pelo Direito Autoral; tendo-se uma obra de arte aplicada, com a qualificação de poder servir de tipo de fabricação industrial, estamos no domínio do desenho industrial." Barbosa, Denis Borges. Uma introdução à propriedade intelectual. Rio de Janeiro: Lumen Juris, p. 577.

[145] Para Gusmão: "O registro de desenho industrial recai sobre um objeto estético, uma criação da forma que se apresenta em duas ou três dimensões, que tenha um caráter essencialmente ornamental, como estipula a lei." Gusmão, José Roberto d'Affonseca. Desenhos industriais. In.: Ulhoa Canto, Flávio. Tratrado de direito comercial. São Paulo: Saraiva, 2015, p. 284.

[146] Cunha, Frederico Carlos da. A proteção legal do design. Rio de Janeiro: Lucerna, 2000.

[147] Otero Lastres, José Manoel. El requisito de la novedad de los dibujos y modelos industriales. In.: Actas de derecho industrial. Madrid: Editorial Moncorvo, 1975, p. 147.

[148] "(...) Así, además de proteger al creador del modelo, el Derecho de Modelos Industriales descansa en un fundamento ulterior: el enriquecimiento del patrimonio de las formas estéticas aplicadas a la industria; patrimonio que va a satisfacer, a su vez, las exigencias

ticas dos consumidores. Portanto, de acordo com Otero Lastres[149], proteger o criador e enriquecer o patrimônio das formas estéticas aplicadas à indústria são os princípios fundamentais sobre os quais ampara-se o sistema de proteção dos desenhos industriais.

Montiano Monteagudo[150] destaca que o objetivo do sistema de desenho industrial é a proteção jurídica da apresentação estética enquanto tal. Descarta, desta forma, a possibilidade de se atribuir ao desenho uma função de indicação de origem empresarial, o que acaba por significar o afastamento da função exercida pelo desenho daquela que se poderia esperar da marca, quando se tem em vista que há, ainda, doutrinadores a defender uma espécie de função de origem exercida pela marca.

Moro[151] dispõe que a função do desenho industrial ou a sua finalidade é a produção de um efeito novo, meramente visual. Citando diversos autores, Moro informa que a esteticidade, como função do desenho, encontra-se valorizada em Chavanne e Burst[152]. Todavia, esses autores também admitem que o desenho possui uma função secundária, qual seja, a distintiva, aproximando-se das marcas[153]. Cabe salientar que os

estéticas de los consumidores. En consecuencia, sólo deberá concederse un derecho de modelo industrial para reconocer la actividad creadora del autor de un modelo que – y esto es lo que interesa destacar – enriquezca el patrimonio de las formas estéticas." OTERO LASTRES, José Manoel. El requisito de la novedad de los dibujos y modelos industriales. In.: Actas de derecho industrial. Madrid: Editorial Moncorvo, 1975, p. 147.

149 OTERO LASTRES, José Manoel. El requisito de la novedad de los dibujos y modelos industriales. In.: Actas de derecho industrial. Madrid: Editorial Moncorvo, 1975,

150 MONTIANO MONTEAGUDO. Los requisitos de validez de una marca tridimensional. In.: ACTAS de derecho industrial y derecho de autor. Madrid: Marcial Pons, Tomo 23, 2002. p. 404.

151 MORO, Maitê Cecília Fabbri. Marca tridimensional. São Paulo: Saraiva, 2009.

152 CHAVANNE e BURST apud MORO, Maitê Cecília Fabbri. Marca tridimensional. São Paulo: Saraiva, 2009.

153 CHAVANNE e BURST apud MORO, Maitê Cecília Fabbri. Marca tridimensional. São Paulo: Saraiva, 2009, p. 213-214. Chavanne e Burst dividem o desenho industrial em dois tipos, como já foi o caso da legislação brasileira e ainda é uma realidade de muitos países. Assim, os autores entendem o desenho industrial como "Les dessin est un effet d'ornementation donnant à un objet quelconque un caractere nouveau et especifique (disposition nouvelle de fils dans un tissu, un assemblage de points nouveaux pour la dentelle, etc.) Le modèle industriel. – Le modèle ou forme plastique est constitué par 'toute maquette, tout modelage en cire, en plâtre, en terre glaise, tout moule ou moulage, toute oeuvre de sculpture

citados autores trazidos por Moro[154] não apontam a função de origem e sim a função distintiva como sendo aquela que aproxima marcas e desenhos industriais. Findando sua incursão pela doutrina, Moro[155] assertivamente dispõe: "Tem-se, portanto, que a função do desenho industrial é meramente ornamental ou estética".

De maneira negativa, a definição de desenhos industriais acaba por ter que incorporar o que não pode ser protegido como desenho. Entre as configurações excluídas da proteção encontram-se aquelas contrárias à moral e aos bons costumes, bem como as que são constituídas por forma necessária comum ou vulgar do objeto ou a que se vê determinada por considerações técnicas ou funcionais, condizente com o constante na LPI brasileira[156]. Segundo Gusmão:

> Daí resulta que a proteção ao desenho industrial (...) centra-se em sua forma, bi ou tridimensional, forma esta que, em si, deve ser necessariamente desvinculada de qualquer funcionalidade inerente. Se se estiver diante de uma criação de forma com funcionalidade inerente, impossível a proteção pela via do registro do desenho industrial, pois dela não se destacaria a funcionalidade, que deverá ser protegida, se for o caso, por patente. Por outro lado, caso a funcionalidade eventualmente encontrada no objeto não seja inerente à sua forma específica, perfeitamente possível a sua proteção pelo registro de desenho industrial[157].

académique ou d'ornement et enconre tous modèles nouveaux de coiffures, de chapeaux, de corsets, de jouets, etc. Alors que le dessin (l'art graphique) 'opère sur une surface, la forme plastique opère dans l'espace." CHAVANNE, Albert e BURST, Jean-Jacques. Droit de la proprieté industrielle. Paris: Dalloz, 1976, p.189-190.

154 MORO, Maitê Cecília Fabbri. Marca tridimensional. São Paulo: Saraiva, 2009.

155 MORO, Maitê Cecília Fabbri. Marca tridimensional. São Paulo: Saraiva, 2009. p. 214.

156 De acordo com o artigo 100, incisos I e II da LPI, não são registráveis como desenhos industriais: "I- o que for contrário à moral e aos bons costumes ou que ofenda a honra ou imagem de pessoas, ou atente contra liberdade de consciência, crença, culto religioso ou idéia e sentimentos dignos de respeito e veneração; II- a forma necessária comum ou vulgar do objeto ou, ainda, aquela determinada essencialmente por considerações técnicas ou funcionais." (BRASIL, 1996).

157 GUSMÃO, José Roberto d'Affonseca. Desenhos industriais. In.: ULHOA CANTO, Flávio. Tratrado de direito comercial. São Paulo: Saraiva, 2015, p. 284. Ainda Gusmão: "Pela clareza, reitera-se aqui que uma forma funcional até pode estar presente no desenho

Lence Reija[158], no ordenamento espanhol e europeu, também destaca a mesma proibição. Acresce a citada autora que: "El fundamento de esta prohibición reside en la necesidad de fomentar la libre competencia y en favorecer a los consumidores, ampliando sus posibilidades de elección."[159]. A autora adenda que:

> Decidir cuándo una forma viene exclusivamente impuesta por la función técnica no es tarea fácil. Estas dificultades provienen del hecho de que el diseño industrial combina, en un resultado final indisociable, elementos técnicos y estéticos. Por otra parte, el hecho de que uno de los rasgos definitorios del moderno diseño industrial sea, precisamente, una estética limpia de excesos ornamentales, dificulta, aún más si cabe, esta tarea[160].

Além das proibições anteriormente comentadas, a Lei brasileira prevê que não serão concedidas como desenhos industriais as obras de caráter puramente artístico, promovendo limites e certa separação entre os sistemas de proteção da propriedade industrial e do direito autoral.

As marcas encontram abrigo na mesma Lei que garante a proteção ao desenho industrial. No caso dessas, há estipulação de que sinais podem vir a ser registrados como marca no Brasil. Encontra-se disposto, no artigo 122 da LPI brasileira, poderem ser registrados como marcas, no INPI brasileiro, os sinais distintivos, visualmente perceptíveis e não compreendidos nas proibições legais.

A LPI não apresenta uma definição para os sinais tridimensionais, geralmente, constituídos pela forma do produto, bem como pelo acondicionamento deste. Inferiu-se, pelas proibições legais constantes no artigo

industrial sem que este fato invalide o seu registro. O que o legislador procura vedar é a apropriação da funcionalidade técnica em si." GUSMÃO, José Roberto d'Affonseca. Desenhos industriais. In.: ULHOA CANTO, Flávio. Tratrado de direito comercial. São Paulo: Saraiva, 2015, p. 294.

158 LENCE REIJA, Carmen. La protección del diseño en el derecho español. Madrid: Marcial Pons, 2004, p. 30.

159 LENCE REIJA, Carmen. La protección del diseño en el derecho español. Madrid: Marcial Pons, 2004, p. 30.

160 LENCE REIJA, Carmen. La protección del diseño en el derecho español. Madrid: Marcial Pons, 2004, p. 30.

124 da citada Lei, que desenhos industriais podem ser requeridos como marca por seus titulares, bem como outras configurações de produtos, desde que as mesmas não sejam impossibilitadas de se constituírem em marca, tendo em vista sua falta de distintividade, ou a sua relação com efeitos técnicos ou funcionais, fato que acaba por afastar patentes de invenção e modelos de utilidade da proteção por marcas.

Dessarte e para fins da discussão ora empreendida, os incisos XXI e XXII fazem remissão a formas que não podem ser requeridas como marcas. No inciso XXI está disposto não ser possível a concessão como marca de "forma necessária, comum ou vulgar do produto ou de seu acondicionamento, ou, ainda, aquela que não possa ser dissociada de efeito técnico." Afasta-se, assim, a incidência da proteção da marca sobre formas que devem permanecer livres para todos os agentes, tendo em vista a ausência do requisito de distintividade. Além das formas necessárias, comuns e vulgares, procura-se, por meio de tal inciso, impedir a perpetuidade da proteção de formas que produzam efeitos técnicos por meio do direito de marcas que prevê a possibilidade de renovação infinita do direito ao sinal, considerando-se que para as formas técnicas ou úteis há proteção própria no sistema de patentes. Por seu turno, por meio da redação contida no inciso XXII, acresce-se não se poder conceder como marca a forma do objeto que estiver protegido pelo desenho industrial de terceiro. Infere-se, da leitura deste inciso, que o titular de um desenho industrial pode requerer o mesmo, geralmente constituído pela forma plástica ornamental ou conjunto de linhas e cores, como marca.

Em função das proibições explicitadas e brevemente discutidas, o INPI formulou uma primeira definição de marca tridimensional, sendo a mesma constituída pela forma de seu produto ou de sua embalagem. Essa definição, contudo, foi alterada, sendo, atualmente, um pouco mais abrangente, por abrigar configurações que não apenas aquelas constituídas pela forma do produto e de seu acondicionamento. A definição de marcas tridimensionais pode ser encontrada no Manual de Marcas disponível na página do INPI. Neste Manual, tem-se que uma marca tridimensional deve ser constituída pela forma plástica distintiva em si, capaz de individualizar os produtos ou serviços a que se aplica, devendo tal forma estar dissociada de efeito técnico. Ratifica-se o afastamento das formas técnicas da proteção conferida pelo sistema de marcas com a definição apresentada, bem como se reforça a função distintiva que deve ser exercida pelo sinal.

Fernandez-Nóvoa[161] destaca que, ao afastar a proteção conferida pelas marcas tridimensionais das formas determinadas por questões técnicas e / ou funcionais, procura-se desatrelar a proteção de marcas daquela conferida pelo sistema de patentes, no qual há delimitação temporal para a proteção concedida, visando ao desenvolvimento tecnológico e econômico. São distintos os objetivos de cada sistema, conforme pode ser conferido nas palavras do citado autor:

> A través de la prohibición analizada se aspira a delimitar las formas protegidas por el sistema de marcas frente a las formas protegidas por el sistema de patentes. Esta delimitación es muy importante porque son radicalmente diferentes las finalidades y las bases de uno y otro sistema. En efecto, la finalidad primordial del sistema de marcas es garantizar la transparencia del mercado mediante la concesión a los empresarios de un derecho temporalmente ilimitado sobre los signos distintivos de sus productos o servicios; para lograr esta finalidad el sistema exige que los signos protegibles tengan carácter distintivo. A su vez, la finalidad del sistema de patentes estriba en fomentar la consecución y la divulgación de los resultados de la investigación tecnológica mediante la concesión de derechos de exclusiva temporalmente limitados a los inventores o sus causahabientes; para alcanzar esta finalidad, el sistema exige que las invenciones patentables sean nuevas, impliquen una actividad inventiva y sean susceptibles de aplicación industrial[162].

Desses apontamentos de Fernandez-Nóvoa, importa ressaltar a noção de que a marca auxilia na transparência do mercado. Acresce-se a esse apontamento ser a marca um instrumento que auxilia na estruturação da concorrência, diminuindo as assimetrias de informação resultantes da pletora de produtos homogêneos advindos de diversos agentes e com características pouco perceptíveis para os consumidores. O pensamento

[161] FERNANDEZ-NÓVOA, Carlo. Tratado sobre derecho de marcas. Madrid: Marcial Pons, 2004.

[162] FERNANDEZ-NÓVOA, Carlo. Tratado sobre derecho de marcas. Madrid: Marcial Pons, 2004. p. 223.

desse autor espanhol vai ao encontro das ponderações trazidas por Gonçalves[163], quando este dispõe:

> A marca tornou-se uma exigência cada vez maior à medida que a economia se caracterizava por uma produção relativamente homogénea e estereotipada dos produtos. A uniformidade derivada da produção em série tornou indispensável a protecção de sinais de diferenciação. (...) A marca tornou-se necessária à concorrência não para a fazer mais livre, mas para tornar possível[164].

Ascensão[165] julga não ser a marca um sinal distintivo de indivíduos, como acontece aos nomes de estabelecimento, às insígnias, aos nomes comerciais e, sim, um sinal distintivo de uma série, caracterizando um agrupamento de produtos ou serviços, distinguindo-os pela integração naquela série. Entende-se, do disposto pelo citado autor, que a marca serve para integrar produtos e serviços que detêm características comuns entre si, devendo ser reconhecidos diante dos demais que não compartilham tais características, mesmo que estas sejam muito pouco sensíveis ou perceptíveis.

As marcas, antes de estarem protegidas e inseridas no mercado, de acordo com o pensamento de Baylos Corroza[166], não seriam eivadas de sentido, conforme já disposto na introdução. Para o citado autor: "El derecho lo que toma del signo para organizar la protección jurídica es, precisamente, su falta de significación, su sinsentido. En el plano conceptual puro, convendría al signo una plena vacuidad significativa: no querer decir nada, no valer nada, no significar nada."

163 GONÇALVES, Luiz Manuel Couto. A função distintiva da marca. Coimbra: Almedina, 1999.

164 GONÇALVES, Luiz Manuel Couto. A função distintiva da marca. Coimbra: Almedina, 1999. p. 25-26.

165 ASCENSÃO, José de Oliveira. Funções da marca e os descritores (metatags) na internet. In. Revista da ABPI. v. 61, 2009a, p. 44-52.

166 BAYLOS CORROZA, Hermenegildo. Tratado de derecho industrial. Propiedad industrial, propiedad intelectual, derecho de la competencia econômica, disciplina de la competencia desleal. Madrid: Editorial Civitas, 1978, p. 583.

Para Ascensão[167], a proteção à marca tem sua base no interesse público: "o de dar informação ao púbico em geral, permitindo-lhes distinguir uns produtos ou serviços de outros e evitando que seja induzido em erro." Macedo[168], em trabalho sobre a proteção das marcas de forma, aponta existir uma ponderação entre o interesse público na manutenção de mercados em livre concorrência e outros interesses envolvidos como no caso de empresários (que têm interesse na proteção de seus sinais), de concorrentes (desejosos do livre uso de tais sinais) e de consumidores (motivados em encontrar meios que lhe permitam identificar os produtos ou serviços de sua preferência). Segundo a autora, "o custo social do registro da marca se justifica", em função da dinâmica do mercado e de todos os interessados envolvidos[169].

Diferente do que ocorre com o desenho industrial, Montiano Monteagudo[170] destaca que o objetivo do sistema de marcas não é proteger a estética aplicada à indústria. Pelo contrário, a concessão da marca se dá em função de a mesma permitir a vinculação de um determinado produto ou serviço com a sua fonte de procedência empresarial. Ressalta-se, na fala de Montiano Monteagudo, a relevância para o tema aqui proposto de ser a função da marca aquela capaz de indicar a fonte de procedência empresarial, a ser retomada adiante.

O último instituto a ser definido é o do domínio público. Para Branco[171], a noção de domínio público, constante no sistema de proteção à propriedade intelectual, não tem relação com o mesmo conceito encontrado no direito administrativo, congruente ao já disposto. De acordo com

[167] ASCENSÃO, José de Oliveira. Direito intelectual, exclusivo e liberdade. Revista da ABPI. n. 59, 2002b, p. 135.

[168] MACEDO, Joana. Marcas de forma, funcionalidade e concorrência. Coimbra: Almedina, 2018.

[169] MACEDO, Joana. Marcas de forma, funcionalidade e concorrência. Coimbra: Almedina, 2018. p. 14.

[170] MONTIANO MONTEAGUDO. Los requisitos de validez de una marca tridimensional. In.: ACTAS de derecho industrial y derecho de autor. Madrid: Marcial Pons, Tomo 23, 2002, p. 404.

[171] BRANCO, Sérgio. O domínio público no direito autoral brasileiro – uma obra em domínio público. Rio de Janeiro: Lumen Juris, 2011.

Branco[172], o domínio público, para o campo da propriedade intelectual, pode ser entendido como conjunto de obras cujo prazo de proteção por direitos autorais tenha expirado.

Por seu turno, ainda no âmbito da doutrina brasileira, Barbosa[173] afirma que "o real efeito do domínio público é a liberdade de utilização da obra intelectual pelo término da exclusividade legal, de maneira que o exercício do direito pessoal jamais poderia obstaculizar esse efeito."

Bittar[174] informa que "[a] ideia de domínio público relaciona-se com a possibilidade de aproveitamento ulterior da obra pela coletividade em uma espécie de compensação, em função ao monopólio exercido pelo autor (...)".

Em toada semelhante, Ascensão[175] destaca o fato de a obra em domínio público não estar sob apropriação exclusiva de ninguém, estando "rigorosamente demarcada pela liberdade de utilização por todos". Acresce que o "domínio público abrange todo o acervo de obras intelectuais comuns a todos e utilizáveis por todos." O citado autor apensa que o "o domínio público não é nem exceção e nem resto", sendo, portanto, a situação normal. Portanto, o domínio público existe para garantir "(...) o espaço de diálogo social e de liberdade de acesso à cultura (...)" de forma que estes "(...) não sofram entraves desnecessários.". Para Ascensão, "[e]sta liberdade natural não pode ser restringida sem razão ponderosa que a justifique. A obra, caída em domínio público, não retorna mais ao exclusivo (...)"[176].

[172] Branco, Sérgio. O domínio público no direito autoral brasileiro – uma obra em domínio público. Rio de Janeiro: Lumen Juris, 2011. p. 57.

[173] Barboba, Denis Borges. Domínio público. In.: Revista Eletrônica do IBPI. São Paulo, 2012, p. 172.

[174] Bittar, Carlos Alberto. Direito de autor. Rio de Janeiro: Forense universitária, 2005, p. 112.

[175] Ascensão. José de Oliveira. A questão do domínio público. In.: Wachowicz, M; Santos, M.J.P. Estudos de dreito de autro e interesse público. Anais do II Congresso de Direito de Autor e Interesse Público. Florianópolis: Fundação Boiteux, 2008.

[176] Ascensão. José de Oliveira. A questão do domínio público. In.: Wachowicz, M; Santos, M.J.P. Estudos de dreito de autro e interesse público. Anais do II Congresso de Direito de Autor e Interesse Público. Florianópolis: Fundação Boiteux, 2008, p. 23-24.

Por fim, das tantas definições possíveis ao domínio público, toma-se as palavras de Fernandez-Nóvoa[177]. Para este doutrinador a "(...) obra pasa a ser libremente utilizable por todos (*res incorporalis communia onmium*), lo cual implica que en lo sucesivo es inapropiable: no es una *res nullius*."

2. A noção de remonopolização

A noção de remonopolização, fundamental para as reflexões aqui tecidas sobre a concessão como marcas das configurações de produtos caídos em domínio público, foi extraída da obra de Fernandez-Nóvoa[178]. De acordo com o citado autor, "(...) si se concediese el registro de una marca consistente en una obra de dominio público, se produciría una remonopolización de la misma."[179]. Adenda o autor que "(...) surgiría un nuevo monopolio potencialmente ilimitado en el orden temporal por la vía (...) de la exclusiva inherente al derecho sobre la marca." As ponderações que ele desenvolve partem da noção de obra artística ou literária, inicialmente protegida pelo direito autoral, que tenha adentrado no domínio público. Consoante à posição de Fernandez-Nóvoa[180] sobre o domínio público, este não seria *res nullius*. Não sendo terra de ninguém e sim parte do acervo da sociedade, o mesmo não poderia estar sujeito a qualquer tipo de remonopolização.

Acompanhando as reflexões trazidas pelo autor, tem-se sua recusa em aceitar a possibilidade de registrar como marca obras literárias e artísticas que tenham tido o seu prazo de proteção expirado, tendo em vista que a partir desse momento a obra insere-se no domínio público, podendo ser utilizada livremente por todos[181]. A noção de uso é norteadora à questão. O uso passa a ser livre e essa liberdade de uso tem que contemplar toda

[177] Fernandez-Nóvoa, Carlo. Tratado sobre derecho de marcas. Madrid: Marcial Pons, 2004, p. 253-254.

[178] Fernandez-Nóvoa, Carlo. Tratado sobre derecho de marcas. Madrid: Marcial Pons, 2004, p. 253-256.

[179] Fernandez-Nóvoa, Carlo. Tratado sobre derecho de marcas. Madrid: Marcial Pons, 2004, p. 254.

[180] Fernandez-Nóvoa, Carlo. Tratado sobre derecho de marcas. Madrid: Marcial Pons, 2004.

[181] Fernandez-Nóvoa, Carlo. Tratado sobre derecho de marcas. Madrid: Marcial Pons, 2004, p. 254.

a sociedade. A concessão de marcas compostas por imagens de obras de arte acabaria por limitar esse uso, mesmo que de forma não tão abrangente, devido à existência do princípio da especialidade basilar ao direito de marcas. Por esse princípio, a proteção da marca se dá apenas para os produtos e serviços listados quando da ocasião da requisição do sinal, englobando aqueles iguais, similares e / ou afins. O princípio da especialidade é elemento particular do sistema de proteção à marca, limitando, portanto, o direito conferido a determinados produtos e / ou serviços[182].

Fernadez-Nóvoa[183], que aborda a noção de remonopolização a partir da perspectiva do sistema de proteção à marca existente na Espanha, informa não existir na lei do citado país formas tipificadas que permitam denegar a marca composta por obras artísticas e literárias. Diante dessa ausência, o autor propõe duas possibilidades: a negativa que se baseia em entender que "(...) si registrase como marca una obra literaria o artística caída en el dominio público, se bloquearía parcialmente la libre utilización de la correspondiente obra, y, de este modo, se lesionaría el derecho constitucional del acceso a la cultura (...)"[184] ou se fundamentaria a negativa pela falta de distintividade da obra artística e literária.

Ambas as sugestões poderiam ser utilizadas no contexto da legislação brasileira, que também não detém instrumentos legais tipificados que permitam negar a marca composta por obra de arte. Em pesquisa realizada por Gomes[185], junto à base de dados de marcas do INPI brasileiro, foram encontradas diversas marcas compostas por obras de arte, como

[182] Pedro Souza e Silva, assim, disserta sobre o citado princípio: "Por aplicação deste princípio – comum à generalidade dos ordenamentos jurídicos – a protecção decorrente do registro de uma marca apenas abrange os produtos ou serviços designados pelo titular quando do registro da mesma, bem como os produtos ou serviços congêneres ou afins. Por isso é livre o uso dessa marca por terceiros, quando estes utilizem relativamente a produtos e serviços diferentes." SILVA, Pedro Souza e. A proteção jurídica do design. Coimbra: Almedina, 2017.

[183] Fernandez-Nóvoa, Carlo. Tratado sobre derecho de marcas. Madrid: Marcial Pons, 2004.

[184] Fernandez-Nóvoa, Carlo. Tratado sobre derecho de marcas. Madrid: Marcial Pons, 2004, p. 254-255.

[185] Gomes, J.P.R. Ceci n'est pas une pipe: a reapropriação das obras em domínio público pelo direito à marca: um estudo de caso sobre o banco de dados do INPI. Dissertação (Mestrado Profissional em Propriedade Intelectual e Inovação) – Academia de Propriedade

ocorre com a Mona Lisa de Leonardo da Vinci[186] ou a Leiteira de Jan Vermeer van Delft[187]. Em alguns casos, foram utilizadas proibições legais dispostas na Lei brasileira que envolviam monumentos (inciso I do artigo 124 da LPI) e mesmo a que contempla a não possibilidade de conceder marcas enganosas em relação à origem (inciso X do artigo 124 da LPI). Este último caso tem a ver com marca solicitada para assinalar e identificar serviços de artista plástico, composta pelo quadro "A casa amarela" de Vincent van Gogh[188]. No caso dos monumentos, a obra em questão era a representação fotográfica de um dos profetas de Aleijadinho, como era conhecido o escultor brasileiro Antônio Francisco Lisboa[189]. A pesquisa de Gomes apenas expõe a dificuldade em negar o sinal requerido como

Intelectual, Inovação e Desenvolvimento. Instituto Nacional da Propriedade Industrial INPI, Rio de Janeiro, 2017

[186] "Leonardo da Vinci (1452-1519). Artista, cientista e pensador florentino. Foi, dentre os grandes personagens da Renascença italiana, o homem que mais desenvolveu e consumou suas várias habilidades." CHILVERS, Ian. Dicionário Oxford de arte. São Paulo: Martins Fontes, 2001, p.302. Sobre a Mona Lisa, Gombrich dispõe que a mesma só perde em fama para a obra "A última ceia". "Trata-se do retrato de uma dama florentina cujo nome era Lisa, "Mona Lisa". Uma fama tão grande quanto a da "Mona Lisa" de Leonardo não constitui uma grande bênção para uma obra de arte." GOMBRICH, Ernst, H. A história da arte. Rio de Janeiro: LTC, 1999, p. 300.

[187] "Vermeer, Jan (1632-75). Pintor holandês. Dentre os grandes artistas holandeses do século XVII, o renome atual de Vermeer é inferior apenas ao de Rembrant, mas ele foi pouco conhecido em vida e, depois de morto, permaneceu esquecido por longo tempo. Quase todas as experiências a ele provêm de frios documentos oficiais, e sua carreira apresenta muitos enigmas." CHILVERS, Ian. Dicionário Oxford de arte. São Paulo: Martins Fontes, 2001, p. 548.

[188] "Gogh, Vincent van (1853-90). Pintor e desenhista holandês, um dos três expoentes máximos do pós-impressionismo (com Cézanne e Gauguin)." CHILVERS, Ian. Dicionário Oxford de arte. São Paulo: Martins Fontes, 2001, p. 225.

[189] "Lisboa, Antônio Francisco (1738-1814). Escultor e arquiteto brasileiro, mulato filho ilegítimo do pedreiro português Manuel Francisco Lisboa. Era conhecido como Aleijadinho em virtude de uma enfermidade que, a partir de seus 30 anos, privou-o do uso das mãos; diz-se que trabalhava com martelo e cinzel amarrados aos membros semiparalisados. Não obstante, Aleijadinho é considerado o maior escultor e o maior arquiteto do Brasil colonial. Sua obra-prima são as estátuas em tamanho real dos Doze Profetas (1800-5), no adro da Igreja de Nosso Senhor do Bom Jesus de Matosinhos, em Congonhas do Campo." CHILVERS, Ian. Dicionário Oxford de arte. São Paulo: Martins Fontes, 2001, p. 310.

marca e composto por obra de arte que tenha adentrado em domínio público por falta de dispositivo legal a ser aplicado.

No caso de aplicar dispositivos similares aos sugeridos por Fernandez-Nóvoa[190] (2004) no contexto da lei espanhola, os examinadores do INPI brasileiro teriam que negar as marcas compostas por obras de arte ora aplicando o inciso III do artigo 124[191], onde está prevista a não concessão de sinais que atentem contra a moral e os bons costumes, ou o artigo 122 da LPI. Neste, encontra-se que para ser marca o sinal requerido deve ser distintivo, não se devendo considerar a obra de arte um sinal distintivo, capaz de exercer função distintiva das marcas.

Para a obra artística ou literária que ainda não tenha adentrado no domínio público, a LPI entende que a mesma pode ser registrada desde que com o consentimento de seu titular. A lógica desta norma impede que um direito de terceiros possa ser apropriado por outra pessoa sem o consentimento do titular. Todavia, quando em domínio público, a obra parece seguir caminho diverso, contrariando as definições trazidas no item anterior, em que autores como Ascensão[192] e Fernandez-Nóvoa[193] defendem não ser o domínio público nem "resto" e nem "*res nullius*", respectivamente. Não querendo transformar o domínio público em "(...) um quarto elemento da santíssima trindade (...)"[194], acredita-se, apenas, que o mesmo não deve ser considerado como se não pertencesse a ninguém. Pelo contrário, a obra ou a configuração do produto que cai no domínio público passa a fazer parte do acervo de toda a sociedade.

[190] FERNANDEZ-NÓVOA, Carlo. Tratado sobre derecho de marcas. Madrid: Marcial Pons, 2004.

[191] Não são registráveis como marca: "III – expressão, figura, desenho ou qualquer outro sinal contrário à moral e aos bons costumes ou que ofenda a honra ou imagem de pessoas ou atente contra liberdade de consciência, crença, culto religioso ou idéia e sentimentos dignos de respeito e veneração.".

[192] ASCENSÃO. José de Oliveira. A questão do domínio público. In.: WACHOWICZ, M; SANTOS, M.J.P. Estudos de dreito de autro e interesse público. Anais do II Congresso de Direito de Autor e Interesse Público. Florianópolis: Fundação Boiteux, 2008.

[193] FERNANDEZ-NÓVOA, Carlo. Tratado sobre derecho de marcas. Madrid: Marcial Pons, 2004.

[194] GUSMÃO, José Roberto d'Affonseca. Desenhos Industriais. In.: ULHOA CANTO, Flávio. (Org.). Tratado de direito comercial. São Paulo: Saraiva, 2015, p. 288.

Diante das considerações aqui trazidas acerca da remonopolização de obras de arte e literárias adentradas no domínio público pelo direito de marca, como se pode desenhar a questão da configuração de produtos? O próximo item dedica-se a promover tal discussão.

3. Configurações de produtos em domínio público podem vir a ser remonopolizados como marca?

A configuração de produtos, em sua forma externa, costuma receber proteção por meio do instituto de desenhos industriais, conforme este está positivado na LPI. Para tanto, essa configuração, consoante ao já apresentado, deve ser nova e original, além de servir de tipo de fabricação industrial. Ou seja, a configuração requerida, para ser protegida como desenho, não deverá ser igual ou muito similar a outra existente (novidade), além de dever apresentar, no dizer de Barbosa[195], um contributo mínimo para a sociedade (originalidade).

No caso da Lei brasileira de propriedade industrial, no capítulo referente aos desenhos industriais, não se encontra previsão de domínio público, como bem percebido por Moro[196]. No título de patentes da mesma Lei, tem-se que a patente cujo prazo de proteção expirou adentra no domínio público. Não há como afirmar de forma inequívoca as razões da omissão ao domínio público no título de desenhos industriais. Como hipótese, acredita-se que isso pode vir a ser decorrente da natureza híbrida dos desenhos industriais, como bem destacado por Otero Lastres[197]. Para o citado autor:

> Creo que no exagero nada si afirmo que el Diseño es el derecho de propiedad industrial más complejo de todos. Entre otras razones, porque, al contrario de lo que sucede con las demás modalidades de la propiedad industrial, esta figura tiene todavía sin resolver problemas tan importantes y básicos

[195] Barbosa, Denis Borges. Do requisito de originalidade nos desenhos industriais: a perspectiva brasileira. In.: Direito Industrial. Vol. VIII. Coimbra: Almedina, 2008.

[196] Moro, Maitê Cecília Fabbri. Marcas tridimensionais. São Paulo: Saraiva, 2009.

[197] Otero Lastres, José Manuel. Reflexiones sobre el diseño industrial. In.: Anuario Facultad de Derecho – Universidade de Alcalá I, 2008, p. 218.

como la delimitación del objeto protegido y la determinación de su sistema de protección.[198].

Destaca o autor a confluência de sistemas de proteção que podem ser sucessivos ou concorrenciais recaindo sobre a mesma forma ou os mesmos elementos componentes da forma. Assim,

> [s]i desde la perspectiva de la delimitación del objeto protegido nos trasladamos a la del sistema de protección, la principal cuestión que se suscita es la de averiguar si las distintas normas que protegen esa misma creación recaen sobre los mismos o distintos elementos de la creación de forma y si dichas normas deben aplicarse simultánea o sucesivamente.[199].

O citado autor fala a partir da perspectiva do ordenamento espanhol e europeu. Contudo, não há empecilhos em travar reflexões paralelas entre suas palavras e o disposto em legislações de propriedade intelectual no Brasil. Enquanto a LPI, na qual se encontra positivada a proteção ao desenho industrial, faz-se silente em relação ao domínio público, no caso da Lei de Direitos autorais (também conhecida como LDA 9.610/1998), apesar de não trazer uma definição, dispõe que, passado o prazo de proteção, a obra cai em domínio público. O silêncio da LDA, por seu turno, se estabelece em relação à proteção das obras de artes aplicadas à indústria, sendo essas as que, para Otero Lastres,[200] mereceriam a dupla proteção do direito autoral e do desenho industrial.

A Convenção Internacional de Berna para a proteção das Obras Literárias e Artísticas, Convenção essa assinada pelo Brasil, prevê que as

[198] Otero Lastres, José Manuel. Reflexiones sobre el Diseño Industrial. In.: Anuário Faculdad de Derecho – Universidad de Alcalá I, 2008, p. 218.

[199] Otero Lastres, José Manuel. Reflexiones sobre el Diseño Industrial. In.: Anuário Faculdad de Derecho – Universidad de Alcalá I, 2008, p. 218.

[200] Otero Lastres, José Manuel. Reflexiones sobre el Diseño Industrial. In.: Anuário Faculdad de Derecho – Universidad de Alcalá I, 2008 e Otero Lastres, José Manuel. El grado de creatividad y de originalidade requerido al diseño artístico. In.: Anuario Andino de Derechos Intelectuales. Ano II, n. 2 Lima, 2005.

obras de artes aplicadas poderão gozar de proteção de até 25 anos[201]. O Acordo sobre os Direitos de Propriedade Intelectual Relacionados ao Comércio (ADPIC) estipula que os países devem proteger os desenhos industriais, seja por instituto próprio, seja pela proteção conferida à obra autoral[202]. O antigo Código de Direito de Autor aplicado no Brasil até a entrada em vigor da atual LDA (o CDA 5.988/1973) previa que as obras de arte aplicadas seriam protegidas como obras autorais desde que seu valor artístico pudesse ser dissociado do "(...) caráter industrial do objeto a que estiverem sobrepostas (...)".

Essa digressão em relação a outros diplomas legais serve apenas para destacar que a proteção cumulativa[203] aplicável aos desenhos industriais, ou melhor, às configurações de produtos, pode vir ou não a ser reclamada no Brasil, não estando a mesma resolvida. Diante desta constatação, percebe-se que a proteção cumulativa pelo desenho industrial e pelo direito autoral pode ser entendida como passível de ser aplicada à

[201] No artigo 4º da Convenção de Berna encontra-se o seguinte trecho: "Os países da União reservam-se, nas suas legislações nacionais, a faculdade de regular a duração da proteção das obras fotográficas e das obras de artes aplicadas protegidas como obras artísticas; entretanto, a referida duração não poderá ser inferior a um período de vinte e cinco anos contados da realização da referida obra.".

[202] No ADPIC, a seguinte redação ampara o informado neste texto: "Cada Membro assegurará que os requisitos para garantir proteção a padrões de tecidos – particularmente no que se refere a qualquer custo, exame ou publicação – não dificulte injustificavelmente a possibilidade de buscar e de obter essa proteção. Os Membros terão liberdade para cumprir com essa obrigação por meio de lei sobre desenhos industriais ou mediante lei de direito autoral.".

[203] Otero Lastres aponta a existência de três tipos de sistemas de proteção ao desenho industrial, quando se tem em perspectiva a questão da cumulatividade de proteções: o sistema da cumulatividade total, principalmente aplicado pela França, o princípio da não cumulatividade, atualmente abandonado pelas legislações europeias, mas que era o utilizado na Itália, e o sistema da cumulatividade restritiva, no qual apenas as obras de artes aplicadas, e não os desenhos industriais "ordinários", mereceriam a dupla proteção. Este último sistema, segundo o autor, é o adotado pela Espanha. Otero Lastres, José Manuel. Reflexiones sobre el Diseño Industrial. In.: Anuário Faculdad de Derecho – Universidad de Alcalá I, 2008 e Otero Lastres, José Manuel. El grado de creatividad y de originalidade requerido al diseño artístico. In.: Anuario Andino de Derechos Intelectuales. Ano II, n. 2 Lima, 2005.

configuração de produtos, como defendido, entre outros, por Silveira[204] e Gusmão[205]. Tal possibilidade torna-se mais concreta tendo em vista o silêncio dos diplomas que regulamentam a matéria. Infere-se, portanto, que a omissão em relação ao domínio público no capítulo da lei de propriedade industrial, em seu título sobre desenhos industriais, pode ser resultado da possibilidade de, findada esta proteção, persistir outra, qual seja, aquela abarcada pela legislação de direitos autorais.

Estariam então as configurações de produto, findada a proteção por desenhos industriais, inseridas no domínio público? Seria esta a primeira questão a ser resolvida, diante do silêncio dos diplomas legais supracitados? Tendo-se o critério da dissociação[206] presente apenas no Código de Direitos Autorais não mais em vigor, poder-se-ia defender que o mesmo, por omissão da LDA, seria aplicável no atual contexto legislativo? Esta discussão transcende o objetivo aqui definido e apresentado na introdução. Sem descurar que tal questão deve ser problematizada e aprofundada, sendo conduzida à solução escorreita, o que ainda não ocorre, a autora parte da ideia de que nem todos os desenhos industriais merecem a proteção autoral, mas apenas aqueles que apresentarem, em conformidade às disposições de Otero Lastres[207], criatividade e originalidade. Por

[204] SILVEIRA, Newton. Direito de Autor no desenho industrial. São Paulo: Revista Editora dos Tribunais, 1982.

[205] "Muito embora cada um dos institutos acima citados tenha características e funções próprias, a cumulação de proteções sobre um mesmo objeto, não sendo vedada por texto legal, é permitida." GUSMÃO, José Roberto d'Affonseca. Desenhos Industriais. In.: ULHOA COELHO, Flávio. (Org.). Tratado de Direito Comercial. São Paulo: Saraiva, 2015, p. 288.

[206] A noção de dissociabilidade, de acordo com Otero Lastres, advém do direito italiano. De acordo com o citado autor: "Así, la disociación es considerada como un criterio más útil para denegar que para conferir la protección del derecho de autor. Porque si no hay disociación – aunque tenga valor artístico – la creación no puede ser protegida por el derecho de autor. Por el contrario, el hecho de que exista disociación entre la creación de forma y el producto no es suficiente para admitir, sin más, la protección del derecho de autor. Es preciso determinar todavía si tal creación posee la suficiente originalidad para ser protegida por el derecho de autor." OTERO LASTRES, José Manuel. El modelo industrial. Madrid: Editorial Moncorvo, 1977, p. 390-391.

[207] "Fijado el grado de 'creatividad' y de 'originalidad' en una capacidad de crear que supera a lo común y en el reflejo en la obra de una capacidad de crear que supera a lo común, queda también señalado el ámbito que queda fuera del 'umbral', a saber: todo lo que no

conseguinte, os desenhos industriais que não sejam obras de arte aplicada estariam, findada a proteção dada pela LPI, inseridos no domínio público, podendo os mesmos serem objetos da discussão deste artigo, a ser continuada na sequência.

Se não é clara a figura do domínio público para a configuração do produto inicialmente protegida por desenhos industriais, não restam dúvidas que essa proteção finda após um período máximo de 25 anos. O titular de um desenho industrial recebe proteção por um período inicial de 10 anos, podendo renovar esse título por três períodos consecutivos e iguais de 5 anos cada, perfazendo um total de 25 anos. Após este tempo, não há mais o que se falar em proteção de desenhos industriais e nem da aplicação do inciso XXII do artigo 124 que impede a concessão de marca composta por forma que estiver protegida por desenho industrial de terceiros. Depreende-se ser possível de obter marca com forma anteriormente protegida por desenho industrial mesmo para aqueles que não são os antigos titulares do desenho cujo prazo de proteção findou.

Contudo, há que se ter em mente se tal proteção por marca de forma anteriormente protegida como desenho industrial, cujo prazo de proteção tenha cessado, não se enquadraria no mesmo conceito cunhado por Fernandez-Nóvoa[208] como de remonopolização, quando esse autor tratou da questão da obra de arte caída em domínio público e requerida como marca? A questão revela-se instigante. Não há, na opinião desta autora, que se comparar as obras de arte, que recebem esse enquadramento, com as configurações de produto (*designs*) do cotidiano. São objetos distintos. Todavia, não há também como fechar os olhos para as possíveis consequ-

sea fruto de esta 'buena' – entendida en el sentido de 'superior a lo común' – capacidad de creación reflejada en la obra. Lo cual incluye tanto la total ausencia de creatividad y de originalidad, como la 'creatividad' y la 'originalidad' común o regular. En el ámbito de la ausencia de la creatividad estaría lo que no puede acceder a la protección del diseño, por faltar el requisito esencial de la existencia de una creación. Mientras que en el ámbito de la creatividad 'común o regular', que presupone lógicamente 'creatividad' estarían las creaciones susceptibles de protección únicamente como diseños." Otero Lastres, José Manuel. El grado de creatividad y de originalidade requerido al diseño artístico. In.: Anuario Andino de Derechos Intelectuales. Ano II, n. 2 Lima, 2005. p. 113.

[208] Fernandez-Nóvoa, Carlo. Tratado sobre derecho de marca. Madrid: Marcial Pons, 2004.

ências que podem advir de uma proteção que prolongue outra que, em seu desenho original de salvaguarda de direitos de uso exclusivo, prevê o findar do prazo dessa exclusividade. Diante desse impasse, considera-se relevante refletir sobre algumas estruturas caracterizadoras dos sistemas protetivos de marcas e desenhos industriais, inclusive, retomando autores com os quais, anteriormente, procurou travar-se diálogo.

O desenho industrial, enquanto um direito de proteção ao uso exclusivo de uma forma, visa a premiar o investimento feito por seu idealizador (o *designer*), bem como ampliar o rol de formas agradáveis que otimizem e potencializem as escolhas dos consumidores, abastecendo, no dizer do já citado Otero Lastres[209], o patrimônio das formas estéticas aplicadas à indústria. Se o desenho industrial auxilia no processo de busca e escolha realizado pelo consumidor, não o faz da mesma forma que a marca, pois a escolha se dá baseada em sentimentos subjetivos referentes aos tipos de formas de produto que agradam mais. O que está em jogo são as preferências estéticas dos consumidores. Para Olavo:

> De há muito que se reconhece que o aspecto exterior do produto pode representar um significativo valor acrescentado que confere ao respectivo produtor uma vantagem competitiva. Os motivos ornamentais que definem ou caracterizam os produtos, quer pelas respectivas qualidades estéticas, quer pela sua originalidade, constituem elementos de atracção de clientela, cuja protecção se impõe numa economia de mercado[210].

Também Pedro Souza e Silva[211] posiciona-se acerca do valor econômico e do valor estético que embasam a proteção ao desenho industrial na sociedade hodierna. Nas palavras desse autor:

> A importância do factor estético nas escolhas dos consumidores é tanto mais intensa quanto maior é o seu desafogo económico, podendo atender a aspirações que vão para além das necessidades básicas, gerando "prioridade do

[209] Otero Lastres, José Manuel. El modelo industrial. Madrid: Editorial Moncorvo, 1977.

[210] Olavo, Carlos. Desenhos e modelos: evolução legislativa. In.: Revista da Ordem dos Advogados. Portugal. Ano 6, abr, 2001, p. 629.

[211] SILVA, Pedro Souza e. A proteção jurídica do design. Coimbra: Almedina, 2017, p. 31.

> desejo sobre a necessidade". Essa relevância é alimentada pelo fenómeno da chamada *conspicuous consumption*, que induz certas franjas de consumidores a adquirirem bens ou serviço com vista a ostentarem estatuto social ou económico. O que, por sua vez, estimula o fenómeno da denominada *upward emulation*, ou seja, a tendência para ostentar os sinais exteriores de riqueza dos estratos sociais mais elevados ou dos chamados "ícones da moda". Aliás, como resulta da experiência comum, uma parte significativa das escolhas de bens de consumo assenta em decisões e impulsos emocionais. A vertente estética de um objeto permite exprimir e comunicar, no âmbito social, valores e sentimentos da mais diversa natureza, conferindo ao seu possuidor ou utilizador uma determinada imagem, perante aqueles com que se relaciona (...)[212].

A marca, por seu turno, atua na otimização dos processos de busca e no combate à assimetria da informação, conforme apontam autores da teoria econômica, como Ramello[213] e Economides[214], facilitando a vida do consumidor que encontra de forma mais célere e clara o produto ou serviço de sua preferência. Como um sinal que é, a marca transmite informação de forma rápida, quase indiciária, criando um elo entre o produto / serviço anteriormente consumido e o consumidor que deseja repetir a compra anterior.

Na doutrina há vasta literatura discutindo se a função de origem ainda seria exercida pela marca. Montiano Monteagudo[215], Gonçalves[216], Fer-

[212] SILVA, Pedro Souza e. A proteção jurídica do design. Coimbra: Almedina, 2017, p. 31.

[213] "So it is by virtue of its ability to convey information and facilitate purchase decisions that trademark is given legal protection." RAMELLO, Giovanni B. What's in a sign? Trademark law and economic theory. In.: Journal of economic surveys. Vol. 20, n. 4, 2006, p. 549.

[214] "Trademarks facilitate consumers' choice among experience goods and transmit quality signals for infrequently consumed goods. Trademarks are indispensable for the efficient provision of products with the wide range of variety and quality combinations demanded in a modern economy." ECONOMIDES, Nicholas. The Economics of Trademarks. In.: Trademark Reporter. 78, 1988, p.523.

[215] MONTIANO MONTEAGUDO. Los requisitos de validez de una marca tridimensional. In.: Actas de derecho industrial y derecho de autor. Madrid: Marcial Pons, Tomo 23, 2002.

[216] GONÇALVES, Luiz Manuel Couto. A função distintiva da marca. Coimbra: Almedina, 1999.

nandez-Nóvoa[217]/[218], entre outros, são autores que defendem tal função. Seguindo outra perspectiva, sustentam ser a única função juridicamente protegida da marca a distintiva, como são os casos de Schmidt[219], Moro[220] e Ascensão[221].

Sem adentrar em discussão densa e não necessariamente pacificada, encontra-se na literatura sobre a questão da função de marca, textos que defendem que quando um sinal composto pela forma do produto ou de sua embalagem remete a uma possível origem – mesmo que hipotética – tal forma estaria a cumprir a função de origem empresarial. Destarte, conclui-se que, quando o consumidor, ao olhar para uma forma e pensar em uma possível origem empresarial, essa forma seria passível de ser enquadrada como marca, pois estaria a auxiliar no processo de busca e no combate à assimetria da informação.

Tendo a função de origem como norteador da identificação da configuração de produto que exerce o papel de marca, Montiano Monteagudo[222] assim preleciona: "(...) el Derecho de Marcas no protege a la prestación estética aplicada a la industria o creativa en cuanto tal, sino

[217] "La función indicadora de la procedencia empresarial de los productos o servicios es, sin duda, la función primaria y fundamental de la marca: la que se apoya directamente en las reacciones de los consumidores y se basa de modo inmediato en la estructura del derecho de marca. En efecto, al contemplar una marca puesta en relación con un producto o servicio, el consumidor piensa lógicamente que el producto o servicio procede de una determinada empresa: aquella empresa de la que proceden todos los productos o servicios de la misma clase que están dotados con la misma marca." FERNANDEZ-NÓVOA, Carlo. Tratado sobre derecho de marcas. Madrid: Marcial Pons, 2004, p. 70.

[218] FERNANDEZ-NÓVOA, Carlo. Las funciones de la marca. In.: Actas de derecho industrial. Madrid: Montecorvo, 1978.

[219] SCHMIDT, Lélio Denicoli. A distintividade das marcas: secondary meaning, vulgarização e teoria da distância. São Paulo: Saraiva, 2013.

[220] MORO, Maitê Cecília Fabbri. Marca tridimensional. São Paulo: Saraiva, 2009 e MORO, Maitê Cecília Fabbri. Direito de marcas. Abordagem das marcas notórias na Lei 9.279/1996 e nos acordos internacionais. São Paulo: Editora Revista dos Tribunais, 2003.

[221] ASCENSÃO, José de Oliveira. As funções da marca e os descritores (metatags) na internet. Revista da ABPI, v. 61, 2002a.

[222] MONTIANO MONTEAGUDO. Los requisitos de validez de una marca tridimensional. In.: Actas de derecho industrial y derecho de autor. Madrid: Marcial Pons, Tomo 23, 2002, p. 404.

únicamente en la medida en que pueda servir para vincular un determinado producto y su fuente de procedencia empresarial."

Ao exercer o papel de indicar a fonte empresarial, a configuração de forma cumpre uma possível função de origem e, por isso, mereceria ser protegida, pois, em caso de negação desta proteção, terceiros poderiam vir a utilizar a marca composta por tal configuração de maneira a enganar o consumidor quanto à sua origem. Montiano Monteagudo acrescenta a não existência de um risco de monopolização com a concessão da configuração de forma como marca. Em breve incursão às palavras desse citado autor:

> El registro de una determinada forma de producto o envase con un componente estético industrial o de creatividad intelectual como marca no comporta de común un riesgo de monopolización absoluta de tal forma para cualquier uso o finalidad, sino meramente como instrumento de identificación de la procedencia empresarial de un concreto género de productos frente a los productos de igual o similar naturaleza ofrecidos por terceros[223].

Do disposto por Montiano Monteagudo, tem-se que o princípio da especialidade – princípio estruturante do direito de marcas que limita a apropriação do sinal para assinalar os produtos e serviços iguais, semelhantes e afins aos requeridos pelo titular – torna-se um óbice a uma possível monopolização da configuração da forma de produtos que estejam em domínio público. Posição similar pode ser encontrada em trabalho anterior ao de Montiano Monteagudo[224], no qual Otero Lastres defende que:

> (...) la creación de forma – que está registrada como marca – se convierte en un signo parcialmente disponible. No se puede inscribir para identificar productos similares a los que distingue. Pero puede ser válidamente regis-

[223] Montiano Monteagudo. Los requisitos de validez de una marca tridimensional. In.: Actas de derecho industrial y derecho de autor. Madrid: Marcial Pons, Tomo 23, 2002, p. 404.

[224] Montiano Monteagudo. Los requisitos de validez de una marca tridimensional. In.: Actas de derecho industrial y derecho de autor. Madrid: Marcial Pons, Tomo 23, 2002, p. 404.

> trada para identificar otras categorías de productos distintivos de estos. Al igual que los demás signos, la creación de forma sería en este caso objeto de un monopolio limitado, dentro de los límites impuestos por la regla de la especialidad[225].

Pela exposição e pelo entendimento de Otero Lastres[226], a forma ou configuração do produto não seria nunca monopolizada indefinidamente por seu titular, mesmo tendo em vista as possibilidades de renovação do direito de marcas. Devido ao princípio da especialidade, que limita o direito concedido aos produtos e serviços indicados pelo titular do sinal, essa configuração se converteria em um sinal parcialmente disponível, podendo a mesma ser requerida por qualquer um para distinguir outras categorias de produto.

O autor não chegou a problematizar a possibilidade de tal marca de forma obter proteção subsequente como aquela constante na legislação brasileira e denominada de alto renome. Essa figura garante a proteção da marca em todos os ramos de atividade, consoante a LPI brasileira. Nesse caso, há a possibilidade clara de monopolização de forma que, quando em domínio público, poderia ser produzida por qualquer um, sem entraves legais. Contudo, com a proteção garantida pela marca registrada, considerada de alto renome, fica restrita a exploração exclusiva do sinal composto por configuração de produto a um único titular.

Dos posicionamentos de Otero Lastres[227] e Montiano Monteagudo[228] extrai-se a negativa a qualquer possibilidade de monopolização da configuração de produtos, tendo em vista o princípio da especialidade, princípio central do direito de marcas. Esse princípio conduz à observância de outro elemento central no sistema de proteção à marca, qual seja, o risco de confusão ou associação. De acordo com o que foi apresentado, o princípio da especialidade restringe a abrangência do direito concedido como marca, que garantirá a exclusividade de exploração do sinal apenas

[225] Otero Lastres, José Manuel. El modelo industrial. Madrid: Montecorvo, 1977, p. 445.
[226] Otero Lastres, José Manuel. El modelo industrial. Madrid: Montecorvo, 1977, p. 445.
[227] Otero Lastres, José Manuel. El modelo industrial. Madrid: Montecorvo, 1977, p. 445.
[228] Montiano Monteagudo. Los requisitos de validez de una marca tridimensional. In.: Actas de derecho industrial y derecho de autor. Madrid: Marcial Pons, Tomo 23, 2002.

para os produtos e / ou serviços indicados pelo titular no ato do depósito da marca. Na medida em que uma forma idêntica ou similar àquela protegida como marca incorrer na geração de erro ou confusão por parte do público consumidor e mesmo no risco de associação[229], ter-se-á elemento suficiente para a negativa dessa forma ou configuração do produto como marca.

O mesmo raciocínio pode ser traçado para a configuração de produto que, já estando em domínio público, mas sendo explorada por um único agente econômico a ponto de identificá-lo, quando usada por outros agentes possa gerar confusão e / ou associação. Se isso for passível de ocorrer, tal configuração poderá ser protegida como marca tridimensional, evitando-se que o seu uso indiscriminado por diversos entes presentes no mercado gere risco crescente de confusão ou associação. Diante dessas observações, vale citar, no ordenamento brasileiro, a posição de Carlos Alberto Bittar acerca da noção de confusão:

> Caracteriza-se a confusão, em uma análise geral, por meio de práticas destinadas a impingir aos consumidores, em detrimento do concorrente visado, determinado produto, aproveitando-se da imagem do outro (seja de seu estabelecimento, seja do próprio produto). É, como as demais figuras, suscetível de configuração também por vários e diferentes expedientes, encontrando-se bem definida juridicamente em suas linhas básicas (...).
>
> Com efeito, a possibilidade de confusão deve existir à primeira vista; isto é, deve ser suscetível de estabelecer-se de imediato, induzindo o homem comum a inclinar-se para o produto (ou estabelecimento) concorrente.

[229] Segundo Olavo: "Quando se verifique, do ponto de vista do consumidor médio, possibilidade de indução em erro ou confusão sobre a origem empresarial dos produtos ou serviços, a função identificadora da marca fica esvaziada de conteúdo, independentemente do facto de se confundirem ou não os produtos em que é aposta. Há risco de erro ou confusão em sentido estrito sempre que a identidade ou semelhança possa dar origem a que um sinal seja tomado por outro. Mas há também risco de erro ou confusão sempre que o público considere que há identidade de proveniência desses produtos ou serviços. Fala-se então em risco de associação ou risco de confusão em sentido lato." Olavo, Carlos. Propriedade industrial. Sinais distintivos do comércio e concorrência desleal. Coimbra: Almedina, 2005, p. 104.

> Fora dos limites expostos, inexistirá a figura em tela, mesmo que presentes pequenos pontos de coincidência, possíveis de ocorrência dentro do infinito universo de ideações e de realizações que formam o acervo cultural comum da humanidade.[230].

Dessa maneira, o sistema de marcas garante elementos que podem auxiliar na aferição de quando uma configuração de produto já em domínio público poderá ou não ser concedida como marca, sem que o risco de remonopolização dessa configuração, no sentido empregado por Fernandez-Nóvoa[231] para as obras artísticas, possa ser um óbice ou um elemento que promova mais ônus para os demais concorrentes do mercado do que bônus para o interesse público de todos os envolvidos, incluindo o titular, os concorrentes e os consumidores. E quais elementos seriam esses? A capacidade de a configuração indicar uma possível origem, o fato de a concessão de tal configuração como marca não acarretar em um monopólico absoluto da mesma por conta do princípio da especialidade, sem olvidar a existência da marca de alto renome, e a possibilidade de tal configuração de produtos, já disposta no mercado, por sua não proteção estar a provocar confusão ou associação indevida por parte do consumidor, o que se torna um elemento de justificação para que a mesma possa vir a gozar da proteção como marca.

Todavia, há que se ter em mente outros elementos na avaliação de uma possível concessão como marca tridimensional de configuração de produto que já esteja inserida no domínio público. Como antes disposto, Macedo[232] entende que há interesses na proteção de determinados sinais como marca. Tais interesses foram representados pela autora a partir de três categorias: o titular do sinal, os concorrentes e os consumidores. Gonçalves[233] já discorria que, na aferição das proibições absolutas

[230] Bittar, Carlos Alberto. A concorrência desleal e a confusão entre produtos. In.: R. Inf. Legisl. Brasília ano 19, n. 76 out/dez, 1982, p. 268-276.

[231] Fernandez-Nóvoa, Carlo. Tratado sobre derecho de marcas. Madrid: Marcial Pons, 2004.

[232] Macedo, Joana. Marcas de forma, funcionalidade e concorrência. Coimbra: Almedina, 2018.

[233] Gonçalves, Luiz Manuel Couto. Direito de marcas. Coimbra: Almedina, 2003.

ao registro de marcas, há que se levar em conta o interesse público que engloba, não apenas o titular da marca, como, também, os concorrentes e os consumidores. Ascensão[234] já havia ressaltado, conforme visto, a existência de um interesse público na proteção da marca, qual seja: aquele de evitar que o público seja levado a erro ou engano em relação ao sinal concedido.

Infere-se, dos posicionamentos citados, que não apenas os interesses do titular norteiam a proteção da marca. Há outros interesses, diversos e difusos, que devem ser observados. Entre os mesmos, não se entende ser possível a concessão de configuração de produto já adentrada no domínio público como marca quando esta puder obstruir a leal concorrência, afetando a mesma, e impedindo outros entes que estão no mercado de manter suas atividades, sendo os mesmos prejudicados sem que tenham cometido qualquer ato ilícito, pois, em consonância com Macedo: "Os motivos de recusa (...) derivam dos próprios fundamentos axiológicos do sistema de proteção das marcas – a criação de bases para uma concorrência leal através do reforço da transparência do mercado, sem que o direito exclusivo limite a liberdade de oferta dos produtos."[235].

A manutenção de concorrência leal entre os agentes, portanto, também servirá como um norteador de decisões referentes à concessão de marca compostas por configurações de produtos que já estejam inclusas no domínio público.

Conclusões

O domínio público não deve ser entendido como sobra de algo ou resto de alguma coisa. Ele pertence à sociedade como conjunto organizado de cidadãos que podem dele usufruir sem preocupações de ter que remunerar terceiros por esse uso. Reveste-se como o espaço da liberdade de uso, servindo a todo aquele que quiser transformá-lo de modo a obter nova obra ou nova configuração de produto.

[234] Ascensão, José de Oliveira. Direito intelectual, exclusivo e liberdade. Revista da ABPI. n. 59, 2002b, p. 40-49.

[235] Macedo, Joana. Marcas de forma, funcionalidade e concorrência. Coimbra: Almedina, 2018, p. 84-85.

Não se deve entender aquilo que compõe o domínio público como coisa de ninguém. O que nele se encontra é de todos e deve assim ser compreendido e preservado. A propriedade intelectual pressupõe o exclusivo de exploração econômica de algo derivado, geralmente, da criação de alguém que, em boa parte das vezes, se utiliza de todo o acervo cultural e inventivo da sociedade. O direito de uso exclusivo dos bens protegidos por direitos de propriedade intelectual no mercado é concedido visando a beneficiar e a estimular aquele que, investindo o seu tempo, a sua criatividade e a sua inventividade, amplia o conjunto de bens de cunho imaterial que compõe os patrimônios cultural e tecnológico da sociedade. Entende-se que o tempo de uso exclusivo dado pelos direitos de propriedade intelectual deve ser bem balanceado de maneira a não constituir monopólio extenso e injusto que prejudique os desenvolvimentos social, técnico e econômico. Findado o prazo de exploração exclusiva, que visa a beneficiar todo aquele que investiu seu tempo e sua inventividade na elaboração do novo, o bem intelectual adentra no domínio público, devendo ser preservado nesse espaço.

Ao longo deste capítulo, pôde-se observar que, entre os direitos de propriedade intelectual, as marcas, que seguem lógica própria, sendo passíveis de renovação e destituídas da ideia de um domínio público, vêm sendo utilizadas para garantir a apropriação de obras de arte e de configurações de produtos que, em função de regimes protetivos, que têm prazos finitos, já adentraram no domínio público. No caso das obras de arte, na opinião desta autora, não há que se falar na possibilidade real de as mesmas poderem ser objetos de reapropriações ou remonopolizações por meio do sistema de marcas. Obras de arte não devem ser equacionadas a sinais distintivos. Sua lógica revela-se completamente diversa daquela que fundamenta o sistema de marcas.

Porém, o caso da configuração de produtos parece contemplar diálogo mais complexo. Não se pode negar serem as configurações de produto frutos da atividade projetual do *design*. Sendo assim, as mesmas nascem na lógica de uma sociedade de consumo como objetos destinados à promoção de vendas por meio da construção de desejabilidade. Entende-se mesmo que tais configurações de produtos são contemporâneas à própria lógica que estrutura o sistema de marcas. Sendo frutos da mesma sociedade consumerista, como negar à configuração de um produto que se tenha tornado um ícone, capaz de distinguir-se entre todos os demais de seu segmento, o exercício das funções de marcas? Não parece que a resposta possa vir a ser negativa. Contudo, nada obsta essa negação.

Conforme visto ao longo desta exposição, não há regras tipificadas para serem aplicadas quando um sinal requerido como marca é composto por obra de arte constante do domínio público, negando o mesmo por tal motivo. No caso das configurações de produtos, as únicas formas indisponíveis são aquelas de titularidade de terceiros e as que, por total falta de distintividade, em função de sua banalidade, ou por estarem ditadas por questões técnicas e / ou funcionais, não podem constituir marcas. Todas as demais, desde que possam vir a exercer a função de marca, podem ser concedidas como tal.

Entretanto, há questões a serem tratadas quando da análise para a possível concessão e que devem estar presentes para que uma configuração de produto possa vir a constituir marca, sendo, mesmo que de forma parcial, retirada do domínio público. Crê-se necessário aferir se tal configuração é passível de cumprir a função de origem de marca. Além disso, há que se identificar se a mesma encontra-se disponível no mercado estando, por sua livre utilização, passível de causar confusão e / ou de associação com outro sinal. Se esse for o caso, a mesma está a exercer função de marca, podendo receber tal proteção.

Mas não há como descurar da observação de ser ou não a concessão da configuração de produto como marca um ato que pode vir a afetar a concorrência leal entre os agentes. Se o uso exclusivo por marca for concedido à configuração do produto já inserida no domínio público, afetando os demais concorrentes, isso acabará acarretando em distorção concorrencial, sendo esta estranha à lógica do sistema de marcas. Há que se entender a proteção à marca como uma das maneiras de manter a concorrência leal entre os agentes, bem como garantir a maior transparência possível do mercado.

Não seria apenas a avaliação da função distintiva da marca que permitiria ou não a "remonopolização" da configuração de produtos caídos em domínio público. O sistema de marcas, conforme a sua estrutura e a sua lógica, traz outros elementos que devem ser avaliados de modo a permitir maior clareza naquilo que pode e naquilo que não deve ser concedido como marca.

Referências

Ascensão, José de Oliveira. A questão do domínio público. In.: Wachowicz, M.; Santos, M. J.P. *Estudos de Direito de Autor e Interesse Público*. Anais do II Congresso de Direito de Autor e Interesse Público. Florianópolis: Fundação Boiteux, 2008, p. 14-38.

—. As funções da marca e os descritores (metatags) na Internet. *Revista da ABPI*, v. 61, 2002a p.44-52.

—. Direito intelectual, exclusivo e liberdade. *Revista da ABPI*, n. 59, 2002b. P. 40-49.

Barbosa, Denis Borges. Domínio Público. *Revista Eletrônica do IBPI*. São Paulo, n. p. 144-183, 2012.

—. Do requisito de originalidade nos desenhos industriais: a perspectiva brasileira. In. *Direito industrial vol. VIII*. Coimbra: Almedina, 2008.

—. *Uma introdução à propriedade intelectual*. Rio de Janeiro: Lumen Juris, 2003.

Baylos Corroza, Hermenegildo. *Tratado de derecho industrial*. Propiedad Industrial, Propiedad Intelectual, Derecho de la competencia económica, Disciplina de la competencia desleal. Madrid: Editorial Civitas, 1978.

Bittar, Carlos Alberto. A. *Direito de autor*. Rio de Janeiro: Forense Universitária, 2005.

—. "A concorrência desleal e a confusão entre produtos". In.: *R. Inf. Legisl.* Brasília a. 19 n. 76 out./dez. 1982. p. 259-276

Branco, Sérgio. *O domínio público no direito autoral brasileiro – uma obra em domínio público*. Rio de Janeiro: Lumen Juris, 2011.

Cerqueira, João da Gama. *Tratado da propriedade industrial*. São Paulo: Editora Revista dos Tribunais, 1982.

Chavanne, Albert e Burst, Jean-Jacques. *Droit de la propriété industrielle*. Paris: Dalloz, 1976.

Chilvers, Ian. *Dicionário Oxford de arte*. São Paulo: Martins Fontes, 2001.

Cunha, Frederico Carlos da. *A proteção legal do design*. Rio de Janeiro: Lucerna, 2000.

Economides, Nhicolas S. The economics of trademark. In.: *Trademark Reporter 78*. Columbia Department of Economics Working Paper, 1988, p. 523-539. Disponível em: < https://www.researchgate.net/publication/230726987_The_Economics_of_Trademarks> Acesso em: 02 dez. 2020.

FERNANDEZ-NÓVOA, Carlos. *Tratado sobre derecho de marcas*, Madrid: Marcial Pons, 2004.

—. Las funciones de la marca. In. *Actas de Derecho Industrial* 1978. Madrid: Montecorvo, 1978.

—. El uso obligatorio de la marca registrada. In. *Actas de Derecho Industrial.* Madrid: Montecorvo, 1977.

GOMBRICH, Ernst, H. *A história da arte.* Rio de Janeiro: LTC, 1999.

GOMES, J.P.R. *Ceci n'est pas une pipe: a reapropriação das obras em domínio público pelo direito à marca: um estudo de caso sobre o banco de dados do INPI.* Dissertação (Mestrado Profissional em Propriedade Intelectual e Inovação) – Academia de Propriedade Intelectual, Inovação e Desenvolvimento. Instituto Nacional da Propriedade Industrial INPI, Rio de Janeiro, 2017.

GONÇALVES, Luiz Couto. *Direito de marcas.* Coimbra: Almedina, 2003.

—. *Função distintiva da marca.* Coimbra: Almedina, 1999.

GUSMÃO, José Roberto d'Affonseca. Desenhos Industriais. In: Flavio Ulhoa Canto. (Org.). *Tratado de Direito Comercial.* São Paulo: Saraiva, 2015, v. 6, p.281-303.

LENCE REIJA, Carmen. *La protección del diseño en el derecho español.* Madrid: Marcial Pons, 2004.

MACEDO, Joana. *Marcas de forma, funcionalidade e concorrência.* Coimbra: Almedina, 2018.

MONTIANO MONTEAGUDO. Los requisitos de validez de una marca tridimensional. In.: *ACTAS de derecho industrial y derecho de autor.* Madrid: Marcial Pons, Tomo 23, 2002. p. 391-408.

MORO, Maitê Cecília Fabbri. *Marca Tridimensional.* São Paulo: Saraiva, 2009.

—. *Direito de marcas.* Abordagem das marcas notórias na Lei 9,279/1996 e nos acordos internacionais. São Paulo: Editora Revista dos Tribunais, 2003.

OLAVO, Carlos. *Propriedade Industrial.* Sinais distintivos do comércio e concorrência desleal. Coimbra: Almedina, 2005.

—. Desenhos e Modelos: evolução legislativa. In. *Revista da Ordem dos Advogados.* Portugal. Ano 61 abr.2001. p. 629-666.

OTERO LASTRES, José Manuel. et. al. *Manual de la Propiedad Industrial.* Madrid: Marcial Pons, 2009.

—. Reflexiones sobre el diseño industrial. In.: *Anuario Facultad de Derecho* – Universidad de Alcalá I (2008), p. 217-235.

—. El grado de creatividad y de originalidad requerido al diseño artístico. In. *Anuario Andino de Derechos Intelectuales.* Ano II, n.2, Lima, 2005. P. 91-115.

—. El modelo industrial. Madrid: Editorial Moncorvo, 1977.

—.El requisito de la novedad de los dibujos y modelos industriales. In. ACTAS de derecho industrial. Madrid: Editorial Moncorvo, 1975. p.115-177.

RAMELLO, Giovanni B. What's in a sign? Trademark law and economic theory. *Journal of economic surveys.* Vol. 20, n.4. p. 347-565.

SCHMIDT, Lélio Denicoli. *A distintividade das marcas*: secondary meaning, vulgarização e teoria da distância. São Paulo: Saraiva, 2013.

SILVA, Pedro Sousa e. *A proteção jurídica do design.* Coimbra: Almedina, 2017.

SILVEIRA, Newton. *Direito de Autor no desenho industrial.* São Paulo: Revista Editora dos Tribunais, 1982.

7.
O PLANO DE COMBATE AO *BACKLOG*

LIANE ELIZABETH CALDEIRA LAGE
ALEXANDRE DANTAS RODRIGUES

Introdução

No início de 2019, o acúmulo de pedidos de patentes no Instituto Nacional da Propriedade Industrial do Brasil (INPI) chegou a uma proporção insustentável frente à capacidade de exame e de resposta da autarquia. Esse acúmulo, conhecido como *backlog*, encontrava-se em cerca de 160.000 pedidos de patente depositados até 31-12-2016, com exames requeridos e pendentes de decisão, um número impossível de ser resolvido pelos 332 pesquisadores em PI dedicados à atividade de exame de pedidos, empregando a metodologia de exame vigente à época.

O maior impacto deste backlog era o tempo decorrido desde o depósito do pedido de patente até a concessão, devido à extensão do prazo de vigência das patentes concedidas, quando este tempo de decisão é superior a 10 anos, conforme previsto no parágrafo único[236] do Art. 40 da Lei

[236] De acordo com a legislação brasileira, esse atraso pode implicar na extensão do prazo de vigência das patentes concedidas quando este tempo é superior a 10 anos, conforme previsto no Parágrafo Único do Art. 40 da Lei de Propriedade Industrial (LPI): "O prazo de vigência não será inferior a 10 (dez) anos para a patente de invenção e a 7 (sete) anos para a patente de modelo de utilidade, a contar da data de concessão, ressalvada a hipótese de o INPI estar impedido de proceder ao exame de mérito do pedido, por pendência judicial comprovada ou por motivo de força maior."

9.279/96 (LPI) – um cenário de insegurança que tornava o ambiente de negócios no Brasil desfavorável à competitividade e reduzia a atratividade ao investimento. O atraso no exame de patentes implica em aumento de custos, tanto para o depositante, devido à incerteza na validade do objeto reivindicado, quanto para os outros entrantes no mercado, quer seja no âmbito do mercado de genéricos, ou no de inovações derivadas daquele objeto. O custo social deste atraso é diretamente associado à baixa variedade de produtos e preços mais altos.

Certo também é que o aumento do *backlog* causa insegurança jurídica para todos os atores envolvidos: depositantes, potenciais concorrentes, potenciais investidores, e sociedade como um todo. Uma empresa poderá pagar royalties ao inventor pela exploração comercial de um produto ou de um processo que, após o exame técnico, pode ser considerado como já pertencente ao domínio público ou óbvio, situação na qual a patente é negada e o direito de exclusividade não se confirma. Há também o risco de um agente concorrente não aceitar a expectativa de direito e copiar o produto ou processo durante a pendência. Neste caso, o agente poderá ser processado por perdas e danos, se a patente vier a ser concedida. Em muitos casos, os usuários se beneficiam de um longo período da pendência de patente e deliberadamente optam por atrasar o exame da patente por muitos anos. A possibilidade de atrasar a decisão de exame pode induzir o depositante a utilizar o pedido em curso, mesmo que não cumpra as normas de patenteabilidade, para bloquear investimentos de outros inovadores. E a grande perdedora é a sociedade.

Tornou-se imperativo a busca por alternativas para combater os efeitos nocivos do backlog e garantir ao depositante o seu direito constitucional à razoável duração do procedimento administrativo. Era preciso conferir maior agilidade ao sistema, para garantir a competitividade e fomentar a capacidade de inovação das empresas brasileiras. Era preciso reconhecer a existência de problemas no procedimento de exame técnico de pedidos de patente e coragem para promover mudanças radicais, para combatê-los.

O princípio da eficiência, um dos basilares da administração pública, em suas quatro projeções (celeridade, efetividade, segurança jurídica e economia processual), se impõe como dever sobre a atividade exercida pelo INPI. O problema existia, devia ser enfrentado e combatido, buscando o necessário equilíbrio entre as exigências da eficiência e da qualidade.

Desta forma, dada a necessidade de tratar o *backlog* e considerando um cenário de impossibilidade de contratação de novos servidores e de contingenciamento do orçamento imposto ao INPI, a Diretoria de Patentes, Programas de Computador e Topografias de Circuitos Integrados (DIRPA) apresentou, em 2019, o Plano de Combate ao *Backlog*, elaborado com o objetivo de reduzir em 80% o número de pedidos de patente com exames requeridos e pendentes de decisão no prazo de dois anos.

1. Histórico

O tema backlog vem sendo discutido por muitos e muitos anos, como é possível observar em algumas edições do Boletim da Associação Brasileira de Propriedade Industrial – ABPI. Em março de 2003, foi lançado um plano para reerguer o INPI em três anos, pelo então presidente Luiz Otávio Beaklini; em agosto de 2004, a administração de Roberto Jaguaribe lançou um plano de reestruturação do INPI, seguido por Jorge Ávila, em 2008, que usou o USPTO como benchmark. Em 2014, Otávio Brandelli anunciou a contratação de mais examinadores para acabar com o backlog.

A cada governo, novo plano, novas promessas, sempre com as premissas de que a solução seria de origem externa, isto é, somente haveria solução se o governo autorizasse a contratação de mais examinadores e concedesse a autonomia financeira para a reestruturação do INPI. De fato, muito se fez ao longo destes anos, considerando as possibilidades dos cenários político e orçamentário à época. O INPI evoluiu em seu planejamento estratégico, estruturando as suas estratégias de forma alinhada às estratégias do governo, com foco em processos, por meio de padronização e de normatização de procedimentos técnicos, elaboração e publicação de diretrizes de exame e automação do processamento administrativo.

Em 2015, com a administração de Luiz Otávio Pimentel, houve uma primeira mudança de paradigma e a administração passou a ter foco nos resultados. De fato, entre 2015 e 2018, os resultados do INPI foram surpreendentes, ainda que não tivéssemos alcançado o quantitativo de examinadores desejado e a reestruturação tão sonhada. Com propostas modernas de gestão, foram implantadas a modalidade de teletrabalho e a descentralização no exame; com isso, houve um grande comprometimento dos servidores para alcançar os objetivos propostos, de modo que passamos de 35 decisões/examinador/ano, em 2016, para 55 decisões, em 2017. Porém, estes resultados ainda não foram suficientes para atender a demanda da sociedade por uma solução substantiva do backlog. Assim, em 2017, nas condições disponíveis, foi apresentada uma alternativa interna para a solução de um problema crônico, aparentemente sem solução. Uma proposta polêmica, que se baseava no deferimento de todos os pedidos de patente pendentes de exame, com base no primeiro quadro reivindicatório, excetuando pedidos com petições de subsídios e da área farmacêutica. Tal proposta de solução, ainda que não ortodoxa, trouxe à discussão do tema um procedimento que não tinha como premissa o aumento do número de examinadores. Por meio de consulta pública foi possível ouvir a sociedade, observou-se que, entre prós e contra, todos queriam uma solução urgente ao problema e que muitos sugeriram o aproveitamento da busca e do exame conduzidos por outros escritórios, para acelerar o exame no Brasil.

Considerando as manifestações enviadas por meio da consulta pública e aquelas apresentadas também pelos examinadores de patente, foi implantado um projeto piloto baseado na utilização da busca e do exame dos pedidos de patente realizados por outros escritórios, por meio da publicação 6.20 (exigência de pré-exame), disciplinada pela Resolução INPI/PR 227/2018. Tal resolução estabelecia a análise do pedido de patente de invenção pendente de exame, baseada no aproveitamento do resultado das buscas realizadas em Escritórios de Patentes de outros países, de Organizações Internacionais ou Regionais. Tal análise estava fundamentada na publicação da exigência de pré-exame, composta por: relatório de busca contendo os documentos de anterioridade citados nas buscas e/ou no exame técnico realizados por Escritórios de Patentes de outros países, de Organizações Internacionais ou Regionais; e solicitação ao depositante para adequar o pedido e/ou apresentar argumentações quanto aos requisitos de patenteabilidade, conforme os documentos citados no relatório de busca. Desta forma, a busca, até então realizada pelos examinadores de patente do INPI, passou a ser composta pelos resultados já disponíveis em outros escritórios que examinaram os pedidos correspondentes.

A exigência de pré-exame estava fundamentada no artigo 34 da Lei 9.279, de 14 de maio de 1996 (LPI), com prazo de manifestação de 60 dias, sob pena de arquivamento do pedido. Durante e vigência do projeto piloto, entre 30/01/2018 e 13/03/2018, foram publicados 680 pareceres com o aproveitamento da busca de anterioridades efetuada por outros escritórios, o que possibilitou a melhor adequação do quadro reivindicatório do pedido aos documentos citados. Do total destes pareceres publicados, 22% (150 pedidos) não apresentaram manifestação e foram arquivados, representando uma redução do estoque de pedidos a ser analisado. Considerando as 530 respostas recebidas, 88% apresentaram um novo quadro reivindicatório, favorecendo um aumento na taxa de decisões no primeiro exame técnico. Vale salientar que, por tratar-se de projeto piloto, o valor da pontuação dos pareceres posteriores à publicação da exigência preliminar (despacho 6.20) não foi alterado, isto é, não houve alteração na mensuração da produção do examinador de patentes.

Ao fim da etapa piloto, e considerando os resultados positivos obtidos com os arquivamentos por não manifestação do depositante e com a redução do número de etapas necessárias para decisão do pedido, a exigência de pré-exame foi mantida para pedidos de patente cujo exame não foi iniciado e que apresentavam resultados de buscas disponíveis feitas por outros escritórios.

A análise destes dados, em conjunto com os resultados do projeto piloto de pré-exame, deu subsídios suficientes aos gestores da DIRPA para apresentar uma alternativa ao procedimento de exame simplificado baseado no deferimento. O Plano de Combate ao *Backlog* foi apresentado à atual administração do presidente Cláudio Furtado plano em fevereiro de 2019, tendo como pilar central o aproveitamento da busca de anterioridade, com o consequente aumento da produção.

Assim, com a finalidade de solucionar o problema do backlog de patentes no menor prazo e custo possíveis, foi estabelecida a meta de redução de 80% no *backlog* de pedidos de patentes, com requerimentos de exame e pendentes de decisão final, na primeira instância. Os fundamentos básicos para elaboração do plano foram:

- Solução interna: proposta concebida pelo próprio INPI, a partir do reconhecimento da sua competência técnica e da compreensão sobre a importância e a urgência na solução do problema com o menor ônus e o maior benefício possíveis para a sociedade.

- Segurança jurídica: mitigação dos riscos de contestação judicial da proposta.
- Autonomia técnica: proposta que preserva a autonomia de decisão técnica final do examinador do INPI.
- Proteção ao servidor: a administração do INPI assume formalmente, por meio de atos normativos, a responsabilidade pela decisão de simplificação dos procedimentos de exame técnico.
- Proporcionalidade entre esforço, meta e avaliação individual: revisão da pontuação das atividades de exame compatível com o esforço de trabalho na execução do procedimento simplificado de exame técnico.
- Incentivo ao desempenho individual: proposta que contempla programa de regime incentivado de trabalho por tarefa, adicional ao programa de teletrabalho.

Embora desafiantes, as novas metas eram passíveis de alcance, uma vez que a utilização da busca de anterioridades realizada por outros escritórios permitiria o equilíbrio necessário entre a eficiência e a qualidade. Os esforços de busca seriam concentrados nas elaborações dos relatórios de pesquisa internacional e de exame preliminar internacional (ISR/IPER), nos pedidos com priorização e nos pedidos com subsídios. Estávamos dando os primeiros passos para recuperar a imagem do INPI, o orgulho do examinador de patentes e para ser parte efetiva do processo de desenvolvimento econômico do Brasil.

2. Aproveitamento da busca realizada por outros escritórios

O principal fundamento do plano, o compartilhamento dos resultados da busca e do exame realizados em outros escritórios ("work-sharing"), tem sido uma das soluções propostas no enfrentamento do backlog em vários países[237], para reduzir a duplicação de esforços no exame e para diminuir a carga de trabalho do examinador.

[237] Informações sobre os programas de compartilhamento de trabalho entre escritórios de patente podem ser encontradas na página da Organização Mundial de Propriedade

Examinadores de vários escritórios de patentes utilizam unilateralmente a busca e o exame produzidos por outros escritórios, recuperáveis diretamente das suas bases de dados, para auxiliar o exame dos pedidos nacionais. As leis de alguns países (por exemplo, Noruega e Suécia) expressamente afirmam que examinadores devem ou podem usar os resultados de busca e de exame de outros escritórios, se disponíveis. Além disso, os escritórios disponibilizam na internet os resultados do exame, permitindo que os examinadores consultem os resultados de busca e exame mutuamente[238], e ainda possuem direcionamentos específicos sobre como os resultados de busca e exame devem ser considerados no exame nacional[239]. O compartilhamento de trabalho, com objetivo de reduzir a duplicação de esforços no exame, encontra um forte representante nos acordos de colaboração entre escritórios do tipo PPH, uma vez que eles firmam oficialmente a estratégia de aproveitamento mútuo do trabalho realizado entre os escritórios signatários.

Além da utilização de trabalho feito por outros escritórios, em muitos países os examinadores são incentivados a utilizar o resultado gerado pelas autoridades de pesquisa internacional (ISA) e de exame preliminar internacional (IPEA), no âmbito do PCT. Nota-se que uma das premissas do Tratado de Cooperação em Matéria de Patentes (PCT), do qual o Brasil é signatário, é simplificar e reduzir o custo para obter uma patente em diversos países. Quando da fase internacional do pedido, são emitidos os relatórios de pesquisa e de exame preliminar, de forma que, no momento do exame do pedido na fase nacional, é relevante que a opinião emitida

Intelectual (OMPI), no endereço: https://www.wipo.int/patents/en/topics/worksharing/. Outra importante referência ao assunto é: WIPO; "Work-sharing programs among patent offices and use of external information for search and examination", Standing Committee on the Law of Patents, Geneva, 2014. Referência adicional sobre o tema: WIPO – Alternatives in Patent Search and Examination.

238 Vide a iniciativa do Global Dossiê pelo IP5 – https://www.fiveipoffices.org/about

239 Caso, por exemplo, dos escritórios do Japão – JPO – e do reino Unido – UK). Informações sobre o exame no Japão podem ser encontradas em: https://www.jpo.go.jp/e/system/laws/rule/guideline/patent/tukujitu_kijun/tukujitu_kijun_0930.html. Informações sobre o exame no Reino Unido podem ser encontradas em: https://www.gov.uk/guidance/manual-of-patent-practice-mopp/section-89b-adaptation-of-provisions-in-relation-to-international-application#ref89B-12.

no âmbito internacional seja fortemente considerada, tornando efetivo o objetivo do tratado.

Convém observar que o compartilhamento de informações aqui referido tem caráter técnico, uma vez que a decisão pelo deferimento ou pelo indeferimento do pedido de patente permanece sob o poder do examinador, representando a decisão do estado. Isto demonstra que o aproveitamento do resultado de busca e de exame de outros escritórios não é nenhum demérito ou uma invenção do INPI; pelo contrário, é uma medida altamente razoável, sob o ponto de vista de aproveitamento de recursos. Vale salientar que, no âmbito nacional, já há a previsão pelo artigo 34 da LPI de que o requerente, quando solicitado, deve apresentar objeções, buscas de anteriores e resultados dos exames do pedido correspondente em outros países.

Há que se ressaltar que a realização de uma busca não pode ser considerada um ato exaustivo, nem é possível garantir que sejam varridos todos os documentos disponíveis em todas as bases documentais do mundo e que, portanto, é uma atividade que carrega intrinsecamente incertezas. Vale ainda salientar que as atividades realizadas nos escritórios de PI, em particular no INPI, não são estanques. A manifestação de terceiros, com a apresentação de subsídios ao longo do exame técnico, na forma de documentos e argumentos, é algo previsto no artigo 31 da LPI. As decisões do INPI, sejam pelo deferimento ou indeferimento de pedidos, podem ainda ser revistas em instâncias administrativas e judiciais. O INPI é uma autarquia que revê suas decisões, de forma a garantir que o direito conferido pela patente de impedir terceiros seja concedido de forma adequada.

Considerando a possibilidade de eventuais falhas na realização de buscas utilizadas pelo INPI, avaliou-se o impacto de não acessar a base nacional para a realização de buscas complementares. Para tanto, foi feito um levantamento, a partir do sistema de cadastramento da produção, de pareceres técnicos contendo decisões de indeferimento proferidas pelo INPI que nos quais foram citados pedidos depositados no Brasil. Foram verificados pareceres de indeferimentos publicados a partir de 2015 e avaliados os documentos patentários mencionados no "Quadro 4 – Documentos citados no parecer". De um total de 7.406 pareceres de indeferimento, foram identificados 737 pareceres nos quais foram citados pedidos depositados no Brasil.

Este conjunto de 737 pedidos foi analisado quanto à elegibilidade para participação no plano, excluindo: (i) pedidos cujo parecer de indeferimento citava pedidos depositados não somente no Brasil; (ii) pedidos de patente de modelo de utilidade; (iii) pedidos contendo subsídios ou solicitação de priorização; (iv) pedidos sem busca disponível (elegíveis para a publicação 6.22); e (v) pedidos PCT, cuja autoridade de busca eleita foi o Brasil (ISA/BR). Com estas considerações, o total de pedidos de patentes contendo em seu parecer de indeferimento pedidos depositados apenas no Brasil é de 313. O número de pedidos passíveis da falha reportada foi de apenas 30 pedidos, de acordo com os dados apresentados na tabela abaixo.

<table>
<tr><th></th><th>Natureza do pedido</th><th>Número de pedidos</th><th>% do total de pedidos que citam documentos depositados no Brasil</th><th>% do total de pedidos indeferidos</th></tr>
<tr><td rowspan="6">Pedidos nos quais foi citado, no parecer de indeferimento, pedido depositado apenas no Brasil</td><td>Modelos de utilidade</td><td>97</td><td>13%</td><td>1,31%</td></tr>
<tr><td>Contendo subsídios ou pedidos de priorização</td><td>86</td><td>12%</td><td>1,16%</td></tr>
<tr><td>Sem busca disponível</td><td>92</td><td>12%</td><td>1,24%</td></tr>
<tr><td>ISA/BR</td><td>8</td><td>1%</td><td>0,11%</td></tr>
<tr><td>Elegíveis ao <u>6.21</u></td><td>30</td><td>4%</td><td>0,41%</td></tr>
<tr><td>Total (citando pedidos depositados apenas no Brasil)</td><td>313</td><td></td><td></td></tr>
<tr><td colspan="2">Pedidos nos quais foi citado, no parecer de indeferimento, pedido depositado no Brasil e em outros países</td><td>424</td><td>58%</td><td>5,73%</td></tr>
</table>

Desta forma, verifica-se que, de fato, o risco estimado em não fazer complementação de busca no banco nacional é de 0,41% (30 pedidos, de um total de 7406 indeferimentos). Considerou-se esta possibilidade de erro totalmente aceitável, mediante o benefício esperado de redução em 80% do backlog de pedidos de patente pendentes de decisão em dois anos. É importante enfatizar mais uma vez que estes possíveis erros são passíveis de correção, via revisão dos atos pela segunda instância ou pelo juízo.

3. O aumento de produtividade

A tarefa de exame de um pedido de patente é composta por uma etapa de busca de anterioridades no estado da técnica, seguida da análise das anterioridades encontradas na busca, em comparação com o pedido em exame, com relação aos requisitos de patenteabilidade.

Com o aproveitamento da busca de anterioridades realizada em outros países, há maior agilidade no exame, devido à supressão de uma etapa do processo e à redução do esforço na realização da tarefa. Além disto, os examinadores foram dispensados da realização de buscas complementares, considerando que o risco associado é inferior ao impacto do atraso no exame. Este risco é minimizado pela possibilidade de apresentação de subsídios, o que possibilitaria a complementação da busca e a realização de um exame mais aprofundado.

Argumentos contrários ao plano, como a afirmação de que o projeto forçaria o exame sumário, sem qualquer tipo de exame, foram rebatidas com dados. O acompanhamento da produção individual do examinador, ao longo de muitos anos, permitiu constatar que uma produção de 100% acima da meta estabelecida era possível de ser obtida por diversos examinadores em diferentes situações: por comprometimento pessoal com os objetivos institucionais, por motivação pessoal para participação em processos seletivos de teletrabalho ou de transferência para as regionais. Não se observou, nestes casos, exame sumário e sequer observou-se um aumento de exames em segunda instância de recursos/nulidade, bem como não havia qualquer modificação dos procedimentos ou impedimento de realização de busca suplementar.

A diretoria procurou um diálogo democrático, ouvindo a todos, treinando os chefes e os examinadores, incorporando as sugestões dos examinadores quando possível. Os ajustes necessários foram efetuados ao longo do projeto. Assim, o Plano de Combate ao Backlog buscou o equilíbrio entre o seu objetivo, reduzindo os esforços para se chegar a tais fins, em condições exequíveis, de fácil comprovação, conforme análise de dados de produção ao longo dos últimos meses, sem perda de qualidade.

4. Normativas

O Plano de Combate ao Backlog baseou-se nos seguintes normativos:

> Resolução INPI/PR nº 240, de 03 de julho de 2019 estabeleceu a análise do pedido de patente de invenção pendente de exame, sem buscas realizadas em Escritórios de Patentes de outros países, de Organizações Internacionais ou Regionais. Tal análise está fundamentada na publicação da exigência preliminar, composta por: relatório de busca; e exigência para o depositante adequar o pedido e/ou apresentar argumentações quanto aos requisitos de patenteabilidade, conforme os documentos citados no relatório de busca. O depositante dispõe de 90 (noventa) dias para se manifestar quanto à exigência preliminar, contados da data de publicação do despacho 6.20 notificado na RPI, sob pena de arquivamento definitivo do pedido, em acordo com o art. 36 da LPI. (disponível em https://www.gov.br/inpi/pt-br/servicos/patentes/legislacao/legislacao/Resoluo2402019publicada.pdf)
>
> Resolução INPI/PR nº 241, de 03 de julho de 2019 estabeleceu a análise do pedido de patente de invenção pendente de exame, baseada no aproveitamento do resultado das buscas realizadas em Escritórios de Patentes de outros países, de Organizações Internacionais ou Regionais. Tal análise está fundamentada na publicação da exigência preliminar, composta por: relatório de busca limitado aos documentos de anterioridade citados nas buscas e/ou no exame técnico realizados por Escritórios de Patentes de outros países, de Organizações Internacionais ou Regionais; e exigência para o depositante adequar o pedido e/ou apresentar argumentações quanto aos requisitos de patenteabilidade, conforme os documentos citados no relatório de busca. O depositante dispõe de 90 (noventa) dias para se manifestar quanto à exigência preliminar, contados da data de publicação do despacho 6.21 notificado na RPI, sob pena de arquivamento definitivo do pedido, em acordo com o art. 36 da LPI. (disponível em https://www.gov.br/inpi/pt-br/servicos/patentes/legislacao/legislacao/Resoluo2412019publicada.pdf)

Norma de Execução DIRPA nº 1, de 15 de julho de 2019 estabeleceu nova redação ao Artigo 4º da Norma de Execução nº 08/2014. (disponível em https://www.gov.br/inpi/pt-br/servicos/patentes/legislacao/legislacao/NormadeExecuo1_2019.pdf)
Norma de Execução DIRPA nº 7, de 15 de julho de 2019 estabeleceu procedimentos para a elaboração dos pareceres das exigências preliminares 6.21 e 6.22 e para a elaboração do primeiro exame técnico do pedido de patente de invenção após as exigências preliminares (6.21) e (6.22) e após a exigência de pré-exame (6.20) que for realizado na vigência da Resolução 241/2019 (6.21). (disponível em https://www.gov.br/inpi/pt-br/servicos/patentes/legislacao/legislacao/NORMAEXECUO07_ E_ANEXOS.PDF)

O artigo 5º da Resolução INPI/PR nº 241/2019 estabelece que:

Art. 5º – Por ocasião do prosseguimento do exame do pedido, o mesmo deverá limitar-se aos documentos citados no relatório de busca a que se refere o artigo 3º, desta Resolução.

O artigo 3º da mesma Resolução INPI/PR nº 241/2019 estabelece que:

Art. 3º Preenchidos os requisitos do artigo 2º, desta Resolução, a Diretoria de Patentes, Programas de Computador e Topografia de Circuitos Integrados (DIRPA) publicará a exigência denominada de preliminar com o seguinte teor:
I – relatório de busca limitado aos documentos de anterioridade citados nas buscas e/ou no exame técnico realizados por Escritórios de Patentes de outros países, de Organizações Internacionais ou Regionais; e

De acordo com a resolução INPI/PR nº 241/19, o exame de um pedido de patente após a publicação da exigência preliminar deve limitar-se aos documentos indicados na busca apontada nesta exigência (despacho 6.21). Entretanto, conforme estabelecido a Norma de Execução DIRPA nº 07/2019, Anexo relativo ao primeiro exame técnico do pedido de patente de invenção após a exigência preliminar (6.21), item 5.2.15.1, temos que:

5.2.15.1 Visando adequar o pedido à legislação nacional, nos termos do Artigo 5º parágrafo segundo da Resolução 241/2019, o examinador poderá citar novo documento considerado impeditivo à patenteabilidade do pedido, desde que não tenha sido decorrente de nova busca.

Durante a vigência do Plano de Combate ao Backlog, os pedidos examinados a partir da publicação da exigência preliminar tiveram as unidades de pontuação de produção do examinador reduzidas em 50%, de acordo com a Norma de Execução DIRPA nº 1/2019. Esta redução nos valores da pontuação dos pareceres está baseada na redução dos esforços associados à elaboração da exigência preliminar e dos pareceres de exame posteriores a estas exigências.

Os pareceres de exigência preliminar são compostos de um relatório de busca e de um parecer de exame padronizado, cujo conteúdo exige a adequação das reivindicações aos documentos apresentados no relatório de busca. Em relação à possível violação do princípio da legalidade pelas resoluções, devido a não elaboração do relatório de busca, conforme previsto no Art. 35 da LPI, ressaltamos que a disponibilização do relatório de busca encontra-se garantida com a exigência preliminar. As Resoluções 240/19 e 241/19 estabelecem, ambas em seus artigos 3º, que as exigências preliminares publicadas conterão relatório de busca.

As etapas de exame seguinte são realizadas considerando reivindicações já ajustadas aos documentos apresentados na busca, ou seja, o exame dos requisitos de patenteabilidade (novidade e atividade inventiva) pode ser iniciado com reivindicações adequadas aos documentos do estado da técnica e à legislação nacional e por vezes já consideradas patenteáveis por outros escritórios. Esta adequação possibilita a decisão dos pedidos em um menor número de etapas, considerando uma menor necessidade de etapas de ajustes das reivindicações durante a análise de patenteabilidade. Nos casos em que adequações aos documentos citados na busca e à legislação nacional ainda devam ser feitas nas reivindicações apresentadas em resposta à exigência preliminar, os pesquisadores determinarão tais adequações através dos pareceres de exame. Os procedimentos de exame técnico posteriores às publicações de exigência preliminar (despachos 6.21 e 6.22) foram revisados, de forma a simplificá-los, também visando à redução de esforço dedicado nestas etapas. Os procedimentos para a realização do exame técnico posterior à exigência preliminar (despachos 6.21 e 6.22) encontram-se previstos na Normas de Execução DIRPA nº 7, de 20 de agosto de 2019.

A impessoalidade no tratamento dedicado aos depositantes nacionais ou estrangeiros encontra-se garantida com a exigência preliminar, uma vez que as mesmas estabelecem critérios objetivos quanto aos seus objetos, que não estão relacionados à origem dos depositantes, mas sim à existência de busca disponível para pedidos correspondentes realizadas por outros escritórios e à existência de solicitação de exame prioritário ou de subsídios apresentados. As Resoluções 240/19 e 241/19 estabelecem, ambas em seus artigos 2º, que a aplicação das mesmas não recai sobre pedidos objetos de solicitação de exame prioritário ou aqueles contendo petições de subsídios de terceiros ou da ANVISA. Estes critérios independem da origem do depositante; tanto pedidos depositados por nacionais quanto por estrangeiros podem ser englobados e não serem considerados aptos à publicação da exigência preliminar – nestes casos, decidiu-se pela exclusão por considerar o pedido de priorização do exame ou a presença de subsídios como indícios de maior interesse sobre a matéria e de potencial judicialização envolvendo as decisões do INPI. Assim, optou-se por não acelerar o exame destes pedidos, não alterando a pontuação relacionada a elaborações dos seus pareceres de busca e de exame. Além disso, a diferença de procedimentos previstos entre as Resoluções 240/19 e 241/19 deriva unicamente da existência ou não de busca disponível para pedidos correspondentes realizadas por outros escritórios – tanto pedidos depositados por nacionais quanto por estrangeiros podem ser englobados por qualquer uma das resoluções, determinado pela existência de busca correspondente. Por fim, salienta-se que não há diferença de critério pela utilização de resultados de busca realizados no Brasil ou em outro escritório; não há que se entender que uma busca realizada no Brasil seria mais criteriosa ou de maior qualidade do que aquela realizada em outro escritório e vice versa. Os fundamentos da elaboração da busca de anterioridades, o acesso a ferramentas de busca, sejam gratuitas ou pagas, e os resultados obtidos são uniformes ao comparar o Brasil com grandes escritórios.

O aumento da eficiência das ações do INPI, relacionadas a exames de pedidos de patente encontra-se garantida com a exigência preliminar.

O principal resultado prático é a entrega de uma demanda da sociedade, com a decisão dos pedidos. Além disso, é a forma encontrada pelo INPI de tentar, a partir deste esforço, garantir posteriormente a prestação de um serviço com presteza e com bom desempenho funcional, visto que, ao final dos dois anos de projeto, espera-se que o INPI decida os pedidos de patente em dois anos, contados da data de requerimento de exame. A promoção da eficiência é evidente com o projeto, que buscou modificar a realidade de um exame caracterizado por uma atuação ineficiente do instituto no provimento de solução ao *backlog*. O recebimento de mandados de segurança com a determinação de exame de pedidos de patente por demora na decisão dos mesmos indica a não entrega do resultado desejado pelos usuários do sistema patentário brasileiro e clientes do INPI. Esta situação é contrária à realidade necessária para promoção de um ambiente favorável ao desenvolvimento tecnológico e à inovação, o que desestimula os inventores e as empresas e os expõe à insegurança associada a não concessão do direito, próprio da patente, de impedir terceiros de praticar quaisquer atos relativos à matéria objeto da patente sem o seu consentimento. Acelerar a decisão de pedidos de patente é assegurar aos usuários do sistema um direito fundamental para seu crescimento econômico, para a possibilidade de retorno de seus investimentos e a continuidade da pesquisa e do desenvolvimento tecnológicos.

Durante a execução do Plano de Combate ao Backlog, buscou-se incentivar o aumento do desempenho individual por meio da possibilidade de adesão ao programa piloto de gestão na modalidade por tarefa, iniciado em dezembro de 2019, em adição ao programa de gestão na modalidade teletrabalho, já em vigência no INPI. Neste caso, a participação no programa prevê um aumento de 30% na produção do pesquisador participante, em relação àqueles não participantes, baseada na realização de exames de pedido de patente pendentes de decisão que compõem o *backlog*, em campos tecnológicos correlatos ao de sua atuação como examinador. A contrapartida para o pesquisador encontra-se na dispensa do controle de assiduidade, mediante a entrega dos pedidos de patentes decididos a ele atribuídos, estimulando-se adicionalmente um aumento na produção dos examinadores participantes.

Caso o examinador entenda que a adequação apresentada das reivindicações, em relação ao relatório de busca contido na exigência preliminar, não é suficiente para garantir a patenteabilidade do pedido, o mesmo pode determinar novas alterações nos pareceres de exame técnicos seguintes. Ainda, caso as novas alterações não garantam a patenteabilidade das reivindicações, o pedido poderá ser indeferido. Ressalta-se assim a não vinculação da exigência preliminar a um deferimento imediatamente posterior. O deferimento será realizado quando a matéria contida nas reivindicações for considerada patenteável, em relação aos documentos citados no relatório de busca, e o pedido estiver de acordo com a legislação nacional, mesmo que necessária mais de uma etapa para realizar tais adequações.

Com o aproveitamento da busca de anterioridades realizada em outros países, por escritórios cuja qualidade na busca e no exame é reconhecida, e sem a realização de buscas complementares, há maior agilidade no exame pela supressão de uma etapa do processo, reduzindo o esforço na realização da busca pelo examinador do INPI. O relatório de busca é constituído pelos resultados da busca já realizada por outros escritórios, preenchido de forma semiautomática, e o primeiro parecer de exame técnico é uma exigência em um modelo padrão, possibilitando a sua publicação em menor tempo. Para os casos em que houver apresentação de subsídios por terceiros interessados ou solicitação de exame prioritário, os pedidos são examinados na metodologia convencional e o relatório de busca é elaborado pelos examinadores do INPI.

5. Governança, apoio da sociedade e transparência

Além da execução de um planejamento bem elaborado, três fatores foram fundamentais para o sucesso na execução do plano, que atingiu a marca de redução de 50% do *backlog* em dezembro de 2020.

O primeiro foi o apoio do governo, especialmente do Ministério da Economia, que juntamente com o INPI anunciaram, em 3 de julho de 2019, em Brasília, medidas para reduzir o tempo de decisão de pedidos de patentes. As medidas foram apresentadas em cerimônia com a presença do ministro da Economia, Paulo Guedes, do secretário especial de Produtividade, Emprego e Competitividade do ME, Carlos da Costa, do Diretor do Departamento de Organismos Econômicos Multilaterais do MRE, André Odenbreit, do deputado federal Efraim Filho, do presidente do INPI, Cláudio Furtado, e do diretor regional da OMPI no Brasil,

José Graça Aranha, em uma clara demonstração da importância que a Propriedade Intelectual passava a ter para a economia do país.

O segundo foi o apoio de diversas associações de empresas, dentre as quais destacamos: Associação Brasileira da Propriedade Intelectual (ABPI); Associação Brasileira das Indústrias de Capital Nacional de Pesquisa (GRUPO FARMABRASIL); Associação Brasileira das Indústrias de Química Fina, Biotecnologia e suas Especialidades (ABIFINA); Associação Brasileira das Indústrias de Medicamentos Genéricos (PRÓ-GENÉRICOS); Associação da Indústria Farmacêutica de Pesquisa (INTERFARMA); Associação dos Laboratórios Nacionais (ALANAC); Associação Nacional de Pesquisa e Desenvolvimento das Empresas Inovadoras (ANPEI).

O terceiro grande fator foi a transparência adotada pelo INPI, compartilhando pelo site e pela mídia, a cada revista, os resultados obtidos, as mudanças de rotas e a avaliação semanal dos dados, por meio de um indicador representado como um backlogômetro.

6. Análise dos resultados

Os resultados apresentados em dezembro de 2020 atestam o sucesso do plano.

No início do plano, em agosto de 2019, registrava-se um *backlog* de 149.912 pedidos. Na RPI do dia 08 de dezembro de 2020 atingiu-se a surpreendente marca de um *backlog* de 75.047 pedidos. Uma análise do indicador denominado backlogômetro, apresenta uma distribuição dos pedidos de patente incluídos no plano, englobados em etapas representadas por cores.

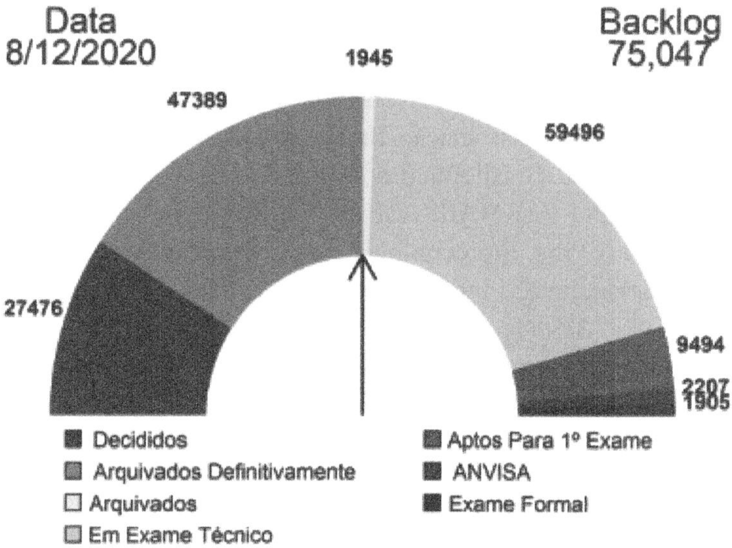

Na figura acima, os pedidos considerados decididos (em verde escuro) são aqueles deferidos ou indeferidos; como arquivados definitivamente (em verde claro), temos, por exemplo, aqueles que sofreram exigência técnica, cuja manifestação não foi apresentada no prazo de 90 dias, ou aqueles arquivados por falta de pagamento de anuidade, cuja restauração não foi requerida no prazo estipulado na LPI. Nestes dois casos, os pedidos nestas categorias são considerados fora do backlog.

Os pedidos arquivados (em amarelo claro) são aqueles cujo desarquivamento pode ainda ser requerido, seja por recurso, seja por restauração, como o caso de arquivamento por falta de pagamento de anuidade. Tais pedidos somente são considerados fora do backlog quando findo o prazo para desarquivamento estipulado pela LPI, de acordo com o motivo que levou ao arquivamento.

Os pedidos em exame técnico (em amarelo escuro) são aqueles que já receberam algum despacho derivado de exame técnico (despachos 6.21 – exigência preliminar, 6.22 – exigência preliminar, 6.1 – exigência técnica e 7.1 – ciência de parecer) e ainda aguardam a decisão final do examinador, seja pelo deferimento ou pelo indeferimento, compondo parte do backlog. Os pedidos aptos para primeiro exame (em vermelho claro) são aqueles com pedido de exame requerido, mas sem qualquer despacho publicado derivado de exame técnico, também compondo parte do backlog.

Por fim, os pedidos em etapa formal ou ANVISA (em vermelho escuro) são aqueles pendentes em alguma etapa formal associada ao processamento do pedido, como o exame de admissibilidade da fase nacional do PCT ou a concessão de anuência prévia pela ANVISA, também compondo parte do backlog.

Uma análise comparativa dos principais despachos publicados na RPI, entre os anos 2018, 2019 e 2020, evidencia um aumento na capacidade de decisões, principalmente relacionados ao arquivamento definitivo (despacho 11.2) e ao deferimento (despacho 9.1), um reflexo direto do plano de combate ao *backlog* e do aumento da capacidade de decisão do INPI. Tal aumento nas decisões também determinou um aumento na publicação de cartas patente (despacho 16.1), consequência direta do aumento dos deferimentos.

O aumento de 64,7% das decisões técnicas pelo deferimento (9.1) reflete o fato de o depositante responder à exigência preliminar (6.21 e 6.22) com adequação do quadro reivindicatório às anterioridades citadas e à legislação vigente. Por outro lado, observa-se uma ligeira redução no número de indeferimentos, o que pode ser atribuído ao aumento de arquivamentos definitivos de pedidos por não cumprimento da exigência, o que determina a não continuidade do exame dos mesmos.

É também um fato histórico o número de cartas patente já expedidas, chegando a um patamar de 20.000 cartas em 2020.

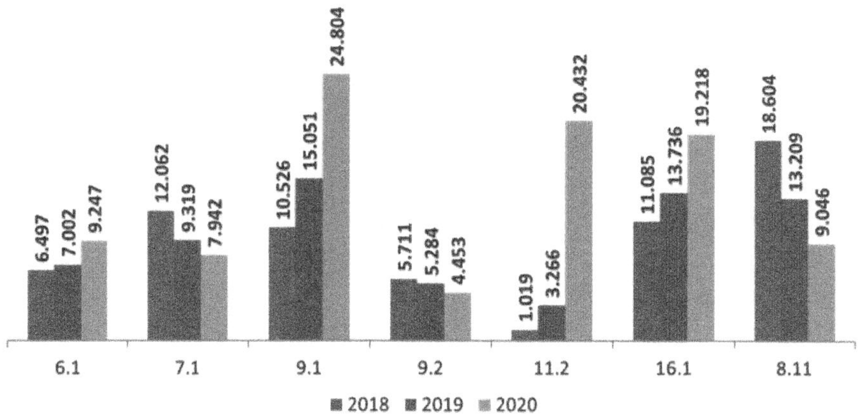

6.1 – Exigência – Art. 36 da LPI
7.1 – Conhecimento do Parecer Técnico
9.1 – Deferimento
9.2 – Indeferimento
16.1 – Concessão de Patente ou Certificado de Adição de invenção
11.2 – Arquivamento definitivo – Art 36 § 1º da LPI
8.11 – Manutenção do Arquivamento

Dados extraídos até a RPI 2605 de 08/12/2020

Conclusões

Para uma sociedade livre, justa e democrática é imperativo que a administração pública cumpra o princípio fundamental da eficiência; o crescente desempenho do INPI observado nos últimos anos alimenta a crença em alcançarmos a eficiência almejada pela sociedade.

Da forma com que se impunha na última década, o *backlog* de pedidos de patente tem gerado grandes impactos negativos, relativos a custos para o requerente, para os inovadores e para os consumidos, além de ter um grande impacto na qualidade das patentes.

Desde o início do plano, com o estabelecimento dos procedimentos simplificados de busca e de exame após exigência preliminar, foi possível reduzir, em dezesseis meses, 50% do estoque dos pedidos de patentes depositados até 31/12/2016 no Brasil, com exame já requerido e ainda pendentes de decisão. Este é um valor impactante, que demonstra a viabilidade e a possibilidade do grande alcance e de mudança no cenário nacional de patentes, a ser promovido pelo plano.

Com estes resultados, o Plano de Combate ao *Backlog* tem um papel central para impulsionar a inovação e o futuro da economia do nosso país.

Referências

Boletim da Associação Brasileira de Propriedade Industrial – ABPI. Disponível em: https://www.abpi.org.br/biblioteca.asp?ativo=True&linguagem=Portugu%EAs&secao=Biblioteca&subsecao=Boletim%20da%20ABPI. Acesso em 14/11/2019.

WIPO. Work-sharing programs among patent offices and use of external information for search and examination, Standing Committee on the Law of Patents, Geneva, 2014. Disponível em: https://www.wipo.int/meetings/en/doc_details.jsp?doc_id=256656). Acesso em: 14/12/2020.

WIPO. Alternatives in Patent Search and Examination. Disponível em: https://www.wipo.int/edocs/pubdocs/en/wipo_pub_guide_patentsearch.pdf). Acesso em: 14/12/2020.

Five IP Offices. Disponível em: https://www.fiveipoffices.org/about. Acesso em: 14/12/2020.

Japan Patent Office. Examination Guidelines for Patent and Utility Model in Japan applied to the examination up to September 30th 2015. Disponível em: https://www.jpo.go.jp/e/system/laws/rule/guideline/patent/tukujitu_kijun/tukujitu_kijun_0930.html. Acesso em: 14/12/2020.

UK Intellectual Property Office. Adaptation of provisions in relation to international application. Disponível em: https://www.gov.uk/guidance/manual-of-patent-practice-mopp/section-89b-adaptation-of-provisions-in-relation-to-international-application#ref89B-12. Acesso em: 14/12/2020.

8.

O USO DE *DIGITAL RIGHTS MANAGEMENT* (DRM) NA GESTÃO DE DIREITOS DE AUTOR DE PROGRAMAS DE COMPUTADOR E CONTEÚDOS DIGITAIS E SEUS LIMITES FRENTE AOS DIREITOS DO USUÁRIO

DAVID FERNANDO RODRIGUES

Introdução

O avanço progressivo e contínuo das tecnologias digitais de compartilhamento, relacionada ao acesso cada vez mais rápido e universal à internet, tem possibilitado a distribuição praticamente imediata de qualquer tipo de conteúdo.

Este intercâmbio desenfreado de material digital exige que titulares de Direitos de Propriedade Intelectual tenham cuidado redobrado com seus ativos, pois parte disso circula pela internet sem as necessárias autorizações dos respectivos titulares, sendo tal prática tida como crime no Brasil.

No caso dos Programas de Computador, as Leis nº. 9.609/98 - Lei de Software, e nº 9.610/96 - Lei de Direitos Autorais, impõem inúmeras sanções àqueles que vierem a violar estes direitos. Contudo, é bem sabido que tais imposições não possuem o poder coercitivo desejado, acarretando no crescimento da pirataria e da distribuição ilegal destes materiais.

Visando controlar o uso e impedir o compartilhamento indevido de material protegido pelas mencionadas Leis é que se deu o desenvolvimento das ferramentas de Digital Rights Management – DRM's, que se referem às tecnologias aplicadas pelos titulares de Direitos de Autor sobre os arquivos que servem de suporte para suas obras, permitindo controlar e limitar seu uso, inibindo a utilização destes conteúdos digitais de acordo com a vontade dos seus titulares[240].

Contudo, em que pese serem legítimos os esforços dos titulares de direitos de autor destes conteúdos, estes encontram limites nas fundadas garantias legais conferidas aos usuários que adquirem licitamente conteúdo digital e programas de computador, sendo fundamental que haja equilíbrio entre o direito de ambos.

O presente estudo visa analisar a legislação vigente e doutrina relativa à matéria, buscando identificar o ponto mais próximo do equilíbrio entre o Direito dos Autores de Programas de Computador e o Direito dos usuários adquirentes destes produtos.

1. O que é DRM e quais suas aplicações na proteção e gestão de Direitos de Autor e conteúdos digitais

Antes de se adentrar efetivamente ao tema do presente trabalho, imprescindível contextualizar e descrever as ferramentas DRM, uma vez que toda discussão proposta gira em torno desta tecnologia.

A sigla DRM decorre do termo em inglês "*Digital Rights Management*", que em tradução livre significa "Gestão de Direitos Digitais", e se refere às ferramentas tecnológicas utilizadas por titulares de obras disponíveis em formato digital para coibir o uso desautorizado destes conteúdos protegidos por Direitos de Autor[241].

Como bem descrito por Jude Umeh, na obra *The World Beyond Digital Rights Management*[242], trata-se de uma expressão criada na década de 90,

[240] Machado, Adriane Ianzen; Wildauer, Egon Walter; Pinto, José Simão de Paula. Uso de digital rights management como proteção a conteúdos digitais: Uma discussão

[241] Neto, Aristides. Digital rights management and fair use. Revista dos Tribunais, 2017, 2017: 02-15

[242] Umeh, Jude C. The World Beyond Digital Rights Management. BCS, The Chartered Institute, 2007.

utilizada para descrever as tecnologias e sistemas que possibilitam que o titular da obra protegida por Direito de Autor exerça controle sobre ela no universo digital, especificando os direitos associados àquele conteúdo, protegendo-o contra cópias, acessos e usos não autorizados, impondo restrições sobre o que o usuário pode, ou não, fazer com ele.

Os DRM's podem agir de muitas maneiras e sobre os mais diversos tipos de mídia, seja criptografando seu conteúdo, como já ocorria nos *Content Scrambling System* e no *FairPlay*, da Apple, utilizados para arquivos de áudio e vídeo, seja limitando o número de instalações do arquivo protegido, método bastante utilizado por jogos e programas de computador[243].

Versões mais atuais destas tecnologias permitem controle ainda maior sobre o conteúdo protegido, impedindo que este seja acessado simultaneamente em mais de um dispositivo, barrando sua reprodução por saídas específicas de um equipamento, como, por exemplo, a HDMI, e até mesmo monitorando e rastreando todas suas formas de uso[244].

Importante destacar que as DRM's não são as únicas ferramentas disponíveis para tal finalidade, muito menos podem ser utilizadas como expressão descritiva de qualquer instrumento de limitação de acesso à conteúdos digitais protegidos, tratando-se este de um dos dispositivos disponíveis para este fim, como, por exemplo, as "Chaves de Licença", que não serão abordadas no presente estudo.

A utilização destas ferramentas de gerenciamento digital é largamente defendida pelos titulares de Direitos de Autor, que justificam sua aplicação, principalmente, por conta da volatilidade dos conteúdos digitais. Isso porque, enquanto a reprodução de uma obra física demanda grande emprenho por parte daquele que pretende copiá-la, a mesma tarefa para uma obra em formato digital depende de dois cliques, um no *copy*, outro no *paste*.

Raciocínio semelhante se aplica aos jogos e programas de computador, pois, uma vez adquirido, é possível que sua instalação se dê em

243 Junior, Durval Ramos. O Que É DRM? Tecmundo, 2009. Disponível em: <https://www.tecmundo.com.br/internet/3023-o-que-e-drm-.htm>. Acesso em: 21/01/2020.

244 Machado, Adriane Ianzen; Wildauer, Egon Walter; Pinto, José Simão de Paula. Uso de digital rights management como proteção a conteúdos digitais: Uma discussão.

inúmeros outros dispositivos de terceiros, sem que se faça necessária a aquisição de nenhuma outra licença para tanto.

Sob esta perspectiva, torna-se bastante razoável a defesa do uso dos DRM's, sob o argumento de assegurar ao autor daquele conteúdo o direito de proteger sua obra contra uso ilegal e cópias não autorizadas[245], garantindo assim a justa remuneração pelo seu trabalho.

Outro ponto de vista amplamente defendido pelos titulares destes direitos é que, ao adquirir o conteúdo digital protegido, o consumidor está comprando o acesso à um serviço e não um produto, seja esse serviço caracterizado pela disponibilização de um conteúdo para se assistir, ler ou ouvir, seja pela disponibilização de ferramentas presentes em programas de computador.

Tais questões, relacionadas à natureza destes conteúdos digitais como produtos ou serviços, tem sido amplamente discutida pelos nossos Tribunais, haja vista os relevantes desdobramentos de natureza tributária decorrentes desta classificação.

Neste contexto, recentes decisões isentaram os dispositivos de leitura de livros digitais de impostos[246], enquanto para os programas de computador a Receita Federal tem feito a diferenciação entre softwares de prateleira, tidos como produtos e por isso tributáveis como mercadorias, sob as quais incide ICMS, e softwares personalizados/personalizáveis, que eventualmente são tidos como serviços, estando sujeitos à tributação por ISS[247].

Levando em consideração o tratamento tributário dispensado a estes itens, soa razoável que programas de computador de prateleira, tidos como produtos de circulação sob este ponto de vista, não possuam

[245] PONTES, Elivelton. Como o DRM funciona? EadBox.com, 2017. Disponível em: < https://eadbox.com/drm-entenda-o-que-e/>. Acesso em: 22/01/2020.

[246] STJ – Recurso Extraordinário nº. 330.817/RJ, Rel.: Ministro Dias Tofolli, Julgado em 08/03/2017.

[247] Solução de Consulta 3.002 – SRRF03/Disit e Soluções de Consulta COSIT 374, de 18 de dezembro de 2014 (disponível em http://normas.receita.fazenda.gov.br/sijut2consulta/link.action?visao=anotado&idAto=98454), e 130, de 31 de agosto de 2016 (disponível em http://normas.receita.fazenda.gov.br/sijut2consulta/link.action?visao=anotado&idAto=78043).

DRM's, ou que suas travas possibilitem a posterior colocação em circulação do bem pelo legítimo adquirente.

Já em relação aos softwares personalizados, esta classificação tributária leva a crer que sua comercialização configura uma prestação de serviço, não sendo transmitido ao adquirente a posse do conteúdo, razão pela qual se justifica a utilização de DRM's severas e que impossibilitem sua reutilização por outros usuários que não o legítimo licenciado.

Como é possível de se perceber, o uso de DRM's é amplamente defendido por titulares de Direito de Autor, uma vez que, no entendimento destes, tal ferramenta possibilita um controle efetivo sobre seus ativos imateriais, permitindo a implementação de limitações que impedem o uso indevido destes conteúdos.

2. Prejuízos suportados pelos usuários decorrentes do uso de DRM's

Se para os titulares de Direitos de Autor o uso de DRM's na proteção de conteúdos digitais é largamente defendido, um cenário oposto se desenha quando a utilização destas tecnologias é descrita por usuários e entidades que os representam.

Isso porque, sob a ótica do usuário, a justificativa de que o uso destes dispositivos de segurança e monitoramento seriam necessários a fim de combater a violação de direitos autorais on-line e manter os consumidores protegidos contra vírus não se sobrepõem ao direito destes utilizarem seus conteúdos legalmente adquiridos como bem entenderem[248].

Pessoas e instituições contrárias à utilização de DRM's tem se reunido em organizações e associações que defendem o banimento destas ferramentas, como é o caso da *Defective by Design*[249], da *Free Software Foundation Europ*[250], da *Digitale Gesellschaft*[251], da *Chaos Computer Club*[252], da *Eletronic Frontier Foundation – EFF*[253], dentre outras, que, em suma, identificam estas

[248] Digital Restrictions or Citizens' Rights? DRM.info – Digital Restrictions Management, 2020. Disponível em: < https://drm.info/citizen-rights.en.html>. Acesso em: 21/01/2020

[249] Disponível em: https://www.defectivebydesign.org/

[250] Disponível em https://fsfe.org/index.pt.html

[251] Disponível em https://digitalegesellschaft.de/

[252] Disponível em https://www.ccc.de/

[253] Disponível em https://www.eff.org/pt-br

tecnologias de controle como *"Digital Restrictions Management"*, descrevendo-as como qualquer artifício digital inserido em um produto ou serviço eletrônico com a finalidade de monitorar seu uso e/ou restringir as possibilidades de utilização deste, mesmo após sua compra, visando impedir os consumidores de utilizarem estes conteúdos digitais de formas que não estejam em linha com os modelos de negócio proposto pelos titulares.

Sob este ponto de vista, a utilização de DRM's não configuraria um direito dos titulares de Direitos de Autor, mas sim uma injustificável restrição aos direitos dos usuários, tornando-os impotentes em relação às possibilidades de uso destes materiais, gerindo e acompanhando remotamente, sem autorização prévia, cada interação destes com as mídias controladas.

Exemplo de utilização imprópria destas ferramentas é o impedimento imposto ao usuário de emprestar ou revender programas de computador legitimamente adquiridos. Outra prática tida como abusiva, porém, amplamente utilizada, é a exigência de que o usuário permaneça conectado à internet 100% do tempo em que estiver utilizando determinada ferramenta digital.

Situações práticas de uso indevido de DRM's são fartamente identificadas. Neste sentido, pode-se relatar o episódio em que a *Amazon* utilizou uma ferramenta DRM instalada nos arquivos dos seus dispositivos *Kindle* para, sem a prévia autorização dos usuários, deletar remotamente cópias do livro "1984" e "A Revolução dos Bichos", de George Orwell[254].

Na mesma linha de atuação, identificou-se que a *Adobe* usava estas ferramentas para analisar o comportamento dos seus usuários em relação a leitura de *eBooks*, elaborando relatórios em texto sobre eles sem qualquer autorização[255].

Em relação a estes episódios, a *Amazon* se limitou a divulgar um comunicado afirmando que os livros em questão foram adicionados ao

[254] LAGE, Janaina. Amazon faz papel de Grande Irmão e apaga arquivos do Kindle. Folha de São Paulo, 2009. Disponível em: < https://www1.folha.uol.com.br/tec/2009/07/598515-amazon-faz-papel-de-grande-irmao-e-apaga-arquivos-do-kindle.shtml>. Acesso em: 21/01/2020.

[255] GALLAGHER, Sean. Adobe's e-book reader sends your reading logs back to Adobe—in plain text. ARS Technica, 2014. Disponível em: <https://arstechnica.com/information-technology/2014/10/adobes-e-book-reader-sends-your-reading-logs-back-to-adobe-in-plain-text/>. Acesso em: 21/01/2020.

catálogo por meio de uma empresa que não detinha os direitos sobre as obras, enquanto que a *Adobe* informou que estaria trabalhando em uma atualização para resolver o problema.

Mas a discussão proposta pelo grupo daqueles que desaprovam o uso de DRM's vai além da camada da segurança individual, alcançando níveis mais densos, extrapolando o Direito de Autor, passando por questões econômicas coletivas, de privacidade e alcançando até mesmo a soberania de Estados.

Isso porque, afora teorias conspiratórias que permeiam o tema, defende-se que a implantação de dispositivos DRM superaria seus propósitos iniciais de "Gestão de Direitos de Autor", servindo também para fins de monitoramento e controle em massa de dispositivos, podendo, assim, servir à interesses furtivos.

Em um primeiro nível, é possível discutir o uso de DRM's nos softwares embutidos de dispositivos domésticos mais modernos, carros e *wearables*, uma vez que isso pode limitar a utilização destes equipamentos com determinados acessórios, impedir a realização de procedimentos de manutenção e até possibilitar o monitoramento de uma vasta gama de dados dos usuários sem que estes tenham consentido para isso.

Aprofundando a questão, propõem-se também, obviamente sem a pretensão de esgotar o tema, um debate no âmbito da privacidade do cidadão, dado que o uso mal intencionado destas ferramentas, cumulada com os mecanismos de *Trusted Computing* presentes nos processadores mais modernos, que validam a execução de softwares por um poder controlador previamente determinado, tendem a transferir parte do controle das atividades dos dispositivos às corporações, que podem vir a monitorar e restringir as ações destes usuários[256].

Expandindo o problema, pode-se imaginar seu tamanho se os controles de atividades, informações e usos obtidos por estas empresas se referirem a dados sigilosos pertencentes à Estados.

[256] Saravia, Diego. A Robotização do Controle. Com Ciência – Revista Eletrônica de Jornalismo Científico, 2006. Disponível em: <http://www.comciencia.br/comciencia/handler.php?section=8&edicao=20&id=212&print=true>. Acesso em: 22/01/2020.

O que se extrai destas reflexões é que o uso indiscriminado de DRM's pode tornar os dispositivos digitais menos seguros, na medida em que estes passam a obedecer comandos externos de terceiros, abrindo portas para que fabricantes de equipamentos, empresas de software, produtores de mídia e aqueles para quem estas corporações se propuserem a servir tenham acesso desautorizado à informações privadas sem a necessária ciência prévia de seus titulares, além de questões relacionadas à memória cultural coletiva, uso legítimo de um bem digital pelo consumidor adquirente e defesa do mercado concorrencial.

3. Questões legais relativas ao uso de DRM's no Brasil

Titulares de Direitos de Autor defendem que a implementação de ferramentas DRM para proteção de conteúdo digital teria o intuito de permitir a distribuição destes materiais de forma segura, impedindo utilizações desautorizadas e possibilitando que a produção e distribuição destes conteúdos digitais gerem a devida remuneração aos seus Autores, garantindo, ainda, a integridade e autenticidade de conteúdo acessado.

Por outro lado, parte dos usuários sustentam que o uso destas travas tecnológicas lhes impõe limitações indevidas, impedindo-os de utilizar o bem digital adquirido da forma como bem entenderem, ferindo os direitos à privacidade ao violar a segurança de seus dispositivos, bem como impedindo o desenvolvimento intelectual e tecnológico.

No Brasil, a Legislação Autoral (Lei nº. 9.610/98), em seu artigo 28, confere aos titulares de obras protegidas o direito exclusivo de utilizar, fruir e dispor destas, dependendo de autorização prévia e expressa do Titular a utilização da obra para todos os fins previstos no rol exemplificativo do artigo 29, da mesma Lei.

Em que pese o rol de direitos conferidos ao titular do Direito Autoral, insta destacar o entendimento do ilustre e saudoso Denis Borges Barbosa sobre o tema, para quem *"o direito autoral compreende a exclusividade na prática de determinados atos relativos à obra, mas não abrange toda e qualquer utilização do corpo físico onde a obra se insere"*[257].

[257] Barbosa, Denis Borges. Restrições ao uso do corpus mechanicum de obras intelectuais após a tradição: exaustão de direitos em direito autoral. Publicado em, 1999. Pag. 03.

Seguindo os ensinamentos do reverenciado doutrinador, a exclusividade a que se referem os supracitados artigos 28 e 29, da Lei de Direito Autoral, se dá sobre a obra em si, e não sobre o meio físico que a comporta (*corpus mechanicum*), uma vez que conferida à *"obra imaterial, da criação autoral, e não sobre o meio físico onde ela se incorpore"*, descabendo *"ao titular do direito autoral controlar as utilizações do citado corpus mechanicum da obra – por exemplo, o objeto físico, exemplar de um livro – após seu primeiro ato de disposição"*[258].

Neste sentido, a tentativa de estender ao corpo físico da obra a totalidade de proteções conferidas ao seu conteúdo imaterial constituiria abuso de direito do titular, na medida em que *"os direitos autorais são sujeitos a limitações legais intrínsecas, que previnem o exercício das faculdades pertinentes pela existência de interesses a que o sistema jurídico empresta maior peso"*[259].

E não poderia ser diferente, uma vez que a aplicação irrestrita do todo quanto previsto no dito artigo 29, da LDA, confrontaria o que prevê mais adiante a própria Lei, que em seu artigo 46 assim determina:

> Art. 46. Não constitui ofensa aos direitos autorais: (...)
> II – a reprodução, em um só exemplar de pequenos trechos, para uso privado do copista, desde que feita por este, sem intuito de lucro; (...)
> VIII – a reprodução, em quaisquer obras, de pequenos trechos de obras preexistentes, de qualquer natureza, ou de obra integral, quando de artes plásticas, sempre que a reprodução em si não seja o objetivo principal da obra nova e que não prejudique a exploração normal da obra reproduzida nem cause um prejuízo injustificado aos legítimos interesses dos autores.

Previsão semelhante é encontrada na própria Lei de Software (Lei nº. 9.609/98), que no mesmo sentido dispõem:

> Art. 6º Não constituem ofensa aos direitos do titular de programa de computador:

[258] Barbosa, Denis Borges. Op. Cit. Pag. 04.
[259] Barbosa, Denis Borges. Op. Cit. Pag. 05.

> I – a reprodução, em um só exemplar, de cópia legitimamente adquirida, desde que se destine à cópia de salvaguarda ou armazenamento eletrônico, hipótese em que o exemplar original servirá de salvaguarda; (...)

Consequência lógica da aplicação deste entendimento, onde se reconhece a proteção ao conteúdo imaterial da obra e não ao seu suporte físico, é a aplicação do Princípio da Exaustão de Direitos de Propriedade Intelectual, o qual estabelece que, após um produto ser colocado no mercado interno por seu titular, este perderia o direito de impedir seu uso ou circulação.

Este princípio, proveniente da jurisprudência germânica e posteriormente também aplicado pela jurisprudência americana através do "Princípio do Esgotamento de Direitos" (*first sale doctrine*), limita o exercício dos direitos de exclusividade do titular de Direitos de Propriedade Intelectual, permitindo a revenda do bem legitimamente adquirido, objeto da dita proteção, sem que isso configure ofensa ao seu direito de exclusividade.

Desta forma, quando um bem, dotado de proteção por via da Propriedade Intelectual, é colocado no mercado com o consentimento do seu titular, não haveria como impedir a livre circulação deste bem, sendo que eventuais impedimentos configurariam violação ao Direito à Livre Concorrência.

Sob este aspecto, considerando que o arquivo digital, ou o programa de computador em si, constitui o corpo físico do conteúdo protegido pelas tecnologias DRM, tem-se que a utilização irrestrita destas ferramentas, impedindo a livre circulação de arquivos colocados legitimamente em circulação por seus próprios titulares, caracterizaria abuso de direito por parte destes.

Por certo que tais restrições não se aplicam ao uso ilegal destes conteúdos, ou mesmo à sua locação, cuja possibilidade depende de autorização explícita do titular, nos termos do artigo 2º, § 5º, da Lei de Direitos Autorais:

> Art. 2º – O regime de proteção à propriedade intelectual de programa de computador é o conferido às obras literárias pela legislação de direitos autorais e conexos vigentes no País, observado o disposto nesta Lei.(...)

> § 5º Inclui-se dentre os direitos assegurados por esta Lei e pela legislação de direitos autorais e conexos vigentes no País aquele direito exclusivo de autorizar ou proibir o aluguel comercial, não sendo esse direito exaurível pela venda, licença ou outra forma de transferência da cópia do programa.

Em que pese tais limitações, no Brasil, o artigo 107, da Lei de Direitos Autorais, autoriza o uso de DRM's, ferramenta essencial para o exercício deste controle por parte dos titulares de direito, assim dispondo:

> Art. 107. Independentemente da perda dos equipamentos utilizados, responderá por perdas e danos, nunca inferiores ao valor que resultaria da aplicação do disposto no art. 103 e seu parágrafo único, quem:
> I – alterar, suprimir, modificar ou inutilizar, de qualquer maneira, dispositivos técnicos introduzidos nos exemplares das obras e produções protegidas para evitar ou restringir sua cópia;
> II – alterar, suprimir ou inutilizar, de qualquer maneira, os sinais codificados destinados a restringir a comunicação ao público de obras, produções ou emissões protegidas ou a evitar a sua cópia;
> III – suprimir ou alterar, sem autorização, qualquer informação sobre a gestão de direitos;
> IV – distribuir, importar para distribuição, emitir, comunicar ou puser à disposição do público, sem autorização, obras, interpretações ou execuções, exemplares de interpretações fixadas em fonogramas e emissões, sabendo que a informação sobre a gestão de direitos, sinais codificados e dispositivos técnicos foram suprimidos ou alterados sem autorização.

Analisando o dispositivo legal supracitado, tem-se que ele aborda o uso de DRM's de maneira bastante restritiva, já que no caso do inciso I, impede-se a remoção ou neutralização destes dispositivos de segurança, no inciso II proíbe-se a decodificação de sinais de transmissão dos conteúdos protegidos, no inciso III atua-se inibindo a remoção/alteração de elementos de identificação que causem a neutralização das ferramentas DRM e, por fim, seu último inciso veta-se a distribuição de obras que tenham sido submetidas à remoção do DRM[260].

[260] Bittar, Ana Carolina Folgosi. Digital rights management, concorrência e acesso ao conhecimento no mercado de livros digitais. 2015. PhD Thesis

Apesar da rigidez com que o supracitado artigo aborda o tema, não prevendo qualquer possibilidade de remoção e/ou alteração de dispositivos DRM por parte do usuário, tal legislação não estabelece quaisquer punições para os usuários que vierem a violá-las.

Não obstante as aludidas limitações legais aplicáveis ao uso das tecnologias DRM, os Titulares de Direito de Autor também defendem sua utilização através de autorizações inseridas nos Termos e Licenças de Uso destes programas.

Sob tal aspecto, importante reiterar a diferenciação entre dois tipos de programas de computador: o de prateleira e o personalizado. O primeiro, de prateleira, é o software que, uma vez desenvolvimento, é comercializado diretamente ao consumidor sem nenhuma possibilidade de modificação, enquanto os softwares personalizados, como o próprio nome diz, são desenvolvidos de forma que atendam às necessidades do cliente, sendo, portanto, customizados.

Vale destacar que a utilização dos softwares de prateleira está condicionada ao aceite por parte do usuário dos Termos e Licenças de Uso, cujo conteúdo lhe é apresentado após a compra e instalação do mesmo, sem que seja dada qualquer possibilidade de refutar as condições de utilização que lhe são impostas, em um típico contrato de adesão.

Por outro lado, nos softwares personalizados é mais comum que haja negociação destas condições, sendo comum que não haja a compra do programa, mas apenas a concessão de uma Licença de Uso deste.

A importância da diferenciação do tipo de software no contexto da utilização de DRM's em programas de computador se dá porque, no software de prateleira, defende-se que tal uso seria ilegal, uma vez que, apesar do contrato firmado entre "Titular" e "Usuário" prever uma "Licença de Uso", é notável que todas as características do negócio são de "Venda & Compra", com a propriedade sob o corpo mecânico do bem sendo transferida do Titular para o Usuário, que, reconhecendo a aplicação do Princípio da Exaustão de Direitos, após adquiri-lo teria o direito usá-lo como bem entendesse, inclusive, comercializando-o novamente, desde que excluídas eventuais instalações realizadas anteriormente.

Ao passo que, para o Software Personalizado e apesar de entendimentos em sentido contrário, o uso de DRM's é defensável sob o aspecto do Contrato de Licença de Uso, uma vez que não ocorre a efetiva aquisição do bem por parte do Usuário, mas sim uma prestação contínua de serviço através do programa.

Esta situação de desequilíbrio presente na relação entre o Usuário e o Titular que produz o Software de Prateleira pode ser tida como abusiva sob o ponto de vista Consumerista, haja vista o inquestionável desequilíbrio contratual entre as partes.

Tal reconhecimento acarretaria na anulação do contrato de adesão firmado, tornando nulas as cláusulas que implicassem em renúncia ou disposição de direitos, que estabeleçam obrigações consideradas iníquas, abusivas ou que coloquem o consumidor em desvantagem exagerada, sejam incompatíveis com a boa-fé ou a equidade, e também que autorizem o fornecedor a cancelar o contrato unilateralmente, sem que igual direito seja conferido ao consumidor, nos termos do artigo 51, incisos I, IV e XI, do Código de Defesa do Consumidor, *in verbis*:

> Art. 51. São nulas de pleno direito, entre outras, as cláusulas contratuais relativas ao fornecimento de produtos e serviços que:
> I – impossibilitem, exonerem ou atenuem a responsabilidade do fornecedor por vícios de qualquer natureza dos produtos e serviços ou impliquem renúncia ou disposição de direitos. Nas relações de consumo entre o fornecedor e o consumidor pessoa jurídica, a indenização poderá ser limitada, em situações justificáveis;(...)
> IV – estabeleçam obrigações consideradas iníquas, abusivas, que coloquem o consumidor em desvantagem exagerada, ou sejam incompatíveis com a boa-fé ou a eqüidade;(...)
> XI – autorizem o fornecedor a cancelar o contrato unilateralmente, sem que igual direito seja conferido ao consumidor;

A anulação destas cláusulas do "Contrato de Licença", somadas as limitações legais ao uso de DRM's anteriormente elencadas, tornariam ilegal tal prática, sendo mandatória a remoção destas travas de segurança.

Apesar disso, vale destacar que a utilização por parte do Usuário após a aquisição não é irrestrita e deve respeitar os Direitos de Autor do Titular do programa, tendo seu escopo restrito, não podendo, nos ensinamentos da Professora Maristela Basso, conflitar com a exploração normal da obra, nem prejudicar injustificadamente os interesses legítimos dos titulares do direito[261].

Como se pode perceber, a legislação brasileira não impõem barreiras objetivas ao uso de DRM's, reconhecendo ser ilegal a remoção de tais ferramentas, embora não institua nenhuma reprimenda para quem o faça. Todavia, o uso indiscriminado destas travas tecnológicas gera, por vezes, prejuízos à liberdade dos usuários, que também possuem inúmeros argumentos legais ao seu favor.

Conclusões

O presente estudo buscou apresentar o cenário atual referente ao uso de DRM's, tanto do ponto de vista dos titulares de Direitos de Autor de conteúdos digitais, como dos Usuários destes conteúdos, tecendo considerações sobre as finalidades e diferentes formas de utilização destas tecnologias, assim como os malefícios por elas proporcionados. Também foi exibido um panorama do arcabouço legal que rege o tema no Brasil, com fundamentos legais tanto para o uso destas ferramentas como para seu banimento.

Outrossim, discutiu-se a questão de legalidade do uso das DRM's por meio das "Licenças e Termos de Uso", pontuando os entraves que podem vir a ser enfrentados se tais utilizações forem confrontadas com as proteções conferidas pelo Código de Defesa do Consumidor, especialmente quando esta utilização não leva em conta a natureza do conteúdo protegido e deixa de distinguir se o uso se dará na venda de produtos ou na prestação de serviços digitais.

O estudo possibilitou concluir que, embora o uso de DRM's seja justificável pelo ponto de vista dos Titulares de Direitos de Autor, que visam proteger seus patrimônios intelectuais da pirataria e do uso indevido de terceiros, nem sempre estes artifícios tecnológicos se prestam à finalidade para a qual se apresentam, servindo muitas vezes para controle externo e monitoramento das informações dos usuários, bem como para

[261] Basso, Maristela. As exceções e limitações aos direitos do autor e a observância da regra do teste dos três passos (three-step-test). Revista da Faculdade de Direito, Universidade de São Paulo, 2007, 102: 493-503.

promoção de monopólios e concentração de poder de informação por parte das grandes empresas.

As discussões sobre a legalidade e efetividade destes meios de controle deve seguir por anos, já que a mudança de paradigma relativa ao consumo de conteúdo digital ainda está só começando.

Se por um lado o usuário preserva a ideia de que, ao adquirir um bem, este passa a integrar seu patrimônio, cabendo-lhe decidir como usará e/ou fruirá dele, por outro surgem novas formas de consumo, onde o bem não é adquirido, mas disponibilizado sob regras de licenças de uso que impõem condições específicas àquela utilização, sendo que o controle destes usos são realizados justamente por meios das DRM's.

Diante disso, conclui-se que, como quase tudo no direito, o desafio dos Titulares de Direitos de Autor será encontrar um ponto de convergência com os interesses dos Usuários, moderando o uso das DRM's, ou até mesmo removendo-as, de forma que, ao mesmo tempo que se preserva a segurança do seu patrimônio, possibilita opções de acesso aos Usuários, propiciando gerir as ações tomadas sem restringir direitos garantidos e assegurando a privacidade.

Referências

SANTOS, Manoel Joaquim Pereira dos. A proteção autoral de programas de computador. Rio de Janeiro: Lumen Juris, 2008.

ASCENSÃO, José de Oliveira. O direito de autor no ciberespaço. Revista da EMERJ, 1999, 2.7.

ABRÃO, E. Y. Direitos de autor e direitos conexos. São Paulo: Editora do Brasil, 2002.

BARBOSA, Denis Borges. Restrições ao uso do corpus mechanicum de obras intelectuais após a tradição: exaustão de direitos em direito autoral. Publicado em, 1999.

BITTAR, Ana Carolina Folgosi. Digital rights management, concorrência e acesso ao conhecimento no mercado de livros digitais. 2015. PhD Thesis.

MACHADO, Adriane Ianzen; WILDAUER, Egon Walter; PINTO, José Simão de Paula. Uso de digital rights management como proteção a conteúdos digitais: Uma discussão.

NETO, ARISTIDES. Digital rights management and fair use. Revista dos Tribunais, 2017, 2017: 02-15.

Umeh, Jude C. The World Beyond Digital Rights Management. BCS, The Chartered Institute, 2007.

Basso, Maristela. As exceções e limitações aos direitos do autor e a observância da regra do teste dos três passos (three-step-test). Revista da Faculdade de Direito, Universidade de São Paulo, 2007, 102: 493-503.

Cerqueira, João da Gama. Tratado da Propriedade Industrial, Rio de Janeiro: Forense, 1946. Vol. I.

IDS, Instituto Dannemann Siemsen de Estudos Jurídicos e Técnicos. Comentários à Lei da Propriedade Industrial. Rio d Janeiro, São Paulo: Renovar, 2013.

9.
PATENTES DE 2º USO

NEWTON SILVEIRA

Introdução

Patentes de uso se incluem ao lado dos processos de fabricação como meios de fabricar novos produtos ou de obter resultados industriais. Os usos privados não são privilegiáveis, por expressa exclusão legal. Os novos usos de produtos farmacêuticos conhecidos se incluem nessa categoria de invenções não privilegiáveis. Isso não significa que produtos da biotecnologia não sejam patenteáveis na medida em que se prestem à fabricação de novos produtos úteis.

1. Atividade inventiva

Muito se tem discutido a matéria de patentes de 2º uso na área farmacêutica.

Alegam os requerentes desse tipo de patente que o 2º uso se refere ao mesmo medicamento (a mesma formulação) usado para o tratamento de outra enfermidade.

Onde estaria a diferença?

Na indicação terapêutica, ou seja, na bula. Sem bula, o medicamento é o mesmo.

Daí a discussão surgir na área farmacêutica, já que o medicamento não pode ser vendido sem bula.

Seria o caso de direito autoral sobre a bula?

Evidentemente, quem compra um martelo pode usá-lo para bater bife, em lugar de usá-lo para bater pregos. Isso é possível porque o 2º uso não está escrito na *bula* do martelo. Esse utensílio não tem indicação terapêutica...

Exemplo recente e menos fantasioso pode ser retirado da AC nº 9070658-28.2002.8.26.0000 – TJSP, em acórdão da lavra do eminente Des. Enio Zuliani (relator) proferido em apelação de Júlio Diniz Fraguete Xavier e Vitor Hugo Xavier (apelantes) em face de Federação Paulista de Futebol (apelada).

A ementa do acórdão proferido aos 22/9/2011 pela 4ª. Câmara de Direito Privado do TJSP tem o seguinte teor:

> "Autores que pretendem proteção de exclusividade de invento (spray de tinta que árbitros de futebol utilizam para sinalizar, na grama, as penalidades de jogo) – INPI que negou a patente requerida por falta do requisito criatividade ou novidade (art. 13, da Lei 9.279/96) – Apetrecho que não constitui invento, mas, sim, idéia de utilização prática de dispositivo comum – Improcedência mantida – Não provimento."

Importante assinalar o seguinte trecho do voto do Des. Zuliani:

> "O spray é ferramenta comum para o serviço de pintura e desenho e não há qualquer invento em aproveitar a sua função para demarcar território das arenas futebolísticas com o propósito de fixar o local exato para colocar a bola a ser chutada ou para estabelecer a linha de barreira dos jogadores que protegem o gol. A idéia de utilizar isso no campo de grama foi brilhante e serviu para corrigir um problema crônico da arbitragem, o que não significa invento digno de patente ou de privilégio, como pretenderam os autores".

Diferente seria se uma indústria de spray o colocasse no mercado com *bula*, expressamente indicando o novo uso do spray. Caso contrário, os titulares dessa esdrúxula patente deveriam estar presentes em todos os jogos de futebol, munidos de competente mandado judicial para apreender o spray tão logo o árbitro o utilizasse para o novo uso...

2. Patente de uso

O art. 42 da Lei de Propriedade Industrial dispõe:

"Art. 42. A patente confere ao seu titular o direito de impedir terceiro, sem o seu consentimento, de produzir, usar, colocar à venda, vender ou importar com estes propósitos:
I – produto objeto de patente;
II – processo ou produto obtido diretamente por processo patenteado."

Assim, o titular de uma patente de 2º uso não pode impedir terceiros de *produzir* o medicamento, pois ele é idêntico ao de 1º uso (que se acha em domínio público). Também não pode impedir terceiro de colocar à venda, vender ou importar o medicamento, pela mesma razão: a formulação se acha em domínio público.

Resta do *caput* do art. 42 o verbo *usar*. Mas, quem usa o produto não é quem fabrica ou comercializa. Quem usa o produto em 2º uso é o consumidor. Este, se acha coberto pela exceção do inc. I do art. 43, que isenta os atos praticados por terceiros não autorizados *em caráter privado* e *sem finalidade comercial*.

O que resta então?

Anunciar, na embalagem ou na bula, a nova destinação do medicamento. *Anunciar*, então, seria o verbo que se aplicaria. No entanto esse verbo não se acha nas previsões do *caput* do art. 42, redigido em obediência ao Acordo TRIPs.

Além do mais, tal proibição significaria violação ao direito constitucional de livre expressão.

Não se vislumbra, assim, qualquer enquadramento nos verbos previstos no art. 42: produzir, usar, colocar à venda, vender ou importar.

Vejam-se os dois incisos do art. 42: *produto* objeto de patente – não é o caso, como exposto; *processo patenteado* – também não é o caso, pois não se trata de processo; portanto, também não se trata de *produto obtido por processo patenteado.*

Qual poderia ser o teor de uma sentença proferida num processo de contrafação de patente de 2º uso? Proibir o réu de praticar 2º uso, ou sugerir ao consumidor tal 2º uso?

Como se vê, não se trata de falta de atividade inventiva, mas de falta de previsão legal. Ou, falta de lógica...

Imaginemos um caso real de 2º uso.

Os nazistas inventaram tomar champagne num sapato feminino. O champagne continua sendo fabricado e vendido pelas fábricas de bebidas; os calçados pelas fábricas de sapatos.

Mas a venda de uma garrafa de champagne ao lado de um sapato feminino em embalagem transparente seria um 2º uso de exclusividade do III Reich. Uma espécie de *patente de comercialização*.

Ainda um aperfeiçoamento poderia ser acrescentado: um sapato impermeável para não vazar o champagne. Esse sapato também serviria para ser usado em dias de chuva. Terceiro uso...

3. Novidade

Ananda Chakrabarty, pesquisador do MIT (Massachusetts Institute of Technology) inventou uma bactéria engenheirada que digeria petróleo, colaborando com a limpeza ambiental.

O USPTO (United States Patent and Trademark Office) denegou a patente por considerar não patenteável matéria viva.

Chakrabarty foi à Suprema Corte que determinou que o USPTO concedesse a patente porque tudo de novo sob o sol criado pelo homem deveria receber uma patente.

Posteriormente, tentou-se nos Estados Unidos patentear genes modificados. A matéria foi considerada não patenteável porque não basta haver novidade, há que ter também uma nova utilidade.

O acordo TRIPS de 1994 veio a estabelecer as regras de patenteabilidade, exceto *microrganismos* e *processos essencialmente biológicos*.

Em consonância, a Lei de Propriedade Industrial brasileira veio a considerar não invenções o todo ou parte de seres vivos naturais e materiais biológicos encontrados na natureza, exceto os microrganismos transgênicos...que não sejam mera descoberta.

Tudo isso significa que aquilo que existe na natureza não pode ser patenteado, mesmo que tenha uma nova utilidade, até então desconhecida.

Ou seja, tudo que se acha sob o sol não é novo e não pode ser patenteado.

Uma raiz amazônica que cura hemorróidas não pode ser patenteada em seu estado natural, e nem mesmo em forma injetável.

Ora, medicamentos que já caíram em domínio público equivalem às coisas naturais, todos já sob o sol. Da mesma forma que um microrganismo tal como encontrável na natureza não é patenteável, mesmo que se descubra para ele uma nova utilidade, medicamentos já conhecidos não poderão ser repatenteados para uma nova finalidade.

Se se descobrir que um medicamento utilizado para disfunção erétil também serve para curar enxaqueca, teríamos duas embalagens diferentes, uma para uso masculino, outra para uso feminino? Ou poderíamos ter uma embalagem unissex com duas bulas, uma azul e outra cor-de-rosa?

Conta-se que a Salvador Dali foi encomendada a elaboração do design de um frasco para um novo perfume.

No dia do lançamento do perfume, o artista se esquecera da encomenda. Levado ao palco sob o espocar dos flashes perguntou-se: Mestre, e o projeto? Catando do chão uma lâmpada de flash e batendo-a na mesa para ficar de pé, Dali a apresentou como o novo modelo. Perguntado sobre a marca, respondeu: a marca é flash.

Mais um caso de 2º uso.

4. Meio industrial

Gama Cerqueira, no vol. I de seu Tratado (n. 68), afirmou:

> "A invenção, de modo geral, consiste na criação de uma coisa inexistente na natureza".

Ou, mais adiante:

> "A coisa inventada deve ser diferente do que já é conhecido" (n. 71).

E ainda mais:

> "Reconhecer que um produto natural ou fabricado possui certas propriedades e indicar o proveito que delas se pode tirar não é inventar" (n. 74).

No entanto se afirma que Gama Cerqueira admitia a concessão de patentes de 2º uso. Antes de mais nada, certamente não se tratava de 2º uso farmacêutico, já que é notório que o autor considerava razoável não se conceder patentes para medicamentos.

No vol. II prosseguia Gama Cerqueira: "Somente os produtos fabricados ou elaborados pelo homem podem ser objeto de patente... Mas os processos e métodos destinados à produção, tratamento e exploração industrial dos produtos naturais podem ser privilegiados, *assim como a aplicação nova desses produtos* para obter um outro produto *ou um resultado industrial*" (n. 26).

Ou seja, a ideia de nova aplicação não pode se referir a *produto*, como exposto. Pode, no entender de Gama Cerqueira, achar-se entre os *processos e métodos* para produzir um resultado industrial. Será então, um *meio* industrial para se obter um produto ou outro resultado. Na indústria...

Conclusões

É muito possível e provável que, passados quase setenta anos dos estudos de Gama Cerqueira, a doutrina deva se adaptar aos novos tempos, principalmente na época da biotecnologia, dos genes e da nanotecnologia.

Mas sem perder a noção dos princípios que regem a criação intelectual e sua apropriação.

10.
PRESCRIÇÃO: DANO PERMANENTE, NASCE A CADA DIA, VIOLAÇÃO CONTINUADA, AFASTADA A PRESCRIÇÃO?

JOSÉ CARLOS TINOCO SOARES

Por inúmeras vezes já nos manifestamos sobre a prescrição e não faz muito de maneira um tanto contundente, ocasião em que comentamos ter obtido o **inusitado** qual seja, de através de uma Ação Rescisória conseguir obter o **cancelamento da Súmula n. 142 do STJ.**

Com efeito e durante longo tempo era aplicada pelo Supremo Tribunal Federal a prescrição prevista pelo Art. 178, § 10, inc. IX do Código Civil de 1916, isto é:- *"Prescreve em cinco anos:- a ação por ofensa ou dano causados ao direito de propriedade; contado o prazo da data em que se deu a mesma ofensa ou dano"*. (Cf. ERE n. 46597; RE n. 49857; RE n. 66.420; AgRg. 80.060; Agr. Instr. 94.651-9; RE n. 104.497-7 e REsp. n. 4055 (90.6774-0).

Destaque-se que os Tribunais de praticamente todos os Estados da Federação procediam da mesma forma e assim se fez com regularidade pelo então Tribunal Federal de Recursos e o Superior Tribunal de Justiça. Algumas divergências foram pronunciadas apenas e tão somente no que dizia respeito ao período compreendido pela prescrição, ou seja, de cinco, dez ou vinte anos.

Confirma-se, no entanto, que nunca houve o menor questionamento para com os dois extremos, ou seja, o *"dies a quo"* e o *"dies ad quem"*. Tanto isto é fato inquestionável que nesse longo interregno houve uma memorável decisão pela Segunda Turma do Supremo Tribunal Federal no Agravo de Instrumento n. 80060 (AgRg), sob o manto do Min. Djaci Falção. Do seu longo voto sob a lição de Pontes de Miranda, João da Gama Cerqueira, Câmara Leal, Ari Franco, Carpenter e Franzen de Lima, dentre outros argumentos salientou que:- *"A agravada teve o seu contrato social arquivado em 03-10-1972. Portanto, ainda que daí contasse o prazo prescricional de 5 anos, não teria ele transcorrido na data do ajuizamento da ação, 22-09-1977. Entretanto, a sentença de 1ª. instância, sucessivamente confirmada,* ***baseando-se no art. 39 da Lei n. 4726/65,*** *alega que sendo o* ***contrato social datado de 14-08-1972*** *e tendo sido apresentado à Junta Comercial nos 30 dias subseqüentes,* ***os efeitos do arquivamento retroagiram à data de sua constituição".*** (grifou-se) (Cf. Rev. Trim. Jurisprudência-STJ n. 101, Pag. 637)

Houve, portanto, o inédito, porém, correto e preciso em razão dos termos da lei, ou melhor, **retroagindo o *"dies a quo"*,** à data da assinatura do contrato e não como sempre acontece, visto que se leva em consideração a data do "arquivamento dos atos constitutivos" da empresa.

Não padece a menor dúvida que essa soberana decisão nesta espécie, deverá não só servir de paradigma como também rememorada para prevalecer daqui por diante, sobre todas as demais que voltaram a vacilar como será suficientemente comprovado.

A partir da última e precedente decisão do Supremo Tribunal Federal, as Turmas do Superior Tribunal de Justiça passaram a decidir aplicando o disposto no Art. 177 do Código Civil de 1916, que assim se enunciava: *"As ações pessoais prescrevem ordinariamente em vinte anos, as reais em dez entre presentes, e, entre ausentes, em quinze, contados da data em que poderiam ter sido propostas".* (Cf. REsp. n. 10564; REsp, n. 19355-0; REsp. n. 26.752-7; REsp. n. 34.983-0, decisões estas antagônicas)

Baseando-se em elogiável decisão do Ex-Min. CESAR PELUSO, proferida em Emb. Infring.n. 236.278-1/0-01, da 1ª. Câmara Civil do Tribunal de Justiça de São Paulo que defendendo o Direito de Propriedade sobre a Marca e o Nome Comercial, sob a luz de consagrados Mestres culminou com a aplicação da prescrição quinquenal, enfocando o Direito Pessoal, o Direito Real e o Direito de Propriedade, não vacilamos em propor Ação Rescisória. Discorremos sobre a lição de Afonso Celso, Moise Amar, Bento de Faria, Eugène Pouillet, Agustín Ramella, Georges Bry, Stephen P. Ladas, Barros Monteiro, Pontes de Miranda, etc., até atingir a Súmula n. 142-STJ, que consignava: *"Prescreve em vinte anos a ação para exigir a abstenção de uso de marca comercial".* (cf. Tratado da Propriedade

Industrial-Marcas e Congêneres, Ed. Jurídica Brasileira, S.Paulo, 2003, V. II, págs. 1627 e seguintes de nossa lavra.)

Fomos vitoriosos pelo cancelamento da Súmula n. 142-STJ, mercê da Ação Rescisória n. 512, em 12-05-1999 e publicações em DJU 12-05-1999 e em 25-05-1999 e em 14-06-1999.

Restou vigente a Súmula n. 143-STJ, isto é:- *"Prescreve em 5 (cinco) anos a ação de perdas e danos pelo uso de marca comercial"* e a Lei da Propriedade Industrial n. 9279 de 14-05-1996 que assim estabelece em seu Art. 225, *"Prescreve em 5 (cinco) anos a ação para reparação de dano causado ao direito de propriedade industrial".*

Sobreveio o novo Código Civil pela Lei n. 10.406 de 10-01-2002, amparando uma generalidade pelo Art. 205, ou seja:- *"A prescrição ocorre em dez anos, quando a lei não lhe haja fixado prazo menor"* e como consequência não só os Tribunais dos Estados da Federação, como também o Superior Tribunal de Justiça tem vacilado sobre o real prazo de prescrição para as ações que provocam a ofensa ao direito de propriedade. Quanto às perdas e danos, não há dúvida que a prescrição é a quinquenal.

Ao que nos parece a partir de 14-05-2013, tudo mudou em razão do que assim foi decidido *"O prazo prescricional para a ação de indenização é qüinqüenal. Porém, o termo* "a quo" ***nasce a cada dia*** *em que o direito é violado. De fato, se a violação do direito é* ***continuada,*** *de forma que os atos se sucedam em seqüência, a prescrição ocorre do último deles, mas, se cada ato reflete uma ação independente, a prescrição alcança cada um, destacadamente",* (grifou-se) em REsp. n. 1.320.842-PR (2012/0086536-1), 4ª. Turma do STJ) e REsp. n. 1.263528.

Em razão desses fatos discorreremos sobre a "prescrição" desde o seu início e para tanto, desde logo, nos valemos dos mais antigos dicionários.

> "Prescrição". Encycl. Dir. Bras. "*É o prazo a que a lei dá o efeito de extinguir o direito que durante ela não foi exercido, ou faz adquirir um direito que nos termos e prazos da lei se exerceu. . .A prescrição se interrompe: pela citação feita ao devedor; pela propositura da ação contra ele; pelo protesto na devida forma; pelo reconhecimento expresso da dívida feito pelo devedor".* (Cf. Encyclopédia e Diccionário Internacional, W. M. Jackson-Editor, Rio de Janeiro, 1920, V. XVI, pag. 9288),
>
> "Prescrição, s.f.lat. praescriptione. *Ordem formal e explicita. Meio legal de adquirir a propriedade ou de se extinguirem obrigações pelo fato de não ser exigido o seu*

cumprimento". (Cf. Lello Universal, Ed. Lello & Irmãos, Porto-Portugal, 1945, pag. 630)

"Prescrição, *s.f. ordem formal e explícita. Modo de adquirir um direito ou uma propriedade, de ser isento de uma obrigação pela posse não interrompida ou pela cessação do exercício do direito* ***durante um espaço de tempo fixado pela lei; extinção de um direito,*** *que se não exerce por determinado tempo. A prescrição pode ser alegada em qualquer instância pela parte a quem aproveitar (Cód.Civ.Bras.Art.162)".* (Cf. Caldas Aulete, Dicionário Contemporâneo da língua portuguesa, Ed. Delta, Rio de Janeiro, 1958, pag. 4061). (grifou-se)

Resumidamente tem-se que a "prescrição" é **o prazo para a extinção de um direito; a prescrição se interrompe pela citação ou pela propositura da ação; é o meio legal de adquirir a propriedade; é o meio legal de extinguir uma obrigação pelo fato de não ser exigido o seu cumprimento.**

A prescrição remonta ao tempo de Justiniano, ou seja, a *"A longi temporis praescriptio", aplicando-se aos terrenos provinciais e sendo um instituto de direito magistral cabe quer as* "cives" *quer aos* "peregrini". *O tempo necessário para "prescrever" é de dez anos contra quem reside na mesma cidade (entre presentes) e de vinte anos entre cidades diferentes (entre ausentes).* (Cf. Alexandre Correia e Gaetano Sciascia, Manual de Direito Romano, Ed. Saraiva, São Paulo, Vol. I, 1957, pag. 176)

Havia, portanto, um prazo prefixado de dez ou vinte anos e, por via de conseqüência um *"dies a quo"* e um *"dies ad quem"*, para a contagem do prazo, porém, nada havendo sobre eventual interrupção ou dilatação.

Barros Monteiro, Sob o manto da mais abalizada doutrina, nos ensina sobre a "prescrição" que *"Como demonstra Cunha Gonçalves a prescrição é* ***indispensável à estabilidade e consolidação de todos os direitos;*** *sem ela nada seria permanente; o proprietário jamais estaria seguro de seus direitos, e o devedor livre de pagar duas vezes a mesma divida. (grifou-se). Foi Justiniano quem refundiu completamente o instituto, destacando sua dupla fase, aquisitiva e extintiva, sendo a primeira modo de adquirir a propriedade pela posse prolongada, e a segunda,* ***meio pelo qual alguém se libera de uma obrigação pelo decurso do tempo".*** (grifou-se) (cf. Washington de Barros Monteiro, Curso de Direito Civil, Parte Geral, Ed. Saraiva, São Paulo, 1960, pag. 294)

Obs: Este ensinamento é por demais importante porque o "decurso do tempo" ali mencionado faz crer que nesse interregno haverá sempre um dia do começo e outro dia o do fim, compreendidos pela totalidade do período que ampara a prescrição que, na verdade, não se dilata.

E, prosseguindo o autor diz que:- *"Consoante a definição de Clóvis Bevilacqua, prescrição é a perda da ação atribuída a um direito, e de toda a sua capacidade defensiva,* ***em conseqüência do não uso delas, durante um determinado espaço de tempo".*** (grifou-se) (Cf. obr. citada, pag. 295)

Obs: Repita-se, prescrição é a perda da ação durante um determinado espaço de tempo, o que autoriza a entender que esse "tempo" compreende todo um período que detém um início, um meio e um fim, posto que a mesma não se dilata.

E, dando seguimento o Autor repete o Professor Francisco Morato que assinala *"Na prescrição extintiva, a força extintora extermina a ação que tem o titular e, por via de conseqüência,* ***elimina o direito pelo desaparecimento da tutela legal.*** *Fenece a ação e, pelo fenecimento da ação, desaparece o direito".* (grifou-se) (Cf. obr. cit. págs. 294/5)

Acquaviva nos ensina que *"A prescrição requer dois elementos: a inércia do titular de um direito e o decurso do tempo. Para que ocorra a prescrição é preciso que o titular do direito não o exerça e, a seguir, que a inatividade se prolongue por algum tempo.* ***Se o prazo dentro do qual o direito deve ser exercido transcorrer*** *sem que o titular pratique ato para conservá-lo* ***a lei o declara extinto, impedida a ação judicial normalmente cabível".*** (grifou-se) (Cf., Marcus Cláudio Acquaviva, Dicionário Jurídico Brasileiro Acquaviva, Ed. Jurídica Brasileira, S.Paulo, 1995, pag. 1128).

Obs: Se, eventualmente, não for proposta a ação quando o direito de propriedade estiver sendo violado e for ultrapassado o prazo de prescrição estipulado pela Lei, o que demonstra que houve a inércia do titular, a consequência será a sua extinção da ação pelo decurso do tempo. Significa também que o titular tem a obrigação de agir no momento em que depara que o seu direito está sendo violado.

Na elogiável decisão já referenciada, discorrendo sobre a prescrição o ex-Min. Cesar Peluso salienta que *"Em suma, aplicada à causa, a solução técnica, que mal esconde uma concepção individualista do Direito, romperia a estabilidade e confiança necessárias ao desenvolvimento ordenado das relações econômicas e, com isso golpearia a lei humana na sua vocação mais profunda que é a de garantir a* ***"temporalis tranquillitas civitatis"*** *(Santo Tomás, Summa Theológica, 1ª. Liae, XCVIII, 1). E, com o agravo de premiar o negligente, ao qual no mundo moderno, onde é larga a disponibilidade das informações, lhe chegam com folga os cinco anos, para, se tem interesse legítimo na preservação da exclusividade do direito, impedir o uso de uma marca, do seu nome comercial ou de ambos".* (grifou-se) (Cf. Emb.Infrin. n. 236.278-1/0-01, 1a. Câmara Civil do Tribunal de Justiça de S.Paulo)

Tecendo considerações sobre a "prescrição e decadência" Orlando Gomes doutrina que *"A prescrição é o modo pelo qual um direito se extingue em virtude da inércia, durante certo lapso de tempo, do seu titular, que, em conseqüência, fica sem* ação *para assegurá-lo. Para ocorrer a prescrição requer:-* a) inércia do titular; b) o decurso do tempo. *É preciso que o titular do direito* não o exerça *e que a inatividade se prolongue por algum tempo.* ***Transcorrido o prazo*** *pelo qual o direito deve ser exercido, sem que seu titular pratique qualquer ato para conservá-lo,* ***a lei o declara extinto****, por via de conseqüência,* ***trancando a ação penal*** *de que poderia ele se ter valido para conservá-lo".* (grifou-se) (págs. 496/7)

Obs: A inércia é a falta por parte do titular da propositura da ação e o decurso do tempo corresponde ao prazo de prescrição estabelecido pela lei. Este prazo preconizado pela lei é fatal, visto que deve ser cumprido durante todo o período compreendido pelo mesmo. Findo o qual será trancada a ação e declarado extinto o feito para não mais se repetir, porque o prazo de prescrição não pode ser dilatado.

Sobre o fundamento da prescrição, assinala o Autor que: *"É a segurança do comércio jurídico que exige a consolidação das situações jurídicas pelo decurso do tempo. Trata-se, portanto, de medida de política jurídica, ditada no interesse da harmonia social. Segundo Savigny, o fundamento principal da prescrição é a necessidade de serem fixadas as relações jurídicas incertas, suscetíveis de dúvidas e controvérsias, encerrando-se a incerteza em* ***determinado lapso de tempo".*** (grifou-se) (pag. 497)

Obs: E mais uma vez constata-se que tudo se resume pela observância do decurso do tempo e/ou em determinado lapso de tempo.

E continua o autor afirmando que: ***"Ninguém pode*** **dilatar** ***prazo legal de prescrição.*** *A prescrição pode ser alegada pela pessoa física ou jurídica.* ***Não há momento predeterminado para invocá-la.*** *Em qualquer fase da demanda permite-se, na primeira, como na derradeira instância, na ação propriamente dita, como na execução. Para que o prazo possa calcular-se corretamente, interessa deter-*

minar o momento exato em que a prescrição começa a correr. A regra intuitiva é de que seu início *coincide com o instante em que* a pretensão *pode ser exercida".* (grifou-se) (Cf. Orlando Gomes, Introdução ao Direito Civil, 12ª. Ed. Rio de Janeiro, Ed. Forense, 1996, págs. 496/7)

Obs: Já afirmamos e agora repetimos:- o prazo de prescrição NÃO SE DILATA!!! E, pode a prescrição ser alegada em qualquer momento e/ou em qualquer fase do processo.

Enfocando a prescrição e a decadência CARLOS MAXIMILIANO doutrina que *"A prescrição é a definitiva consolidação de um estado* de fato *de que uma pessoa está gozando, oposta ao* direito *de outra. A prescrição extingue um direito; o escopo da prescrição é por fim a um direito que, por não ter sido utilizado, deve supor-se abandonado.* (Cf. Hermenêutica e Aplicação do Direito, Ed. Freitas Bastos, 1965, Rio de Janeiro, pag. 294)

SILVIO DE SALVO VENOSA anota esta diferenciação *"Adota-se o princípio da* "actio nata", *admitindo-se que a prescrição tolhe o direito de ação, ou, mais especificamente, dentro do direito material, a prescrição faz extinguir a pretensão, que é o espelho do direito de ação".* (Cf. Direito Civil, Ed. Atlas, S.Paulo, 2003, V. I, pag. 642)

Obs: Realce-se que o "o escopo da prescrição é por fim a um direito" e "a prescrição faz extinguir a pretensão.

NELSON NERY JUNIOR e ROSA MARIA DE ANDRADE NERY e com maior clarividência ensinam *"Prescrição condenatória, Quando a pretensão a ser deduzida em juízo for de natureza* condenatória *bem como as de* execução *dessas mesmas pretensões, o prazo previsto em lei para o seu exercício é de* prescrição. ***Nasce a pretensão com a violação do direito*** *e o titular pode exigir uma* prestação *do devedor. Assim as ações condenatórias de indenização, de perdas e danos (materiais e morais), condenatórias de obrigação de não fazer...".* A seguir assinala: *"Prescrição. Prazo subsidiário". Tendo em vista a* ***segurança jurídica*** *que as relações jurídicas devem ter,* ***as pretensões condenatórias sempre prescrevem".*** (grifou-se). (Cf. Código Civil Comentado e legislação extravagante, Ed. Revista dos Tribunais, S.Paulo, 2003, pag. 260).

Obs: Nasce a "pretensão" com a violação do direito e daí se tem como certo o *"dies a quo"* da prescrição, isto é, o dia em que o direito começou a ser violado.

PONTES DE MIRANDA com toda a sua verve doutrina que *"O ramo do direito em que nasce a* ***pretensão*** *é o que lhe marca a* ***prescrição,*** *ou estabelece*

prazo preclusivo do direito. *Se essa regra jurídica não foi prevista, rege o que o ramo do direito aponta como fundo comum a ele e a outros ramos do direito. No plano internacional, o sistema jurídico que é estatuto da* ***pretensão*** *também o é da* ***prescrição".*** (grifou-se). (Cf. Tratado de Direito Privado, Editor Borsoi, Rio de Janeiro, 3ª. Ed. 1971, pag.101)

Obs: Estabelece prazo preclusivo do direito, o que vale dizer que termina o prazo para se agir judicialmente.

CLOVIS BEVILACQUA afirmou que *"O verdadeiro fundamento do instituto da prescrição é a necessidade de ordem e paz. Portanto, é uma regra imposta pela* ***necessidade de certeza das relações jurídicas.*** *O interesse do titular do direito violado não pode prevalecer contra a necessidade de paz social. É por isso que o titular do direito subjetivo possui um* **lapso temporal determinado em lei** *para que possa exercer sua pretensão"* (grifou-se). (Cf. apud Maria Helena Diniz, Curso de Direito Civil Brasileiro V. I, Ed. Saraiva, S. Paulo, 2003)

Obs: Somente se poderá chegar a uma "certeza das relações jurídicas" se for observado rigorosamente o lapso temporal determinado em lei que é a "prescrição".

WILSON GIANULO, nos dá o seu conceito de *"Prescrição que é a perda da ação atribuída a um direito, e de toda a sua capacidade defensiva em conseqüência do não uso delas, durante um determinado espaço de tempo. A prescrição consiste na perda de ação para que se possa exigir através dela a prestação inserida no direito. Essencialmente, prescrição assume um contorno de* ***proporcionar definitividade*** *em situações jurídicas instáveis".* (grifou-se). (Cf. Novo Código Civil explicado e aplicado ao processo. V. I, Ed. Jurídica Brasileira, São Paulo, 2003, pag. 273/4)

Obs: A prescrição, provoca, portanto a "definitividade", isto é, a imediata e precisa extinção da ação, para não mais se repetir.

CAIO MARIO DA SILVA PEREIRA, sobre a Prescrição extintiva afirma que *"O titular de um direito subjetivo recebe da ordem jurídica o poder de exercê-lo e normalmente o exerce, sem obstáculo ou oposição de quem quer que seja. Se, entretanto,* ***num dado momento,*** *ocorre a sua* violação por outrem, ***nasce para o titular uma*** **pretensão** ***exigível judicialmente – "Anspruch".*** *A lei, no mesmo tempo em que o reconhece estabelece que a* **pretensão** ***deve ser exigida em determinado prazo,*** *sob pena de desaparecer. Para que se consume a prescrição é mister que* ***o decurso do prazo esteja aliado a inatividade do sujeito".*** (grifou-se)

(Cf. Instituições de Direito Civil, V. I, Ed. Forense, Rio de Janeiro, 32ª. Edição, pag. 575/6)

Obs: Constata-se que se "num dado momento nasce para o titular uma pretensão". É por demais intuitivo que esse nascimento (*dies a quo*) ocorre naquele instante em que o direito começa a ser violado. A pretensão deve ser exercida em determinado prazo, isto é, no espaço de tempo que se inicia com o *"dies a quo"* e culmina com o *"dies ad quem"*.

A prescrição, para nós é a determinação expressa em lei pela qual o legislador fixa o limite para que o titular do direito possa exercê-lo, sob a condição de que não haverá, em hipótese alguma possibilidade de dilatação. É a regra que regula o espaço de tempo dentro do qual poderá exercer o seu direito. É a maneira pela qual a lei estabelece um determinado período em que o titular do direito poderá reivindicá-lo para si. É o espaço decorrente do *"dies a quo"* e que culmina com o *"dies ad quem"*, para que o titular do direito adquira a propriedade do mesmo. É o limite do tempo em que o titular do direito pode exercê-lo e findo o qual perde toda prerrogativa de agir, pela inércia, pela negligência, pelo descaso ou pela demonstração tácita de não querer, efetivamente, fazer uso desse direito. (Cf. Tratado da Propriedade Industrial – Marcas e Congêneres, Ed. Jurídica Brasileira, S. Paulo, 2003, V. II, pag. 1630, de nossa lavra).

Transcritas as lições dos mais consagrados mestres do Direito Civil, nada mais curial do que sintetizar esses ensinamentos para que sejam devidamente realçados e, ao depois, aproveitá-los nas considerações que serão feitas em seguida:

1) Prescrição é uma ordem formal e explícita;
2) A prescrição é indispensável à estabilidade e consolidação de todos os direitos;
3) A prescrição é o meio pelo qual alguém se libera de uma obrigação pelo decurso do tempo;
4) A prescrição é a perda da ação atribuída a um direito, em consequência do não uso dela, durante um determinado espaço de tempo;
5) A prescrição elimina o direito pelo desaparecimento da tutela legal;
6) A prescrição é o modo pelo qual um direito se extingue em virtude da inércia, durante certo lapso de tempo;

7) A prescrição encerra a incerteza em determinado lapso de tempo;
8) Ninguém pode **dilatar prazo legal de prescrição;**
9) Não há momento predeterminado para invocar a prescrição;
10) A prescrição extingue o direito;
11) Nasce a pretensão com a violação do direito;
12) As pretensões condenatórias sempre prescrevem;
13) A prescrição é a perda da ação atribuída a um direito;
14) A prescrição assume um contorno de proporcionar definitividade em situações jurídicas instáveis;
15) A prescrição deve ser exigida em determinado prazo, sob pena de perecer;
16) Para apurar a prescrição requer-se o consenso de dois elementos essenciais: – o tempo e a inércia.

Tendo em vista que os dois elementos essenciais da prescrição são **o tempo e a inércia,** conclui-se, desde logo que: "No âmbito da propriedade industrial o "tempo" tem um prazo pré-determinado, isto é, um ***começo (dies a quo)*** que se inicia no momento (ofensa) em que o Direito passa a ser violado pelo infrator que comete o Crime Contra a Propriedade Industrial ou o Crime de Concorrência Desleal, um ***meio,*** ou melhor, todo o período em que for praticado o crime, e, um ***fim (dies ad quem),*** quando for proposta a ação objetivando a cessação da prática do ato incriminado (uso indevido, indenização, perdas e danos), comunicada através da **citação.** A "inércia" se verifica quando o titular do direito violado deixa de zelar (negligência) pela sua integridade e reputação, uma vez que não toma a providência judicial que o caso requer.

O *"dies a quo"* é consolidado pelo momento de apresentação do produto ao mercado, pela abertura do estabelecimento, pela constituição da empresa, e/ou por quaisquer outros meios que demonstrem o início da "ofensa", isto é, a violação do direito. Essa comprovação em juízo se faz mediante a apresentação de documentos e/ou de elementos hábeis, como por exemplo:- notas fiscais, catálogos, folhetos, rótulos, envoltórios, recipientes, embalagens, etc. Todos, evidentemente, com a respectiva data. Divulgação publicitária por qualquer meio, contrato ou estatutos sociais, e/ou qualquer outro elemento que contenha a sua "data".

O Código Civil sobre o *"dies a quo"* e também o *"dies ad quem"*, deixa claro em seu Art. 189 que *"Violado o direito, nasce para o titular a pretensão, a qual se extingue pela prescrição, nos prazos que aludem os Arts. 205 e 206"*. E, sobre este dispositivo explica NERY JUNIOR que ***"Nasce** a pretensão com a **violação do direito** e o titular pode exigir uma* prestação *do devedor. Assim, as ações condenatórias de indenização, de perdas e danos, (materiais e morais)..."*. (grifou-se) (Cf. Nelson Nery Junior e Rosa Maria de Andrade Nery, Código Civil Anotado, Ed. Revista dos Tribunais, S.Paulo, 2003, pag. 260).

Entenda-se o termo "nasce" como equivalente a "ofende-se" o direito existente e estabelece-se o início do prazo de prescrição. E, não tem que ser admitida qualquer outra explicação, posto que "Nascer" *"É vir ao mundo, vir à luz, começar a ter vida exterior, etc."*, o que vale dizer, é o mesmo que a DATA em que se iniciou a violação do direito.

Sobre a aplicação do Art. 189 do Código Civil, isto é, do *"dies a quo"*, ou melhor, quando violado o direito nasce a pretensão, recomenda-se o autor THEOTONIO NEGRÃO, in Código Civil Legislação em vigor, Ed. Saraiva, S.Paulo, 2017, págs. 134/137, posto que detém toda uma gama de explicações, doutrina e jurisprudência firmada.

Esse foi o procedimento correto que justificou as dezenas de decisões não só do Supremo Tribunal Federal, do Tribunal Federal de Recursos, do Superior Tribunal de Justiça e as centenas de outras proferidas pelos Tribunais de Justiça de todos os Estados da Federação. Releve-se, em todas essas decisões **nunca houve** a menor divergência sobre a aplicação do *"dies a quo"* ou do *"dies ad quem"*, posto que sempre e devidamente expressados.

E, assim se procedeu porque à luz dos doutrinadores e da jurisprudência firmada a *"prescrição NÃO se interrompe (a não ser nos casos expressos em lei) e NÃO se dilata"*, posto que a prescrição é:- *"indispensável à estabilidade e consolidação de todos os direitos; é o modo pelo qual um direito se extingue, e,* ***ninguém pode dilatar prazo de prescrição"*** porque como bem acentuado ficou, a *"prescrição tem um começo, um meio e um fim"*, previamente estipulados em lei e inalterável por quem quer que seja. Prazos esses que assim se enunciam:- a) Lei da Propriedade Industrial, n. 9279 de 14-05-1996 em seu Art. 225 – "Prescreve em 5 (cinco) anos a ação para reparação de dano causado ao direito de propriedade industrial"; b) Súmula n. 143 do Superior Tribunal de Justiça "Prescreve em 5 (cinco) anos a ação de perdas e danos pelo uso de marca comercial"; c) Código Civil, Art. 205 – "A prescrição ocorre em dez anos, quando a lei não lhe haja fixado prazo menor". Sobre este último particular NERY JR, comenta não só o cancelamento da Súmula n. 142, como também salienta que *"Como a inibitória é decorrência do dever de prestar (não fazer), tem nítido conteúdo condenatório, razão pela qual seu exercício está sujeito a prazo de prescrição. Sem previsão na lei, aplica-se a regra subsidiária do CC 205, ou seja, a pretensão de abstenção prescreve em dez anos".* (Cf. Nelson Nery Junior e Rosa Maria de Andrade Nery, Código Civil Comentado, Ed. Revista dos Tribunais, S.Paulo, 2003, pag. 263)

A prescrição é causa de extinção do processo com resolução de mérito conforme determina o Art. 487, n. II do Código de Processo Civil. Deve ser decretada de ofício pelo Juiz, ou seja: *"A norma é imperativa e não confere faculdade ao juiz para reconhecer a prescrição de ofício, mas* ***o obriga a pronunciá-la*** **"ex-officio".** *Agora o juiz deve reconhecê-la de ofício independentemente de quem será o prejudicado ou o beneficiado por esse reconhecimento".* (grifou-se). E, mais adiante completa o autor dizendo sobre o *"Reconhecimento Jurídico do Pedido. Ato privativo do réu, consiste na admissão de que a pretensão do autor é fundada, e, portanto deve ser julgada procedente. Seu objeto, portanto, é o "direito".* (Cf. Nelson Nery Junior e Rosa Maria de Andrade Nery, Comentários ao Código de Processo Civil, Ed. Revista dos Tribunais, 2015, pag. 1142/3)

Evidente que em tendo a "prescrição" um começo, um meio e um fim, ao ser levantada sua "preliminar", normalmente na contestação, deve o juiz, de pronto julgá-la, extinguindo definitivamente o feito com resolução de mérito. Se, eventualmente, assim não o fizer, o prejudicado será o autor que durante todo o curso do processo e até o seu julgamento deve conviver com a continuidade da prática do crime.

De qualquer maneira a prescrição deve ser analisada em seus dois elementos essenciais, quais sejam o do dia do começo e o do dia de seu fim, pela propositura da ação, para que se não torne "permanente" e nem sequer venha a ser "continuada".

Não obstante tenhamos percorrido um longo período de calmaria na correta, precisa e exemplar aplicação da prescrição tal como foi idealizada e adotada por Justiniano e que se alastrou por praticamente todos os países do mundo. Muito embora tenhamos tido também um certo período em que o os prazos de prescrição vacilaram entre cinco, dez e vinte anos por interpretações incorretas dos julgadores que se olvidaram que a propriedade das marcas e do nome comercial estão consagrados pela Constituição Federal. Tenha também sido resolvida em termos essa questão pelo cancelamento da Súmula n. 142 do Superior Tribunal de Justiça que nada mais deveria ter feito do que retornar ao contido no anterior Código Civil em seu Art. 178, § 10, inc. IX, isto é, a **quinquenal.** E, como assim não procederam os julgadores daí retornando a vacilar contra a precisão e clareza daquele memorável dispositivo legal, um novo período de incertezas se fez sentir em face do novo Código Civil que, não contemplando especificamente a prescrição como sempre ocorreu no anterior, deixou uma grande lacuna. Tem-se como certo, no entanto, que de uma forma ou de outra e no tocante à prescrição da "ofensa ao direito de propriedade" alguns julgadores têm aplicado o preconizado pelo Art. 205, do novo Código Civil, ou melhor, a prescrição decenal.

Como se tal não fosse o suficiente toda essa insegurança e/ou toda essa incerteza, lamentavelmente, voltou a reinar. Sim, voltar a reinar em decisões proferidas pelo Colendo Superior Tribunal de Justiça, razão porque nada mais curial que enfocá-las e comentá-las para se demonstrar que, ao que tudo indica e tudo leva a crer, aquela prodigiosa e bem posta instituição do Direito, desde Justiniano, está bastante abalada. Como medida de prudência serão omitidos os números, turmas e as respectivas partes e reduzida a ementa a apenas e tão somente o necessário para o seu fiel entendimento do que assim foi decidido. Daqui por diante passaremos a enfocar as decisões que foram proferidas a partir do ano de 2013. Ei-las pela ordem em que foram decididas: 1) Com a seguinte ementa: a) *violação do direito é continuada,* b) *os atos se sucedem em sequência,* c) *o termo "a quo" nasce a cada dia;* d) *a prescrição ocorre do último deles;* e) *o dano é permanente".* Com toda a devida "vênia" temos para nós que tal não se realiza e muito menos se justifica porque a "prescrição" como vimos à saciedade é *"uma ordem formal e explicita, é o meio de extinguir uma obrigação, é indispensável à estabilidade e consolidação de todos os direitos, é o modo pelo qual um direito se extingue pela inércia, é a segurança do comércio jurídico, e, notadamente* ***porque ninguém pode dilatar prazo legal de prescrição".***

Em assim sendo entendemos que a *"violação do direito"* poderá, eventualmente, ser *"continuada"*, por primeiro, somente se o titular do direito violado não zelar pela sua integridade e reputação ou, segundo, se o juiz ao tomar conhecimento da preliminar levantada na contestação sobre a prescrição não se manifestar de pronto acatando-a, como é o seu dever. Neste caso deixa de cumprir o disposto no Art. 487, n. II, CPC, relegando a sua apreciação para durante o curso do processo ou para o seu final quando proferir a sentença. Este acatamento deve ser imediato, posto que tem o condão de extinguir o feito com o julgamento de mérito. Logo, não pode ser deixado para mais tarde. Ressalte-se, nesse sentido, a lição de Nelson Nery JR, vista acima:- *"o juiz tem a obrigação de pronunciar a prescrição* "ex-officio". (sic)

No aspecto seguinte, os atos somente podem se *"suceder em sequência"*, o que autoriza entender que essa "seqüência" ocorrerá após a propositura da ação, somente se houver a omissão por parte do juiz singular que deverá, desde logo, acatar a preliminar de prescrição como visto no item imediatamente anterior.

Em dando seguimento tem-se que o *"termo* "a quo" não pode, em hipótese alguma *"nascer a cada dia"* porque a sua finalidade é estabelecer o "dia do início" da ofensa ou do dano. Não pode *"nascer a cada dia"*, insista--se porque, como já afirmamos a "prescrição" é formada por um período completo e/ou um conjunto composto por partes inseparáveis, quais sejam:- o "início", o "meio" e o "fim". A prescrição é, também, um "prazo" (período) e/ou um largo espaço do tempo. Tanto isso é fato que a doutrina ensina que *"a prescrição ocorre **durante um certo lapso de tempo"**.* Não nasce, portanto, a cada dia, mas sim num determinado e único dia (dia da ofensa) para se prolongar até alcançar o seu fim, de forma ininterrupta e não alternativamente.

A seguir pela ordem da ementa, temos que a prescrição NÃO *"ocorre do último deles"* pelos mesmos motivos acima aventados.

E, por derradeiro entende-se que o *"dano somente se **torna permanente"*** pelo descumprimento do juiz de acatar, como é sua obrigação, a preliminar de prescrição no momento em que for levantada e dessa forma, sem mais delongas, dar por encerrado o feito. Ocorre, também, devido à inércia do titular do direito violado que deixa de recorrer ao Poder Judiciário para propor a necessária ação judicial, no devido tempo.

Acrescente-se que do relatório e do voto dessa decisão, sob comentários, NÃO consta de um lado o *"dies a quo"* e, do outro, o *"dies ad quem"*, logo não se tem como devidamente fixado esse período para o estabelecimento dos dois limites do tempo. E, mais ainda NÃO há menção, elementos ou dados precisos que indiquem que *"o dano tornou-se permanente"* e em que período se verificou. O que há, e agora se repete, é a lição de CÂMARA LEAL que foi transcrita na r. decisão e que deixa claro que *"É da violação, portanto, que nasce a ação. E a* ***prescrição começa a correr desde que a ação teve nascimento, isto é, desde a data em que a violação se verificou"*** (sic – fls. 11) e grifou-se. Diante deste abalizado ensinamento não precisava mais nada, visto que o *"dies a quo"* já estava devidamente anunciado só que não foi comprovado e revelado nos autos. Logo, não chegou a nascer.

A despeito de assim o ser, tal não se constatou na continuidade da r. decisão visto que logo em seguida foi transcrita a lição de CAIO MARIO DA SILVA PEREIRA, ou seja: *"Se a violação do direito é continuada, de tal forma que os atos se sucedam, encadeadamente, a prescrição ocorre do último deles, mas se cada ato dá direito a uma ação independente, a prescrição alcança cada um destacadamente"* (sic – fls. 11)

E na seqüência foi assim concluído o "voto" nos seguintes termos:- *"Assim, considerando que a violação é permanente, enquanto a recorrente continuar a se utilizar marca alheia registrada, diariamente, o direito será violado, nascendo nova pretensão indenizatória; motivo pelo qual não há como reconhecer que a pretensão da parte recorrida estava prescrita quando do ajuizamento da demanda em questão"* (sic – fls. 11)

O que realmente parece estranho é que o Julgador tendo por base uma "doutrina isolada" decide de maneira incongruente e sem o menor respaldo ou base legal e o que é mais grave "criando **figuras"** que até então eram desconhecidas em nosso Direito.

Não podendo aceitar esse entendimento resolvemos consultar a obra do Autor mencionado, ou seja, o CAIO MÁRIO DA SILVA PEREIRA *"O titular de um direito subjetivo recebe da ordem jurídica o poder de exercê-lo e normalmente o exerce, sem obstáculo ou oposição de quem quer que seja. Se, entretanto,* ***NUM DADO MOMENTO,*** *ocorre a sua violação por outrem,* ***nasce para o TITULAR uma pretensão exigível judicialmente".*** (Cf. V. I, Edição Forense, 32ª. Edição, Fls. 575/6)

Entendemos que a expressão "NUM DADO MOMENTO" corresponda ao INÍCIO da violação, isto é, o "dies a quo". E, como corolário dessa assertiva há um PRAZO PRÉ-DETERMINADO e jamais em tempo algum um prazo qualquer.

Tanto isto é fato incontestável que o referido Autor completa em sua obra:- *"Para que se consume a prescrição é mister que o DECURSO DO PRAZO esteja aliado a INATIVIDADE do sujeito."*

A "inatividade do sujeito" é o *período compreendido* pelo *"dies a quo"*, isto é, a DATA do início da violação, e, o *"dies ad quem"*, ou seja, a DATA limite para a propositura da ação, eis que findo o qual (este último) ocorre a "prescrição".

Em face desses esclarecimentos retirados da obra citada, temos para nós *"data maxima venia"* que NÃO HÁ a "violação continuada", uma vez que "NÃO nasce a cada dia" e consequentemente também "NÃO HÁ um dano permanente".

Ao afirmarmos categoricamente como fizemos linhas acima, fomos muito mais longe, ou melhor, verificar como tudo ocorreu desde a primitiva ação ordinária e, nesse passo, constatamos:-

a) A empresa " T.L. Ltda", em data de 20-05-2000, propôs Ação ordinária cumulada com pedido liminar contra a "D. T. Ltda." para que *"deixe de se utilizar da marca "?" sob pena de multa, a condenação nos lucros cessantes e a condenação nos danos morais"*;
b) A empresa "D. T. Ltda." contestou a ação, alegando dentre outros a PRESCRIÇÃO contida no Art. 178, § 10, inc. IX, do CC de 1916, vigente na oportunidade combinado com o Art. 225 da Lei da Propriedade Industrial, e, bem assim a aplicação da Súmula n. 143 do STJ.

Para esse efeito comprovou pelo seu contrato social a sua existência de mais de DOZE ANOS e que os danos sofridos datavam do ano de 1993. Logo ocorreu a PRESCRIÇÃO, razão porque o Juiz Singular ACOLHEU a preliminar da pretensão reparatória, nos seguintes termos:

> *"Tenho que a* ***ofensa*** *restou caracterizada desde a data em que a autora* ***tomou ciência da utilização indevida de sua marca,*** *o que se deu, pelas informações dos autos, após o depósito no INPI da marca mista da empresa ré, o que ensejou a apresentação da oposição administrativa pela autora,* ***datada do início de 1993".*** (sic – fls. 859)

c) O TRF da 4ª. Região reformou a sentença e **afastou a prescrição.**

d) Do voto do relator retira-se que:- *"No tocante à prescrição, o **dano** pelo uso indevido da marca é **permanente.***

*O dano não ocorre no momento em que primeiro a ré utilizou a marca similar a da autora, mas se **perpetua no tempo até que cessada a conduta,** de modo que somente **a partir daí corre a prescrição".*** (sic fls. 954)

Considerando que a ação ordinária foi proposta em **20-05-2000** e a contestação comprova que a requerida já vinha se utilizando de seu "nome comercial", há doze anos, isto é, desde o ano de **– 1 9 8 8 –**, tem-se como certo que ocorreu a "prescrição" preconizada pelo Art. 178, § 10, inc. IX do CC/1916 e relativa à **ofensa ao direito de propriedade.**

Por outro lado, como a contestação também aplicou a Súmula n. 143 do STJ, combinada com o Art. 225, da Lei da Propriedade Industrial e **havia as provas do uso da marca desde o ano de 1993,** pelo Juiz Singular foi acolhida a **prescrição quinquenal pelas perdas e danos.**

Ao que tudo indica o Tribunal pecou duas vezes, porque na oportunidade a "prescrição" não só para a **ofensa** como também para o **dano era a quinquenal.** E pecou mais ainda o Tribunal porque *"afirmar que o dano NÃO ocorre no momento em que primeiro a ré utilizou a marca similar a da autora, mas **se perpetua no tempo** até que cessada a conduta"*, é realmente uma HERESIA e/ou um ato inconsequente, porque dos autos consta os dois elementos essenciais que identificam o *"dies a quo"*, ou melhor:- a "Constituição da empresa ré" em 1988, há doze anos, e o "pedido de registro da marca" em 1993, há sete anos. A conduta da Requerida, por sua vez, deveria **cessar,** somente após a propositura da ação proibitória, isto é, quando atingiu o limite e/ou *"dies ad quem"*.

Se, como bem leciona NELSON NERY JR que o *"juiz é obrigado a decidir sobre a prescrição"* e, se assim o fez o Juiz Singular acolhendo a prescrição à vista de **documentos hábeis,** como claramente se expressou, NÃO pode, *"data máxima venia"*, o Tribunal decidir em contrário, mormente, sob a peia de que o **dano é permanente.**

O que realmente causa espécie é que a Autora dessa ação suportou durante *"doze anos"* a concorrência da Requerida e, ao que tudo indica, sem nenhum conflito durante esse longo interregno, para propor a sua ação proibitória e ainda é beneficiada pela procedência da mesma. A Requerida, por sua vez, deixou de ter ao seu favor o instituto secular da "prescrição" para, com essa decisão extravagante, ter que arcar com as perdas e danos.

Este procedimento alheio à normalidade nos permite apregoar que NÃO existe o "dano permanente" e nem sequer a "violação continuada", porque as mesmas são "interrompidas" pela propositura da ação inibitória. Se, neste momento e/ou nesta "data" já decorreu o prazo quinquenal, por certo a partir do mesmo, que é o *"dies ad quem"* consolidou-se a *"prescrição"*. Por via de consequência lógica a referida NÃO nasce a cada dia porque, na realidade, já havia nascido muito tempo antes, isto é, quando se iniciou o *"dies a quo"*. **LOGO, EXTINTO O SEU DIREITO DE AÇÃO.**

O que de pronto deve ser considerado, visto que na segunda parte veremos à saciedade, é que a jurisprudência específica e iterativa do S T F, do T F R, do S T J e dos TRIBUNAIS Estaduais, se consolidou diante dos dois elementos essenciais, isto é, o *"dies a quo"* e o *"dies ad quem"*. A doutrina dominante leciona que:- *1) A prescrição é uma ordem formal e escrita; 2) A prescrição é indispensável à estabilidade e consolidação de todos os direitos; 3)* ***Ninguém pode dilatar prazo legal de prescrição*** *e, 4) E, com toda a ênfase assinala NELSON NERY JR* ***"a prescrição é causa de extinção do processo em face do Art. 487 do CPC. É norma IMPERATIVA e OBRIGA AO JUIZ PRONUNCIÁ-LA "ex-officio".***

A segunda e a terceira decisão, proferidas por outro julgador, em outra Turma por serem praticamente iguais serão vistas em conjunto, e, contém as seguintes EMENTAS:

> *1ª. EMENTA:- Ação de abstenção de uso de marca e nome empresarial e de reparação de danos. Prescrição. Reparação de danos.* ***Violação permanente. Marco inicial que se renova a cada dia.***
> *2ª. EMENTA:- Propriedade industrial. Marca nominativa. Uso por terceiro. Reparação de danos.* ***Violação permanente. Marco inicial que se renova a cada dia.***

Do voto condutor, sob o título de "PRESCRIÇÃO" os argumentos de **ambas as decisões são exatamente os mesmos**, isto é, com as **mesmas palavras,** porém, SEM NENHUMA JUSTIFICATIVA do porque a **"violação é permanente" e o "marco inicial que se renova a cada dia".**

E, na verdade NÃO houve a menor justificativa porque a r. decisão **limitou-se** a assim se expressar:- *"Nesse sentido confiram-se os seguintes jul-*

gados:- REsp. n. . . ?. . . .de 08-09-2014 e REsp n . . ?. . de 01-07-2013". (sic fls. 09, de cada acórdão).

Observe-se que a "primeira referência" diz respeito ao acórdão que trata da "ementa:- AFASTADA A PRESCRIÇÃO e será comentado logo em seguida, e a "segunda referência", concerne ao Acórdão da r. decisão acima comentada à saciedade.

O que nos parece e realmente causa espanto é que os julgamentos são feitos, praticamente, **espelhados em julgamentos anteriores,** porém, SEM o devido e indispensável cuidado de se averiguar a **íntegra dos mesmos,** posto que pelo demonstrado acima a sua "menção" se restringe ao "número" do acórdão e nada mais.

Com todo o respeito e a devida consideração que merece o julgador e, realçando, a nossa *"data máxima venia"*, essas duas decisões ficam, lamentavelmente, a desejar e muito !!!...

A quarta e quinta decisão, **não obstante antagônicas,** com números de recursos especiais distintos, mas, decididas como se fossem **exatamente iguais,** por incrível que pareça, contém as "ementas" formadas pelas mesmas palavras, ou seja:

> *3ª e 4ª. EMENTAS:- Ações de abstenção de uso cumuladas com pedido de indenização de marca e nome comercial. Prescrição. Termo inicial.* ***Prescrição afastada.***

A grande e irrecusável realidade é que as duas ações que foram anexadas e julgadas em conjunto são **completamente diferentes,** e, assim devidamente distinguidas em face das suas próprias iniciais:

> "DIFERENÇAS ENTRE AS DUAS AÇÕES"
>
> 1ª. A empresa "C. H." propôs uma Ação ordinária de cessação de ato incriminado, perdas e danos pelo USO que vinha sendo feito de um "Centro Comercial L.H.".
>
> 2ª. A empresa "L.H." propôs uma Ação ordinária de cessação da prática de ato incriminado, perdas e danos contra *três empresas:-* "P.C.I.R.Ltda".; "L.M.Ltda" e a "C.H.", duas estabelecidas na Capital de São Paulo e a última em localidade de Santa Catarina, por precatória.

3ª. Ressalte-se que a primeira Ação foi proposta contra um Centro Comercial e a segunda ação contra o uso de "título de estabelecimento" utilizado em "idioma inglês" (H.S.) e também no português, como "L.H."

No primeiro caso foi levantada a "preliminar de prescrição" porque foram apresentadas **provas contundentes** de que o "Centro Comercial", abriu as suas portas, foi inaugurado e iniciou as suas atividades PUBLICANDO essa abertura do centro em JORNAIS dos dias 04-10-1994, 14-11-1994, 20-11-1994 e 01-12-1994. Repita-se, publicou a abertura por quatro vezes!

Como a ação ordinária foi proposta no dia **07 de dezembro de 1999,** isto é, mais de CINCO ANOS DEPOIS, a Ação estava PRESCRITA. Tanto estava prescrita que a "preliminar" foi acatada pelo Juízo Singular. Interposto o Recurso de Apelação foi o mesmo provido porque foram apresentados Contratos de Franquia datados de novembro de 1997 e de julho de 1998. Eivados por **esses fatos e por declarações mentirosas de que o "centro comercial" foi aberto no ano de 1999,** os Julgadores do Tribunal cassaram aquela preliminar de prescrição. Esta **anomalia incomensurável persistiu,** sendo que o Superior Tribunal de Justiça chegou à absurdeza de **afastar a prescrição** nas duas ações propostas, não obstante "ANTAGÔNICAS", e, mais ainda por **NÃO ter havido preliminar de prescrição na segunda ação.**

"*Data respeitabilíssima venia*", estamos à frente de decisões inconsequentes e atrabiliárias !!!

Prescrição à luz do melhor direito

Com efeito e o Instituto da PRESCRIÇÃO remonta à **JUSTINIANO,** ou seja, "*a longi temporis praescriptio*", considerada, inclusive, como sendo o "direito magistral" dos **"civis" e dos "peregrinos".** Já, naquela época era dividida em "aquisitiva", como o "modo de adquirir a propriedade" e em "extintiva", como **"o meio pelo qual alguém se libera de uma obrigação pelo DECURSO DO TEMPO".** Saliente-se que nesse conceito já havia o seu elemento preponderante e essencial, qual seja, o **"decurso do tempo"** e ao que, respeitosamente, se supõe com o estabelecimento dos seus dois extremos, isto é, o "*dies a quo*" e o consequente "*dies ad quem*".

Mas, como soi acontecer em tudo "o tempo passou pela janela . . .", e, qual foi o entendimento dos mais consagrados doutrinadores que tivemos sobre a PRESCRIÇÃO? Eis as respostas dos mais destacados:

a) **CLÓVIS BEVILAQUA**: *"É a perda da ação atribuída a um direito e de toda a sua capacidade defensiva, em consequência do NÃO USO DELAS, durante um DETERMINADO ESPAÇO DE TEMPO.*
b) **CUNHA GONÇALVES:** *"A prescrição é* ***indispensável à estabilidade e c****onsolidação de todos os direitos".*
c) **FRANCISCO MORATO:** *"Na prescrição extintiva, a força extintora EXTERMINA a ação que tem o titular e, por via de conseqüência ELIMINA O DIREITO pelo desaparecimento da tutela legal".*
d) **ORLANDO GOMES:** *"A prescrição é o modo pelo qual um DIREITO SE EXTINGUE em virtude da INÉRCIA, durante CERTO LAPSO DE TEMPO."*
E, mais ainda, acentua o autor:- ***"Ninguém pode DILATAR PRAZO legal de prescrição",*** *e, com toda a ênfase:* ***"Não há MOMENTO predeterminado para invocá-la".***
e) **CARLOS MAXIMILIANO:** *"A prescrição EXTINGUE um direito; o escopo da prescrição é POR FIM a um direito que, por não ter sido utilizado, deve supor-se abandonado".*
f) **PONTES DE MIRANDA:** *"O ramo do direito em que nasce a PRETENSÃO é o que lhe marca a PRESCRIÇÃO, ou estabelece PRAZO PRECLUSIVO DO DIREITO".* E, mais adiante, conclui:- *"No plano internacional, o sistema jurídico que é o estatuto da PRETENSÃO também o é da PRESCRIÇÃO".*
g) **CESAR PELUSO:** O ex-Ministro do Supremo Tribunal Federal em memorável decisão, repetindo a lição de Santo Tomás de Aquino, assim se expressou:- *"E, com o agravo de PREMIAR o negligente, ao qual no mundo moderno, onde é larga a DISPONIBILIDADE de informações, LHE CHEGAM COM FOLGA OS* ***CINCO ANOS,*** *para, se tem interesse na PRESERVAÇÃO da exclusividade do direito, IMPEDIR O USO DA MARCA".*

Se aceitarmos, como de fato e de direito ACEITAMOS as "lições" dos renomados mestres, temos que qualquer que seja o entendimento da PRESCRIÇÃO, o mesmo deverá estar ligado, atado, subentendido e irrecusavelmente COMPREENDIDO dentro dos "dois extremos do tempo" em que a mesma ocorre, quais sejam:- o *"dies a quo"* e o ulterior *"dies ad quem"*.

A "contrario senso", será a balburdia, a bagunça e a irreverência, posto que será abolida de nosso Direito a sua mais antiga instituição e de aceitação no âmbito universal que é a PRESCRIÇÃO.

Enfocando, mais uma vez, a última questão, qual seja, de **"Afastada a prescrição"**, temos para nós e, de pronto, *"data máxima venia"* que essas r. decisões foram proferidas mediante um "procedimento" que NÃO existe, em hipótese alguma, em nossas leis e muito menos se tornou uma prática costumeira. Logo, **INÉDITA** e inadmissível.

Tanto isto é fato incontestável que, desde logo, fazemos valer a lição do Consagrado NELSON NERY JR *"in verbis"*:

> "A prescrição é causa de EXTINÇÃO do processo com resolução de mérito conforme o Art. 487 do CPC. A **norma é imperativa** e não confere faculdade ao juiz para reconhecer de ofício, mas **o OBRIGA A PRONUNCIÁ-LA "ex-officio".**
>
> E, mais adiante completa: "Agora o JUIZ deve **reconhecê-la de oficio** independentemente de quem será o prejudicado ou beneficiado por esse reconhecimento" (Cf. NELSON NERY JR e ROSA MARIA DE ANDRADE NERY, in Comentários ao Código de Processo Civil, Ed. Rev. dos Tribunais, 2015, págs. 1142/3)

Repita-se, o JUIZ É OBRIGADO A PRONUNCIÁ-LA. E, assim o fez o JUIZ SINGULAR, posto que por **documentos hábeis** ficou devidamente COMPROVADO que:- *"Pelas publicações do JORNAL DE SANTA CATARINA de 04-10-1994, e outros, foi feita a DIVULGAÇÃO da "inauguração e abertura" do CENTRO COMERCIAL (objeto da ação), porém, a Ação proibitória e condenatória, foi proposta no dia **07 de dezembro de 1999,** isto é, quando haviam sido decorridos CINCO ANOS E UM MÊS. Nesta oportunidade, pela aplicação **quinquenal** do Art. 178, § 10, inc. IX do Anterior Código Civil, foi **DECLARADA EXTINTA** a ação pelo Juiz Singular de Blumenau.*

Sem qualquer base legal, sem nenhuma razão plausível, e, notadamente SEM NENHUMA DISPOSIÇÃO NA LEI, foi "afastada a prescrição". Ora, a "prescrição" é *"o ato ou efeito de prescrever, uma ordem expressa, um preceito, uma regra"*. "Prescrever" é *"determinar, fixar, limitar"*. A "prescrição", é pois um PRECEITO, uma REGRA, enquanto que "prescrever" é FIXAR e é LIMITAR.

No âmbito da Propriedade Industrial a *"PRESCRIÇÃO tem um* ***"início"*** *que ocorre quando se* ***estabelece o "dies a quo"*** *e por ter sido* ***ofendido*** *o direito de propriedade industrial, um* ***"meio",*** *período dentro do qual o USO se realiza SEM qualquer oposição por parte de terceiros e, um* ***"fim",*** *quando se alcança o* **"dies ad quem",** *pela propositura da ação pelo titular do direito violado e se consolida pela "citação válida".*

No caso da decisão em exame o **início (dies a quo)** foi no dia 04 de outubro de 1994 quando foi DIVULGADA a abertura e inauguração do Centro Comercial, um **meio,** ou melhor o transcorrer dos CINCO ANOS em que o USO se fez livremente e um **fim (dies ad quem),** quando foi PROPOSTA, extemporaneamente a ação em 07 de dezembro de 1999.

Como já visto à saciedade:- 1) A prescrição é **indispensável a estabilidade** de todos os direitos; 2) A prescrição é a perda da ação atribuída a um direito; 3) A prescrição encerra a incerteza em determinado lapso de tempo; 4) A prescrição extingue o direito; 5) E, com toda a ênfase:- **NINGUÉM PODE DILATAR PRAZO DE PRESCRIÇÃO,** temos como consequência lógica, coerente, verossímil e inquestionável que ninguém, em sã consciência pode **AFASTAR A PRESCRIÇÃO,** mormente no caso em exame em que a PRESCRIÇÃO ocorreu e se consolidou em face **da negligência, do descaso na observância de um PRAZO FATAL** que deixou de ser respeitado, e, transcorreu de **forma inexorável.**

Isto posto e se, eventualmente, essas decisões anômalas persistirem, gostaríamos de indagar como poderão ser justificadas as "dezenas" de decisões do SUPREMO TRIBUNAL FEDERAL, outras tantas do Tribunal Federal de Recursos, as inúmeras decisões que foram proferidas pelo SUPERIOR TRIBUNAL DE JUSTIÇA, as duas Súmulas que se lhe seguiram, as "centenas" de decisões, expressivas e bem postas dos TRIBUNAIS DE JUSTIÇA de todas as Unidades da Federação, que SEM qualquer tipo de vacilação se nortearam **à unanimidade** pelo intocável e até então, inquestionável, estabelecimento do *"dies a quo"?*

Durante esse longo e interminável interregno, dentre todas as decisões já referenciadas, merece especial REALCE uma decisão da 2ª. Turma do SUPREMO TRIBUNAL FEDERAL, em Agravo Regimental n. 80.060, tendo sido Relator o Min. DJACI FALCÃO, e, da qual participamos ativamente, tendo do outro, lado o Prestigioso Advogado Dr. LUIS LEONARDOS.

A importância dessa decisão é que a mesma foi AQUEM do normal estabelecimento do *"dies a quo"*, visto que, deixando de lado a base legal, isto é, da DATA do arquivamento dos atos constitutivos da empresa na Junta Comercial, RETROAGIU à data da ASSINATURA do contrato social, ou seja, *"in verbis"*:

> "A Recorrida, baseando-se no Art. 39 da Lei n. 4726/65, alega que sendo o contrato social datado de 14-08-1972, e tendo sido apresentado à Junta Comercial, nos 30 dias subsequentes, os **efeitos do arquivamento retroagiram**".

Deu-se, então, acolhimento ao preconizado pelo Código Civil anterior, em seu Art. 178, § 10, inc. IX, ou seja:- *"Prescreve em cinco anos a ação por ofensa ou dano causados ao direito de propriedade"*, com o estabelecimento expresso do *"dies a quo"*, isto é, ***"contado o PRAZO da data em que se deu a mesma ofensa ou dano."***

Conclusões

Desde tempos imemoriais existe, quiçá até uma das maiores instituições do direito universal, qual seja, a PRESCRIÇÃO que teve o condão de ser refundida por Justiniano e, entre nós definida por Clóvis Bevilacqua e daí por diante seguida pelos mais abalizados e consagrados doutrinadores. Amparada eficazmente pelo Código Civil anterior na memorável disposição inserta no Art. 178, § 10, inc. IX, como sendo:- *"prescreve em cinco anos a ação por ofensa ou dano causados ao direito de propriedade, contado o prazo da data em que se deu a mesma ofensa ou dano"* originou toda uma série de decisões soberanas do Excelso Supremo Tribunal Federal e dos Tribunais de Justiça de todas as unidades da federação.

Em dado momento alguém achou por bem julgar que o "nome comercial" era um direito personalíssimo, razão porque deveria ser aplicado o previsto no mesmo Código Civil em seu Art. 177, ou seja:- *"As ações pessoais prescrevem ordinariamente em vinte anos, as reais em dez entre presentes, e, entre ausentes em quinze, contados da data em que poderiam ter sido propostas"*. Boa parte de julgadores aderiu a esse entendimento, porém, não só do direito pessoal como também do direito real provocando uma total falta de critério ao assim proceder.

Ao que tudo indica esses julgadores não tiveram em mente o secular Código Comercial sancionado pela Lei n. 556 de 15-06-1850, em que a figura do "comerciante" e a sua "firma" eram os predominantes. E, não obstante as firmas fossem constituídas pelos nomes das pessoas e/ou seus patronímicos estavam, desde então, amparados pelo Direito Comercial. E, nem sequer se preocuparam em consultar a doutrina estrangeira para se assegurar entre os consagrados:- Moise Amar, Eugene Pouillet, Agustín Ramella, Stephen P. Ladas, Yves Saint Gal, Georges Bry, etc., e, os nacionais:- Affonso Celso, Bento de Faria, Almeida Nogueira & Fischer Junior, Pontes de Miranda, Descartes de Magalhães, Carvalho de Mendonça, Washington de Barros Monteiro, Luiz Leonardos que não só a "marca" como também o "nome comercial" se constituem em DIREITO DE PROPRIEDADE. Logo, incompatível era a aplicação desse dispositivo de natureza pessoal.

De qualquer forma, o que se tem como certo é que a "prescrição" dentre tantos conceitos como o de ser a segurança do direito, é também indispensável à consolidação de todos os direitos, é o modo pelo qual um direito se extingue em virtude da inércia, durante certo lapso de tempo. É por demais primordial relevar que existem dois dos seus elementos que não podem ser desconhecidos ou mesmo descartados, por quem quer que seja. São eles: **"ninguém pode dilatar prazo legal de prescrição"**, e, **"não há momento predeterminado para invocá-la"**.

Como corolário dessas assertivas NÃO se pode aceitar que NÃO HAJA mais a prescrição, porque, agora:- **o dano é permanente, nasce a cada dia e a violação é continuada,** conforme decisões do STJ acima comentadas.

Sobreveio, no entanto, o novo Código Civil pela Lei n. 10.406 de 10-01-2002, trazendo consigo disposições que merecem ser consideradas. O Art. 189, deixa claro que *"Violado o direito, nasce para o titular a pretensão, a qual se extingue pela prescrição, nos prazos a que aludem os Arts. 205 e 206"*. Eis aí implícitos o "início" (violado o direito, nasce) e o "fim" (quando termina o prazo final da prescrição).

O Art. 193, de grande valia, deixa expresso que: *"A prescrição pode ser alegada em qualquer grau de jurisdição, pela parte a quem aproveita"*.

A despeito dessa possibilidade, em qualquer tempo, é prudente que a "prescrição" seja objeto de "preliminar" por ocasião da contestação para que, desde logo, seja extinto o processo com julgamento de mérito.

Os Arts. 197, 198 e 199, estabelecem os casos em que não ocorre a prescrição, e, finalmente o Art. 202 e seguintes relatam os casos de interrupção da prescrição.

Considerando que este Código não estabeleceu prazo específico sobre a prescrição dos direitos de propriedade industrial, a tendência dos julgadores tem se norteado pela aplicação do disposto no Art. 205, isto é: *"A prescrição ocorre em dez anos, quando a lei não lhe haja fixado prazo menor".*

Em face de todo o exposto e procurando sempre manter, em toda a sua plenitude, a instituição da prescrição tal como se originou e se manteve por tempo incalculável é de se esperar que esse grande lapso de tempo não seja interrompido para que não venha, por motivos outros perecer. Recomenda-se que as decisões que culminaram com o *"dano permanente"*, que *"o termo* "a quo" *nasce a cada dia em que o direito é violado"*, que *"se a violação do direito é continuada, de tal forma que os atos se sucedam em sequência"* e/ou outras equivalentes, por sem dúvida, que não só sejam devidamente reexaminadas como também e muito melhor solidificadas por elementos, documentos e bases sólidas apresentadas de maneira inquestionável. E, neste particular repita-se o acima já ventilado, ou seja: *"Não se pode calar "data máxima vênia" para com uma "doutrina isolada" que foi adotada na primeira decisão acima e que teve o condão de abalar toda uma estrutura milenar do instituto da prescrição que vem se mantendo inalterável através dos tempos".*

11.
PROTEÇÃO DE DADOS PESSOAIS COMO INSTRUMENTO PARA TUTELA DA PROPRIEDADE INTELECTUAL NA REPRESSÃO AO MERCADO DIGITAL ILEGAL

VINICIUS CERVANTES G. ARRUDA

Introdução: contextualização da cenário enfrentado

A repressão de infrações à propriedade intelectual tem se mostrado um enorme desafio, especialmente diante daquilo que é popularmente conhecido como "pirataria". Nesse contexto e grau de ilegalidade, trabalhos desenvolvidos ao longo dos anos demonstram que a conjunção de esforços e de diferentes direitos é o melhor caminho a ser seguido para a obtenção de resultados mais efetivos. Isso porque a única análise feita no mercado ilegal é quanto à sua viabilidade e é bastante simples. Trata-se da constante busca pelo menor custo possível, associada à maior lucratividade atingível, com vistas a sopesar esses critérios e os riscos associados a tais negócios. A partir dessa equação, define o infrator qual será o caminho mais lucrativo e viável a ser seguido. Essa viabilidade constatada por aqueles que atuam no mercado ilegal atropela qualquer direito, seja ele um direito real, como o de propriedade industrial, seja ele um direito humano, fundamental, como o direito à vida, à saúde ou à proteção de dados pessoais.

Os benefícios do menor custo e maior acesso às tecnologias e à Internet, somados à democratização do acesso à informação são também acompanhados da capacidade de adequação daqueles que violam direitos de propriedade intelectual. Embora não possuam uma única característica que os diferencie de mercados tradicionais, a "confluência de diversos fatores encontrados em outras áreas da economia faz com que mercados digitais apresentem uma estrutura econômica única, exigindo uma análise em separado"[262]. Isso porque, "em particular, plataformas apresentam fortes efeitos de rede e economias de escala, importantes economias de escopo por conta do papel desempenhado por dados, baixíssimos custos marginais e escopo global"[263]. Logo, para que seja possível alcançar resultados mais efetivos, especialmente em cenários de elevada ilegalidade e de migração dos infratores para os meios digitais, outros instrumentos podem ser utilizados em conjunto com as normas jurídicas que tutelam de maneira específica e direta os bens imateriais. Eventos devastadores, como a pandemia da Covid-19, ensejam momentos disruptivos, muitos dos quais são fomentados pelas mudanças nos meios de produção e no comércio, visualizadas neste período.

Nesse contexto em que a economia é "rebatizada de nova, para com isso indicar sub-repticiamente que está sendo conduzida por uma espécie de 'mão-invisível' das novas tecnologias"[264], reforça-se a necessidade de conjunção de normas jurídicas para efetividade da tutela dos interesses de titulares de direitos de propriedade intelectual. Justamente nisso, a Lei de Propriedade Industrial (Lei 9.279/96) ou a Lei de Direitos Autorais (Lei 9.619/98), o Código de Defesa do Consumidor (Lei 8.078/90), o Marco Civil da Internet (Lei 12.965/2014), o Decreto 7.962, de 15 de março de 2013, que regulamenta o comércio eletrônico e, mais recentemente, a Lei Geral de Proteção de Dados (Lei 13.709/2018), exercem relevante função.

[262] Conselho Administrativo De Defesa Econômica. Concorrência em mercados digitais: uma revisão dos relatórios especializados. Brasília: Departamento de Estudos Econômicos, 2020. p. 12.
[263] Conselho Administrativo De Defesa Econômica. Concorrência em mercados digitais: uma revisão dos relatórios especializados. Brasília: Departamento de Estudos Econômicos, 2020. p. 12.
[264] Taveres, André Ramos. Vestígios do futuro: 100 anos de Isaac Asimov. 1. ed. São Paulo: Etheria Editora, 2020, p. 282.

O objetivo deste capítulo, é, portanto, apontar a interseção da Lei Geral de Proteção de Dados Pessoais (LGPD) com a propriedade intelectual sob o ponto de vista prático, especificamente no que se refere à possibilidade de utilização da LGPD como instrumento argumentativo e de enfrentamento do mercado ilegal, inclusive para reforçar a relevância do tema "combate à pirataria" junto ao Poder Público. Isso, não apenas pelo viés da necessidade de se proteger os bens imateriais, a lealdade concorrencial e de proporcionar maior segurança jurídica para o investimento em inovações. A análise de direitos como os difusos, os coletivos ou os fundamentais em argumentações de defesa e proteção da propriedade intelectual e das atividades econômicas tem como função evidenciar a interferência e a possibilidade de grave dano aos indivíduos mediante a violação de direitos indisponíveis. Violação essa que é praticada por aqueles que infringem direitos de propriedade intelectual e atuam na ilegalidade.

Uma vez demonstrado que a prática ilícita ultrapassa direitos puramente privados ou individuais, especialmente de grandes empresas, o alerta e visualização do problema toma outra proporção, viabilizando não apenas a defesa de interesses dos titulares de direitos de propriedade intelectual, como também fomentando a atuação do Estado em prol dos indivíduos e o desenvolvimento de políticas públicas a favor da sociedade e da economia. Aliás, o assunto tem chamado a atenção de diversos setores da economia e do próprio Estado há bastante tempo. Logo, o fortalecimento de políticas públicas e da cultura de proteção de dados pessoais traz um novo e robusto reforço para o enfrentamento do problema.

Sob o ponto de vista econômico, os valores movimentados e as perdas decorrentes do mercado ilegal, repleto de violações à propriedade intelectual, chamavam a atenção já no início do século XXI, quando os números alertavam para a gravidade do problema. A Comissão Parlamentar de Inquérito da Pirataria, em 2004, documentou a lastimável situação que, já naquele momento, a sociedade brasileira vivia. Em 2002 a evasão de tributos provocada pelo mercado de produtos falsificados movimentava cerca de R$ 10 bilhões ao ano, valor suficiente na época para custear os programas nacionais de educação, saneamento e habitação[265]. Núme-

[265] Medeiros, Luiz Antônio de. A CPI da Pirataria: os segredos do contrabando e da falsificação no Brasil. 1. ed. São Paulo: Geração Editorial, 2005. p. 31.

ros recentemente divulgados pelo Fórum Nacional Contra a Pirataria e a Ilegalidade[266] apontam que as perdas em quinze setores da indústria nacional[267], somadas à sonegação de impostos inerentes a esse mercado, ultrapassam 287 bilhões de reais.

A questão vai, ainda, além da economia. Não se questiona a utilidade e o valor inerente aos dados, a sua capacidade de viabilizar a tomada de melhores decisões, a conquista de mercado e o desenvolvimento de políticas públicas mais eficazes. Entretanto, como bem apontou o Ministro Roberto Barroso no julgamento de emblemático caso envolvendo a proteção de dados pessoais no Brasil, "vivemos tragicamente um tempo de milícias digitais robotizadas, operadas por marginais que se abrigam nos lugares mais insólitos, inclusive em diferentes partes do mundo"[268]. Logo, o que se coloca é: em um cenário em que questões como a lealdade concorrencial, o respeito à propriedade intelectual, aos consumidores ou à boa-fé são deixadas completamente de lado como ocorre no mercado ilegal, os titulares de dados pessoais estarão submetidos a elevadíssimos riscos à sua privacidade e ao tratamento ilícito de seus dados pessoais.

É inegável o crescimento da oferta de produtos e serviços que violam direitos de propriedade intelectual pela Internet, crescimento que acompanha o mercado, especialmente por conta da pandemia e das alterações na vida cotidiana recentemente ocorridas. O mercado se encontra abarrotado de *websites*, *apps* e produtos como as *set-up boxes*[269] e outros, exclusivamente focados no comércio de mercadorias falsificadas, na transmissão ilegal de conteúdo, entre outras atividades, que incluem o tratamento

[266] Fórum Nacional De Combate À Pirataria. Disponível em www.fncp.com.br. Acesso em: 12 abr. 2021.

[267] Dados de 2020 sobre os seguintes setores: vestuário, higiene pessoal, perfumaria e cosméticos, combustíveis, bebidas alcoólicas, cigarros, defensivos agrícolas, óculos, TV por assinatura, eletroeletrônico, software, celulares, filmes, perfumes importados e brinquedos.

[268] BRASIL. Supremo Tribunal Federal. ADI 6.387 MC/DF. Conselho Federal da Ordem dos Advogados do Brasil e Presidente da República. Rel. Min. Rosa Weber. Brasília, DJE 270, 12 nov. 2020.

[269] Trata-se de um conversor, decodificador ou receptor para televisão que se conecta a uma fonte externa de sinal, por vezes de maneira ilegal, que transforma esse sinal em conteúdo a ser apresentado em uma tela.

de dados pessoais[270] e que se dão em total desrespeito à propriedade intelectual. Esse contexto de tratamento de dados pessoais, no âmbito das relações de consumo, vem sendo pauta tanto da Autoridade Nacional de Proteção de Dados (ANPD) quanto da Secretaria Nacional do Consumidor (Senacon), o que foi evidenciado pela assinatura do acordo de cooperação técnica[271] entre as duas entidades em 22 de março de 2021.

O primeiro acordo de cooperação firmado pela ANPD prevê ações conjuntas nas áreas de proteção de dados pessoais e defesa do consumidor. Inclui o intercâmbio de informações e dados estatísticos, a uniformização de entendimentos, a cooperação quanto às ações de fiscalização, o desenvolvimento de ações de educação, a formação, a capacitação e a elaboração de estudos e pesquisas integradas. Além disso, viabiliza a coordenação de ações conjuntas para o endereçamento de reclamações dos consumidores e atuação no caso de incidentes de segurança envolvendo dados pessoais, no intuito de impulsionar uma rápida atuação do Estado na proteção dos direitos dos cidadãos.

Eis, portanto, a relevância do tema. Adiante se adentrará nos aspectos da proteção de dados pessoais nesse contexto. Afinal, em um cenário de fortalecimento e alterações quanto à ideia de privacidade e da própria legislação de proteção de dados pessoais, é importante saber como isso poderá refletir no combate ao mercado ilegal e à violação da propriedade intelectual. Antes de se aprofundar no tema, deve-se ter clara a ideia de que, embora a LGPD não seja uma legislação voltada exclusivamente para a Internet[272], importa mais para o contexto do presente capítulo aque-

[270] Deve-se entender "tratamento de dados pessoais" como toda e qualquer atividade realizada com dados pessoais, como, por exemplo, a coleta, o armazenamento, a análise e o descarte dos dados, conforme artigo 5º, inciso X, da LGPD.

[271] BRASIL. Autoridade Nacional de Proteção de Dados. Acordo de Cooperação Técnica n. 1/2021/GAB-SENACON/SENACON. Processo n. 08012.000596/2021-53. Disponível em: https://www.gov.br/anpd/pt-br/assuntos/noticias/anpd-e-senacon-assinam-acordo--de-cooperacao-tecnica. Acesso em: 16 abr. 2021.

[272] Conforme disposto em seu artigo 1º, a LGPD se aplica a toda e qualquer atividade de tratamento de dados pessoais realizada por pessoa física ou jurídica, de direito público ou privado, inclusive nos meios digitais, mas não exclusivamente nestes. Ou seja, quando se pensa no fornecimento de produtos ou serviços, a LGPD se aplica às atividades de tratamento de dados pessoais realizadas na Internet, em websites, apps e outros meios

las atividades desenvolvidas nos meios digitais. Isso porque o potencial de tratamento de dados pessoais é incrivelmente superior na Internet, especialmente quando comparado àquele encontrado em cenários físicos do mercado ilegal, como nos lamentáveis *shopping centers* localizados nos grandes centros urbanos, nos quais prevalecem atividades ilícitas, mediante pagamentos em dinheiro, tornando a identificação de consumidores ou de fornecedores tarefa quase impossível de ser cumprida.

1. O direito fundamental à proteção de dados pessoais afrontado pelo mercado ilegal

Na indústria moderna, dados representam matéria-prima e sua capacidade de analisá-los é como o motor que mantém a indústria em funcionamento[273]. Escândalos como o que envolveu a Cambridge Analytica[274] revelaram como modelos de negócios são rentabilizados pela análise de dados, alertando sobre o potencial danoso decorrente do uso indevido de dados pessoais e capacidade de atingir a privacidade dos indivíduos e a democracia. Logo, a proteção da privacidade e a proteção dos dados pessoais assumem posição de destaque na "proteção da pessoa humana, não somente tomada como escudo contra o exterior – na lógica da exclusão – mas como elemento positivo, indutor da cidadania, da própria atividade política em sentido amplo e dos direitos de liberdade de uma forma geral"[275].

Embora existente a discussão quanto à inclusão de um "direito à proteção de dados pessoais, inclusive nos meios digitais", na Constituição Federal, por meio de Emenda Constitucional[276], é correto afirmar que

eletrônicos, assim como para aquelas realizadas nos mais tradicionais estabelecimentos comerciais físicos.

[273] Park, Patrick H. Big data war: how to survive global big data competition. Nova Iorque: Business Expert Press, 2016. p. 3.

[274] Dados de aproximadamente 90 milhões de usuários do Facebook foram utilizados para influenciar a opinião de eleitores em vários países. Após a revelação do uso desses dados em uma investigação, o Facebook pediu desculpas e disse que a Cambridge Analytica coletou os dados de forma "inadequada".

[275] Doneda, Danilo. Da privacidade à proteção de dados pessoais. Rio de Janeiro: Ed. Renovar, 2006. p. 141-142.

[276] Conforme Proposta de Emenda à Constituição 17 de 2019, que acrescenta o inciso XII-A ao artigo 5 e o inciso XXX ao artigo 22 da Constituição Federal, para incluir a pro-

o atual texto já contempla tal direito. Tanto é que o Supremo Tribunal Federal reconheceu expressamente o "direito fundamental à proteção de dados pessoais como categoria dentro do rol dos direitos fundamentais, para além da mera evolução do direito ao sigilo"[277]. O reconhecimento desse direito fundamental, entretanto, "não é apenas uma possibilidade; trata-se de uma necessidade para tornar efetivos os fundamentos e princípios do Estado democrático de direito, na sociedade contemporânea da informação, conforme determina a Constituição Federal"[278]. Conjuntamente, a privacidade encontra-se tutelada por meio da proteção conferida à intimidade, à vida privada, à honra, à imagem das pessoas e ao sigilo das correspondências, das comunicações telegráficas, telefônicas e dos dados, que são declarados invioláveis no artigo 5º, incisos X e XII, da Constituição Federal[279], o que eleva tais valores humanos à condição de direitos individuais fundamentais.

Na realidade atual, a ideia privacidade não remete mais àquilo que é "privativo" ou ao estado de privação "até das mais altas e mais humanas capacidades do homem"[280], cujo padrão pertencia à antiguidade. Naquela

teção de dados pessoais entre os direitos fundamentais do cidadão e fixar a competência privativa da União para legislar sobre a matéria (BRASIL. Senado Federal. Proposta de Emenda à Constituição n. 17, de 2019. Disponível em: https://www25.senado.leg.br/web/atividade/materias/-/materia/135594. Acesso em: 30 mar. 2021).

277 BRASIL. Supremo Tribunal Federal. ADI 6.387 MC/DF. Conselho Federal da Ordem dos Advogados do Brasil e Presidente da República. Rel. Min. Rosa Weber. Brasília, DJE 270, 12 nov. 2020.

278 MENDES, Laura Schertel Ferreira. Habeas data e autodeterminação informativa: os dois lados da mesma moeda. Direitos Fundamentais & Justiça, Belo Horizonte, ano 12, n. 39, p. 185-216, jul./dez. 2018.

279 Conforme artigo 5º, incisos X e XII, da Constituição Federal de 1988: "Art. 5º Todos são iguais perante a lei, sem distinção de qualquer natureza, garantindo-se aos brasileiros e aos estrangeiros residentes no País a inviolabilidade do direito à vida, à liberdade, à igualdade, à segurança e à propriedade, nos termos seguintes: [...] X – são invioláveis a intimidade, a vida privada, a honra e a imagem das pessoas, assegurado o direito a indenização pelo dano material ou moral decorrente de sua violação. [...] XII – é inviolável o sigilo da correspondência e das comunicações telegráficas, de dados e das comunicações telefônicas, salvo, no último caso, por ordem judicial, nas hipóteses e na forma que a lei estabelecer para fins de investigação criminal ou instrução processual penal;"

280 ARENDT, Hannah. A condição humana. 13. ed. Rio de Janeiro: Forense Universitária, 2017. p. 46-47.

época, segundo a Hannah Arendt, "quem quer que vivesse unicamente uma vida privada – um homem que, como escravo, não fosse admitido para adentrar o domínio público ou que, como bárbaro, tivesse escolhido não estabelecer tal domínio – não era inteiramente humano"[281]. Tampouco é a privacidade restrita ao direito de estar só ou a um direito das pessoas de fecharem suas portas e persianas, por talvez terem a intenção de praticar algo ilícito.

A sociedade atual vive um "processo de inexorável reinvenção da privacidade"[282], ainda se acostumando ao direito dos indivíduos de controlar detalhes sobre suas vidas privadas, determinando quais informações permanecerão dentro de suas casas e quais serão exteriorizadas[283]. E, ainda, uma vez exteriorizadas, de que maneira serão utilizadas, por quem e para quais finalidades, justamente no sentido da autodeterminação informativa, um dos fundamentos da LGPD[284]. Eis um dos pontos de atenção quando se faz a interface entre o mercado digital ilegal e a proteção de dados pessoais.

Não se espera que aqueles que infringem direitos de propriedade intelectual estejam em conformidade com as normas de proteção de dados pessoais ou se preocupem com qualquer outro direito, independentemente da sua natureza. O mercado ilegal trabalha entre o risco de ser flagrado cometendo o ilícito, a possibilidade de ser punido e o grau de lucratividade da atividade desenvolvida. Uma vez que o titular insere seus dados pessoais em *websites*, aplicativos ou que seus dados pessoais são coletados sem que haja sua ciência, o poder de controle sobre os dados e o direito de informação sobre o que é feito com eles é suprimido. Especialmente a "pirataria" *on-line*, coloca em xeque a proteção de dados pessoais e submete a elevado risco a privacidade dos indivíduos, "ferindo, por consequência, os princípios da ordem econômica, da defesa do con-

[281] Arendt, Hannah. A condição humana. 13. ed. Rio de Janeiro: Forense Universitária, 2017. p. 46-47.

[282] Rodotà, Stefano. A vida na sociedade da vigilância: a privacidade hoje. Organização, seleção e apresentação de Maria Celina Bodin de Moraes. Tradução Danilo Doneda e Luciana Cabral Doneda. Rio de Janeiro: Renovar, 2008. p. 15.

[283] Garfinkel, Simnon. Database nation: the death of privacy in the 21st century. Sebastopol: O'Reilly Media, 2001. p. 4.

[284] Conforme artigo 2º, inciso II, da LGPD.

sumidor, do livre desenvolvimento da personalidade e da dignidade, bem como o exercício da cidadania quanto às pessoas naturais"[285], presentes não apenas na Constituição Federal, mas também como os fundamentos da LGPD[286]. Esse entendimento, exaltado pelo Supremo Tribunal Federal no julgamento de cinco ações diretas de inconstitucionalidade, que questionavam o compartilhamento de dados pessoais pelas empresas de telefonia com o Instituto Brasileiro de Geografia e Estatística (IBGE)[287], ao reconhecer um direito autônomo à proteção de dados pessoais, evidencia o dever negativo do Estado de não interferir indevidamente em um direito fundamental. Ao mesmo tempo, obriga a adoção de medidas positivas para proteção desse mesmo direito fundamental.

É nesse contexto de grande impacto do mercado ilegal sobre a sociedade, cuja parcela de produtos que violam direitos de propriedade intelectual constitui fortíssimo pilar para sua sustentação, e da fundamental importância quanto à efetiva garantia e pleno exercício do direito à privacidade e à proteção de dados pessoais, inclusive para fomentar o desenvolvimento socioeconômico do país e o aumento do bem-estar dos cidadãos, que a intervenção do Estado na atividade econômica, como agente educador e fiscalizador, no intuito de impedir o tratamento de dados pessoais em total desconformidade com a LGPD, se mostra de fundamental importância para que se possa atingir os objetivos estabelecidos na Constituição Federal.

[285] BRASIL. Supremo Tribunal Federal. ADI 6.387 MC/DF. Conselho Federal da Ordem dos Advogados do Brasil e Presidente da República. Rel. Min. Rosa Weber. Brasília, DJE 270, 12 nov. 2020.

[286] Conforme artigo 2º, da LGPD: "Art. 2º A disciplina da proteção de dados pessoais tem como fundamentos: I – o respeito à privacidade; II – a autodeterminação informativa; III – a liberdade de expressão, de informação, de comunicação e de opinião; IV – a inviolabilidade da intimidade, da honra e da imagem; V – o desenvolvimento econômico e tecnológico e a inovação; VI – a livre iniciativa, a livre concorrência e a defesa do consumidor; e VII – os direitos humanos, o livre desenvolvimento da personalidade, a dignidade e o exercício da cidadania pelas pessoas naturais."

[287] As Ações Diretas de Inconstitucionalidade n. 6.387, 6.388, 6.389, 6.390 e 6.393, questionavam a constitucionalidade da Medida Provisória nº 954/2020, que, diante da pandemia da covid-19, previa o compartilhamento de dados pessoais tratados pelas empresas de telefonia com o IBGE.

O cenário ora tratado evidencia a possibilidade de atuação do Estado por meio de diferentes entidades, tais como autoridades policiais, já que presentes crimes diversos, órgãos de defesa do consumidor, não havendo dúvidas da presença de relação de consumo, da Receita Federal do Brasil, tendo em vista as questões fiscais e aduaneiras envolvidas. Os holofotes, no entanto, ora se voltam para a Autoridade Nacional de Proteção de Dados Pessoais (ANPD), ainda que com o apoio de outras entidades, já que é o "órgão da administração pública responsável por zelar, implementar e fiscalizar o cumprimento"[288] da LGPD no Brasil.

Obviamente não se espera que a ANPD, no início do exercício de suas funções, olhe imediatamente para o mercado ilegal, considerando as diversas outras questões a serem regulamentadas e, especialmente, a necessidade de educar e conscientizar os cidadãos e os agentes públicos e privados. Entretanto, é preciso cautela e atenção também às atividades de tratamento de dados pessoais realizadas no mercado ilegal, especialmente o *on-line*, cujo ponto de partida é intrinsecamente criminoso e afronta questões básicas trazidas pela LGPD, com reflexos catastróficos para os titulares de dados pessoais.

2. Direitos e princípios violados pelo mercado digital ilegal no tratamento de dados pessoais

Atento às questões relacionadas à propriedade intelectual, o legislador fez constar expressamente na LGPD sua preocupação com a propriedade industrial, assegurando em seu texto o respeito ao segredo comercial ou industrial, como, por exemplo, no exercício de direitos pelos titulares[289], em seus princípios[290] e na atuação da ANPD[291]. Logo, mesmo a total conformidade e intenção de atender a todos os requisitos impostos pela LGPD para o tratamento de dados pessoais, especialmente no atendimento aos direitos dos titulares, exige uma análise cuidadosa para que não se ultrapassem os limites da manutenção de informações, dados,

[288] Conforme definição trazida no artigo 5º, inciso XIX, da LGPD.

[289] Vide artigo 18, inciso V; artigo 19, inciso II, e artigo 20, § 1º e 2º, da LGPD.

[290] Vide artigo 6º, inciso VI, e artigo 9º, inciso II; artigo 48, inciso II, cominado com o artigo 6º, inciso VII e VIII, da LGPD.

[291] Vide artigo 55-J, inciso II e § 5º; artigo 38; artigo 10º, § 3º, da LGPD.

técnicas e estratégias adotadas para obtenção de vantagem competitiva e desenvolvimento dos negócios. Da mesma forma, é preciso cautela e medidas de segurança para confirmação de que eventual solicitação de atendimento aos direitos dos titulares dos dados pessoais, como o direito de acesso e retificação, é de fato feita por aquele que tem legitimidade para tanto.

Isso porque, no primeiro caso, permitir o acesso de terceiros a informações estratégicas e desnecessárias para o atendimento aos direitos dos titulares, por exemplo, poderá comprometer as atividades da empresa, sob o ponto de vista concorrencial. Ou, no segundo caso, a ausência de confirmação quanto à legitimidade daquele que solicita o atendimento de um direito, poderá, na verdade, conduzir a uma violação da legislação, permitindo fraudes e danos ao verdadeiro titular dos dados pessoais, cujo direito foi fraudulentamente exercido por terceiro não legitimado.

A LGPD traz uma série de direitos que poderão ser exercícios pelos titulares dos dados pessoais[292], entre eles, a confirmação da existência de tratamento, o acesso aos dados, a correção de dados incompletos, inexatos ou desatualizados, a anonimização[293], o bloqueio ou a eliminação de dados desnecessários, excessivos ou em desconformidade com a LGPD, a portabilidade de dados para outros fornecedores e a obtenção de informações sobre o compartilhamento dos dados. O direito de eliminação dos dados tratados mediante obtenção do consentimento, ressalvadas hipóteses previstas na LGPD, como a manutenção dos dados para o cumprimento de obrigação legal[294], bem como o direito de revogação do

[292] Conforme definição do artigo 5º, inciso V, da LGPD, o titular dos dados pessoais é a "pessoa natural a quem se referem os dados pessoais que são objeto de tratamento".

[293] Conforme definição do artigo 5º, inciso III, da LGPD, dado anonimizado é aquele "relativo a titular que não possa ser identificado, considerando a utilização de meios técnicos razoáveis e disponíveis na ocasião de seu tratamento".

[294] Uma vez revogado o consentimento ou requisitada a eliminação dos dados pessoais pelo titular tratados com base neste, a manutenção do tratamento somente poderá ocorrer nas hipóteses previstas no artigo 16 da LGPD, que assim dispõe: "Art. 16. Os dados pessoais serão eliminados após o término de seu tratamento, no âmbito e nos limites técnicos das atividades, autorizada a conservação para as seguintes finalidades: I – cumprimento de obrigação legal ou regulatória pelo controlador; II – estudo por órgão de pesquisa, garantida, sempre que possível, a anonimização dos dados pessoais; III – transferência

consentimento e de informações claras sobre a possibilidade de não consentir com o tratamento e suas respectivas consequências são também direitos elencados na LGPD[295], ao lado do direito de solicitar a revisão de decisões tomadas unicamente com base no tratamento automatizado de dados pessoais[296].

Fato é que tais direitos dos titulares estão intimamente relacionados aos princípios gerais do tratamento de dados pessoais, trazidos pela LGPD, e que deverão ser sempre observados, independentemente do contexto ou base legal que fundamenta as atividades de tratamento. Como já era de esperar, no entanto, se não se verifica qualquer possibilidade de atendimento aos direitos dos titulares por parte daqueles que exploram esse mercado ilegal, repleto de violações a direitos de propriedade intelectual, muito menos se pode constatar a observância de tais princípios. Evidencia-se, portanto, potencial danoso viabilizado pelo mercado ilegal, especialmente o *on-line*, não apenas quanto à violação de direitos de propriedade intelectual, mas também em relação aos usuários, consumidores e titulares dos dados pessoais tratados em desconformidade com a LGPD.

Em 07 de maio de 2021, diante de alterações realizadas na Política de Privacidade da WhatsApp Inc., a ANPD, em conjunto com a Secretaria Nacional de Defesa do Consumidor (Senacon), com o Ministério Público Federal (MPF) e com o Conselho Administrativo de Defesa da Econômica (Cade), emitiu recomendações à referida empresa, que controla um dos aplicativos mais essenciais no segmento de telecomunicações da

a terceiro, desde que respeitados os requisitos de tratamento de dados dispostos nesta Lei; ou IV – uso exclusivo do controlador, vedado seu acesso por terceiro, e desde que anonimizados os dados".

295 Quanto aos direitos dos titulares, vide artigos 18,19 e 20 da LGPD.

296 Destaca-se que, embora o artigo 20 da LGPD traga o direito de revisão de decisões tomadas mediante o tratamento automatizado de dados pessoais, a revisão não precisa, necessariamente, ser realizada por pessoa natural, como era previsto no texto original da LGPD, que foi alterado pela Lei 13.853/2019. Além disso, deve estar claro ao titular dos dados pessoais que o direito de revisão da decisão não assegura resultado distinto daquele inicialmente obtido pelo tratamento automatizado dos seus dados. O que é assegurado é o direito de revisão da decisão, mas não o direito de alteração do resultado a que se obteve de maneira acertada.

atualidade. Entre as diversas e relevantíssimas considerações apontadas pelos supracitados órgãos, foi ressaltada que a "Política de Privacidade e as práticas de tratamento de dados pessoais apresentadas pela empresa WhatsApp Inc. poderiam representar violações aos direitos dos titulares de dados pessoais", dando-se ênfase, ainda, ao fato de que a empresa WhatsApp Inc. não teria apresentado "providências suficientes para a adequação a LGPD no que diz respeito ao cumprimento dos princípios, em especial o da transparência (art. 6º, VI), e ao exercício dos direitos dos titulares de dados pessoais (art. 18)"[297].

Não se pretende aqui fazer qualquer análise ou julgamento da conduta da empresa WhatsApp Inc., que, frise-se, deve ser realizada de maneira detalhada, imparcial e se observando as efetivas respostas, condutas e providências tomadas pela empresa, inexistindo condições para tanto neste momento. Aliás, segundo a ANPD, a empresa WhatsApp Inc. se mostrou comprometida com as autoridades sobre os assuntos relacionados a sua política de privacidade[298].

Por ora, portanto, deseja-se unicamente chamar a atenção para a acertada preocupação de tais entidades especificamente com relação aos pontos que são evidenciados neste texto e que devem ser observados nos mercados tradicionais e nos mercados digitais, sejam eles legais ou ilegais, quais sejam: os direitos dos titulares de dados pessoais e os princípios gerais do tratamento de dados pessoais. Aliás, a própria inobservância dos dispositivos previstos na LGPD no desenvolvimento dos negócios conduz ao pensamento lógico de que determinada atividade econômica se insere no mercado ilegal, já que desrespeita a legislação e viola, entre outros, o direito fundamental à proteção de dados pessoais. Logo, esse seria mais uma "espécie" pertencente ao "gênero" mercado ilegal. Entretanto, as atenções quanto à ilegalidade, no contexto deste capítulo, se

[297] Documento disponível integralmente em: https://www.gov.br/anpd/pt-br/assuntos/noticias/inclusao-de-arquivos-para-link-nas-noticias/recomendacao_whatsapp_-_assinada.pdf . Acesso em: 13 maio 2021.

[298] BRASIL. Autoridade Nacional de Proteção de Dados. Disponível em: https://www.gov.br/anpd/pt-br/assuntos/noticias/whatsapp-se-compromete-a-colaborar-com-cade-mpf-anpd-e-senacon-em-relacao-a-nova-politica-de-privacidade. Acesso em: 15 maio 2021.

voltam especialmente aos produtos ou serviços que violam direitos de propriedade intelectual.

As atividades de tratamento de dados pessoais devem observar a boa-fé, em conjunto com os respectivos princípios estabelecidos para tais atividades. Pode-se dizer que a fundamentação para a aplicação dos princípios voltados à proteção dos dados pessoais e à privacidade no tratamento de dados pessoais já encontrava algum suporte na Constituição Federal, no Código de Defesa do Consumidor (Lei 8.078/90), na Lei do Cadastro Positivo (Lei 12.414/2011), no Marco Civil da Internet (Lei 12.965/2014) e em seu decreto regulamentador (Decreto 8.771/2016). A regulamentação mais específica, no entanto, se deu por meio da promulgação da Lei 13.709/2018 (LGPD), na qual foram elencados os princípios da Finalidade, Adequação, Necessidade, Livre Acesso, Qualidade dos Dados, Transparência, Segurança, Prevenção, Não Discriminação e Responsabilização e Prestação de Contas[299].

[299] Conforme disposto no artigo 6º da LGPD: "Art. 6º As atividades de tratamento de dados pessoais deverão observar a boa-fé e os seguintes princípios: I – finalidade: realização do tratamento para propósitos legítimos, específicos, explícitos e informados ao titular, sem possibilidade de tratamento posterior de forma incompatível com essas finalidades; II – adequação: compatibilidade do tratamento com as finalidades informadas ao titular, de acordo com o contexto do tratamento; III – necessidade: limitação do tratamento ao mínimo necessário para a realização de suas finalidades, com abrangência dos dados pertinentes, proporcionais e não excessivos em relação às finalidades do tratamento de dados; IV – livre acesso: garantia, aos titulares, de consulta facilitada e gratuita sobre a forma e a duração do tratamento, bem como sobre a integralidade de seus dados pessoais; V – qualidade dos dados: garantia, aos titulares, de exatidão, clareza, relevância e atualização dos dados, de acordo com a necessidade e para o cumprimento da finalidade de seu tratamento; VI – transparência: garantia, aos titulares, de informações claras, precisas e facilmente acessíveis sobre a realização do tratamento e os respectivos agentes de tratamento, observados os segredos comercial e industrial; VII – segurança: utilização de medidas técnicas e administrativas aptas a proteger os dados pessoais de acessos não autorizados e de situações acidentais ou ilícitas de destruição, perda, alteração, comunicação ou difusão; VIII – prevenção: adoção de medidas para prevenir a ocorrência de danos em virtude do tratamento de dados pessoais; IX – não discriminação: impossibilidade de realização do tratamento para fins discriminatórios ilícitos ou abusivos; X – responsabilização e prestação de contas: demonstração, pelo agente, da adoção de medidas eficazes e capazes de comprovar a observância e o cumprimento das normas de proteção de dados pessoais e, inclusive, da eficácia dessas medidas".

O princípio da boa-fé é estabelecido pela LGPD como regra de conduta e princípio geral do Direito, do qual se extrai norma comportamental que exige a lealdade, a honestidade e o respeito aos interesses da outra parte, características que evidentemente não podem ser encontradas no mercado ilegal. O princípio da boa-fé tem, ainda, função norteadora na aplicação dos demais princípios gerais do tratamento de dados pessoais. Logo, a ausência de boa-fé induz à impossibilidade de se atender aos demais princípios. A boa-fé objetiva se mostra como um dos requisitos que devem ser observados para legitimação do tratamento de dados pessoais, devendo corresponder às razoáveis expectativas de seu titular, que confia seus dados à outra parte. Essa expectativa consiste na ideia de que os dados pessoais sejam tratados com lealdade, em total conformidade com a LGPD, mas jamais em um contexto de ilegalidade, como aquele inerente ao mercado ilegal e aos produtos que violam direitos de propriedade intelectual.

Se a própria finalidade do tratamento de dados pessoais é ilícita, genérica ou desconhecida pelo titular dos dados pessoais, viola-se mais um princípio previsto na LGPD: o Princípio da Finalidade. Este estabelece que o tratamento de dados pessoais deve ser realizado para finalidades legítimas, específicas, explícitas, que devem ser informadas ao seu titular, sendo vedada a utilização dos dados pessoais de maneira incompatível com as finalidades previamente estabelecidas. O Princípio da Finalidade limita, ainda, a transferência de dados pessoais a terceiros sem que seu titular tenha conhecimento de tal prática e permite estabelecer um "critério para valorar a razoabilidade da utilização de determinados dados para uma certa finalidade (fora da qual haveria abusividade)"[300]. Portanto, se o usuário, titular dos dados pessoais, nem sequer tem conhecimento do motivo pelo qual seus dados estão sendo tratados, se desconhece a finalidade do tratamento, ou, ainda, se a finalidade é ilegítima, o tratamento é ilegal.

Sendo a finalidade legítima, específica e informada ao titular, o Princípio da Adequação estabelece que o tratamento deve ser compatível com essa finalidade previamente estabelecida e com as legítimas expectati-

[300] DONEDA, Danilo. Da privacidade à proteção de dados pessoais. Rio de Janeiro: Renovar, 2006. p. 216.

vas do titular dos dados pessoais. Ou seja, seguindo o disposto na LGPD, deve haver "compatibilidade do tratamento com as finalidades informadas ao titular, de acordo com o contexto do tratamento"[301], sem que haja qualquer abuso por parte do controlador ou do operador. É nesse sentido que se coloca a análise do Princípio da Adequação em conjunto com o Princípio da Finalidade no tratamento dos dados pessoais. Estes devem ser coletados apenas para uma ou mais finalidades específicas e lícitas e não devem ser tratados posteriormente para qualquer finalidade incompatível com esse propósito ou objetivos previamente estabelecidos[302].

Já o Princípio da Necessidade traz consigo a ideia de minimização do tratamento de dados pessoais, no sentido de que devem ser tratados apenas os dados estritamente necessários para que se atinja a finalidade previamente estabelecida e informada ao titular, não devendo exceder os limites impostos pelos princípios da Finalidade e Adequação. Logo, a ideia de se coletar o máximo de dados possível, sem qualquer critério e transparência, não deveria prosperar, embora seja visivelmente praticada no mercado ilegal. Muito menos se poderia falar em atendimento ao Princípio do Livre Acesso neste mercado digital ilegal. A LGPD assegura aos titulares de dados pessoais a "consulta facilitada e gratuita sobre a forma e a duração do tratamento, bem como sobre a integralidade de seus dados pessoais"[303]. Se titulares de direitos de propriedade intelectual, por vezes empresas com elevado poder econômico e capacidade de contratação de profissionais especializados, já enfrentam dificuldades para identificar, fazer contato ou obter qualquer informação por parte daqueles que atuam na ilegalidade, não se poderia imaginar que qualquer direito de acesso ou mesmo atenção nesse sentido fosse dada aos titulares de dados pessoais.

[301] Assim dispõe o artigo 6º, inciso II, da LGPD: "Art. 6º As atividades de tratamento de dados pessoais deverão observar a boa-fé e os seguintes princípios: [...] II – adequação: compatibilidade do tratamento com as finalidades informadas ao titular, de acordo com o contexto do tratamento".

[302] Room, Stewart. Data protection and compliance in context. Londres: BCS, 2007. p. 104.

[303] Assim dispõe o artigo 6º, inciso IV, da LGPD: "Art. 6º As atividades de tratamento de dados pessoais deverão observar a boa-fé e os seguintes princípios: [...] IV – livre acesso: garantia, aos titulares, de consulta facilitada e gratuita sobre a forma e a duração do tratamento, bem como sobre a integralidade de seus dados pessoais".

Esse canal de contato entre os agentes de tratamento e os titulares de dados pessoais é, inclusive, mandatório de acordo com a LGPD[304] e deve ser exercido por meio do Encarregado[305] (*DPO*), figura que obviamente não existe no contexto de atividades ilícitas. Consequentemente, a atividade puramente predatória daqueles que atuam no mercado ilegal não assegura a Qualidade dos Dados Pessoais, princípio previsto na LGPD e que tem como objetivo garantir a exatidão, clareza, relevância e a atualização dos dados tratados. Sua inobservância pode gerar danos e prejuízos ao titulares, mediante o compartilhamento ilegal de bases de dados contendo dados desatualizados ou inexatos, que conduzem à formação de perfis que não refletem a realidade, entre outros aspectos prejudiciais aos titulares. Tal fato inviabiliza inclusive o cumprimento do Princípio da Não Discriminação, que assegura a impossibilidade de realização do tratamento para fins discriminatórios ilícitos ou abusivos[306]. Todo esse cenário de obscuridade e não atendimento aos princípios gerais do tratamento de dados pessoais evidencia a ausência de Transparência, princípio também elencado na LGPD, no intuito de garantir "informações claras, precisas e facilmente acessíveis sobre a realização do tratamento e os respectivos agentes de tratamento, observados os segredos comercial e industrial"[307].

Não é de se esperar também que aqueles que atuam nesse mercado digital ilegal, infringindo direitos de propriedade intelectual, tenham qualquer preocupação ou empreguem quaisquer esforços para o tratamento seguro e responsável de dados pessoais, utilizando-se de medidas técnicas e administrativas atualizadas e apropriadas à natureza dos dados, em observância ao Princípio da Segurança estabelecido pela LGPD. De

[304] De acordo com o artigo 41 da LGPD: "O controlador deverá indicar encarregado pelo tratamento de dados pessoais".

[305] Conforme artigo 5º, inciso VIII, da LGPD, o encarregado é a "pessoa indicada pelo controlador e operador para atuar como canal de comunicação entre o controlador, os titulares dos dados e a Autoridade Nacional de Proteção de Dados (ANPD)".

[306] Nos termos do artigo 6º, inciso IX, da LGPD.

[307] Conforme disposto no artigo 6º, inciso VI, da LGPD, o princípio da transparência consiste na: "garantia, aos titulares, de informações claras, precisas e facilmente acessíveis sobre a realização do tratamento e os respectivos agentes de tratamento, observados os segredos comercial e industrial;".

acordo com esse princípio, os agentes de tratamento [308] devem tomar medidas aptas a proteger os dados pessoais "de acessos não autorizados e de situações acidentais ou ilícitas de destruição, perda, alteração, comunicação ou difusão"[309]. No mesmo sentido, o Princípio da Prevenção indica a necessidade de adoção de "medidas para prevenir a ocorrência de danos em virtude do tratamento de dados pessoais"[310]. Há, portanto, a imposição de um dever de garantir a segurança apropriada dos dados pessoais, incluindo a proteção contra tratamento não autorizado ou ilegal e contra vazamentos e respectivos danos decorrentes, por intermédio de medidas técnicas e organizacionais apropriadas[311].

Em um cenário em que a lucratividade atropela qualquer norma jurídica ou ética, como ocorre no mercado ilegal, não é de se esperar qualquer zelo pelo cumprimento dos princípios gerais de tratamento de dados pessoais ou por qualquer direito dos titulares, o que por si só evidencia o descumprimento do Princípio da Responsabilização e Prestação de Contas, também trazido pela LGPD. Este consiste na demonstração pelo agente de tratamento da adoção de medidas eficazes e capazes de comprovar a observância e o cumprimento das normas de proteção de dados pessoais e da eficácia dessas medidas[312] e serve como ferramenta de avaliação da conformidade do agente econômico com a LGPD, o que no mercado digital ilegal inexiste, por sua própria natureza ilícita.

[308] São agentes de tratamento o controlador e o operador. O controlador é a "pessoa natural ou jurídica, de direito público ou privado, a quem competem as decisões referentes ao tratamento de dados pessoais". Já o operador é a "pessoa natural ou jurídica, de direito público ou privado, que realiza o tratamento de dados pessoais em nome do controlador", conforme definições trazidas pelo artigo 5º, incisos VI, VII e IX, da LGPD.

[309] Conforme previsto no artigo 6º, inciso VII, da LGPD: "Art. 6º [...] VII – segurança: utilização de medidas técnicas e administrativas aptas a proteger os dados pessoais de acessos não autorizados e de situações acidentais ou ilícitas de destruição, perda, alteração, comunicação ou difusão;".

[310] Nos termos do previsto no artigo 6º, inciso VII, da LGPD.

[311] VOIGT, Paul; BUSSCHE, Axel von dem. The EU general data protection regulation (GDPR): a pratical guide. Cham: Springer Internacional Publishing, 2017. p. 92.

[312] Nos termos do artigo 6º, inciso X, LGPD.

CONCLUSÕES

O cenário observado no mercado digital ilegal é grave, tanto do ponto de vista da propriedade intelectual quanto do ponto de vista da proteção de dados pessoais e da privacidade. Sendo a ANPD o "órgão da administração pública responsável por zelar, implementar e fiscalizar o cumprimento desta Lei em todo o território nacional"[313], tendo o Poder Público mecanismos fortes e eficazes para assegurar que direitos fundamentais sejam respeitados e exercidos por todos os cidadãos, seja por meio da ANPD, do Ministério Público, dos órgãos de defesa do consumidor ou de outras autoridades administrativas ou policiais, é preciso avaliar e agir contra tais atividades ilícitas.

Verifica-se que ao fechar os olhos para o desenvolvimento de atividades de tratamento de dados mediante exploração de atividade que, por si só, já é ilícita, como no caso da violação da propriedade intelectual, onera-se ainda mais o Estado, já que esse agente de tratamento nem sequer disponibilizará qualquer canal de atendimento efetivo aos direitos dos titulares. Logo, a tarefa será automaticamente transferida ao Estado, que receberá reclamações e encontrará dificuldades para atender, agir, identificar o infrator, em ocasiões em que o titular dos dados pessoais exercer seu direito de peticionar em relação aos seus dados contra o controlador perante a ANPD ou aos organismos de defesa do consumidor[314].

Sob o ponto de vista da propriedade intelectual, se há a intenção do infrator de se beneficiar indevidamente de propriedade intelectual alheia para fomentar atividades de tratamento de dados pessoais, poderá estar

[313] Conforme definição do artigo 5º, inciso XIX, da LGPD.

[314] Conforme assegura o artigo 18, § 1º e 8º, da LGPD.

presente a concorrência desleal, a concorrência parasitária ou o aproveitamento parasitário, ao lado das infrações à propriedade intelectual propriamente ditas. Isso porque, sendo os dados fontes de informação, seu tratamento poderá resultar em informações relevantes para diferentes atividades, finalidades diversas e variados tipos de negócios, e não há dúvidas de que o prestígio de uma marca, de um conteúdo ou de um personagem, por exemplo, possui um enorme potencial de atrair o público e fomentar o fluxo de dados pessoais.

Parece claro que o cenário de fortalecimento da autodeterminação informativa e conscientização dos indivíduos quanto à importância e valor dos seus dados pessoais, em conjunto com a entrada em vigor da LGPD, proporciona uma nova ferramenta de enfrentamento ao mercado ilegal, especialmente do digital. Cabe, então, verificar como as autoridades, cujo trabalho já vem se mostrando bastante efetivo e digno de elogios, atuarão com relação a tais questões. Estarão as atenções voltadas apenas às grandes empresas, com elevado ao seu poder econômico ou posição dominante?

Operações exemplares, promovidas pelo Ministério da Justiça e Segurança Pública, em conjunto com a Polícia Judiciária, ANPD e Ministério Público, entretanto, demonstram que o Poder Público já se mostra atento a essas questões, sendo certamente essa a postura esperada por aqueles que atuam de maneira lícita, em conformidade com a legislação, promovendo maior desenvolvimento econômico e elevando, ainda que por consequência, o bem-estar do cidadão.

REFERÊNCIAS

ARENDT, Hannah. *A condição humana*. 13. ed. Rio de Janeiro: Forense Universitária, 2017.

ARRUDA, Vinicius Cervantes G. *Big Data, dados pessoais e propriedade intelectual*: limites e tutela jurídica das bases de dados. 2. ed. Curitiba: Editora CRV, 2021.

BRASIL. Câmara dos Deputados. *Relatório Comissão Parlamentar de Inquérito da Pirataria*. Brasília: Centro de Documentação e Informação, 2004.

BRASIL. Supremo Tribunal Federal. ADI 6.387 MC/DF. Conselho Federal da Ordem dos Advogados do Brasil e Presidente da República. Rel. Min. Rosa Weber. Brasília, *DJE* 270, 12 nov. 2020.

BRASIL. Conselho Administrativo de Defesa Econômica. *Concorrência em mercados digitais*: uma revisão dos relatórios especializados. Brasília: Departamento de Estudos Econômicos, 2020.

BRASIL. *Lei 13.709, de 14 de agosto de 2018*. Lei Geral de Proteção de Dados (LGPD). Disponível em: http://www.planalto.gov.br/ccivil_03/_ato2015-2018/2018/lei/L13709.htm. Acesso em: 12 maio 2021.

BRASIL. Autoridade Nacional de Proteção de Dados. *Acordo de Cooperação Ténica nº 1/2021/GAB-SENACON/SENACON*. Processo nº 08012.000596/2021-53. Disponível em: https://www.gov.br/anpd/pt-br/assuntos/noticias/anpd-e-senacon-assinam-acordo-de-cooperacao-tecnica. Acesso em: 16 abr. 2021.

COELHO, Fábio Ulhoa. *Curso de Direito Comercial*: direito de empresa. 23. ed. São Paulo: Thomson Reuters, 2019. v. I.

DONEDA, Danilo. *Da privacidade à proteção de dados pessoais*. Rio de Janeiro: Renovar, 2006.

FÓRUM NACIONAL DE COMBATE À PIRATARIA. Disponível em: www.fncp.com.br. Acesso em: 12 abr. 2021.

GARFINKEL, Simnon. *Database nation*: the death of privacy in the 21st century. Sebastopol: O'Reilly Media, 2001.

MEDEIROS, Luiz Antônio de. *A CPI da Pirataria*: os segredos do contrabando e da falsificação no Brasil. 1. ed. São Paulo: Geração Editorial, 2005.

MENDES, Laura Schertel Ferreira. *Habeas data* e autodeterminação informativa: os dois lados da mesma moeda. *Direitos Fundamentais & Justiça*, Belo Horizonte, ano 12, n. 39, p. 185-216, jul./dez. 2018.

PARK, Patrick H. *Big data war*: how to survive global big data competition. Nova Iorque: Business Expert Press, 2016.

RODOTÀ, Stefano. *A vida na sociedade da vigilância*: a privacidade hoje. Organização, seleção e apresentação de Maria Celina Bodin de Moraes. Tradução Danilo Doneda e Luciana Cabral Doneda. Rio de Janeiro: Renovar, 2008.

ROOM, Stewart. *Data protection and compliance in context*. Londres: BCS, 2007.

TAVARES, André Ramos. *Vestígios do futuro*: 100 anos de Isaac Asimov. 1. ed. São Paulo: Etheria Editora, 2020. p. 282.

VOIGT, Paul; BUSSCHE, Axel von dem. *The EU general data protection regulation (GDPR)*: a pratical guide. Cham: Springer Internacional Publishing, 2017.